パスカルと身体の生

PASCAL ET LA VIE TERRESTRE

山上浩嗣

パスカルと身体の生　目次

引用凡例　vii

はじめに……1

第一章　愛と邪欲……9

1．神への愛　12

（1）「三つの秩序」と「神への愛」　12／（2）方法としての愛　15

2．邪　欲　17

（1）邪欲の起源　17／（2）「慈愛」の象徴としての「邪欲」　19

3．自己愛　21

（1）「自我は憎むべきものである」　21／（2）「手足」と「からだ」　24

4．他者への愛　28

（1）人に自分を愛させること　28／（2）「借りものの性質」を愛すること　29

第二章　習慣と信……………………………………33
1. 信仰の起源としての習慣——実践から信心へ　40
2. 信仰の障害としての習慣　42
（1）人間学的考察——迷信の原因としての想像力と傲慢　42／
（2）歴史的・神学的考察——「肉的なユダヤ人」の実践　46
3. 習慣の必要性　51
（1）信心を破壊する放漫——イエズス会士と教義の改変　51／
（2）祈り——習慣化不可能な行い　57
第三章　sentiment——直感、感覚、繊細さ……………………67
1. 宗教的直感　73
2. 自然的直感　75
（1）「第一原理」の認識　75／（2）自然的直感と宗教的直感の関係　78／
（3）自然的直感の確実さ　81
3. 身体を起源とする「感覚」　88
（1）感覚における魂の役割　89／（2）感覚——欲望と認識の原理　91

4．繊細の精神　97
（1）幾何学の精神と繊細の精神　97／（2）「気に入られる術」と「快のモデル」　102／（3）オネットテと自己愛　109

第四章　「中間」の両義性……117
1．「中間」の主題とその意味　120
2．「人間の不均衡」の断章　127
（1）「中間」の存在論――人間の大きさ　127／（2）「中間」の認識論　135／（3）身体と精神の混成――人間の構成上の地位　141
3．中間者のモラル　146
（1）「中間」にとどまること　146／（2）「移行」の意味　150／（3）「中間」を脱すること　153

第五章　病と死……161
1．パスカルの病気　163
2．病の象徴的意味と身体の神学的価値　165
3．死への態度とキリスト者の位置　173

第六章　人間の尊厳……183
1.「思考」と「気晴らし」186
2.「気晴らし」の倒錯性　189
3. 死を考えること　191
4.「賭け」195
5. 来世を望むこと　197

第七章　無　知……205
1. 正義の無知　210
（1）既存の法を尊重すること　210／（2）賢明なる無知　213／
（3）君主の倫理　215
2. 学問的真理の無知　219
（1）権威の学と理性の学　219／（2）知恵と謙遜　224
3. 自己の運命に関する無知　228
（1）気晴らしにふける人間　228／（2）パスカルの仮想的対話者　230／
（3）心を尽くして求めること　231／（4）「神あり」への賭けと地上の生　234

おわりに……241
初出一覧　249
あとがき　253
参考文献　*63*
注　*9*
索引　*1*

引用凡例

1．パスカルの著作

（1）『パンセ』、『プロヴァンシアル』

Pascal, *Les Provinciales, Pensées et opuscules divers,* textes édités par G. Ferreyrolles et Ph. Sellier, Paris, Librairie Générale Française, « La Pochothèque », 2004.［略号 *FS*］

・『パンセ』からの引用に際しては、*FS* による断章番号を記号 S（Sellier）とともに示し、ラフュマ版（éd. L. Lafuma, Paris, Luxembourg, 1952）による断章番号を記号 L とともに付記する。長い断章からの引用の場合は［　］内に *FS* の頁番号を付す。例：S681-L427［1221-1222］.

・『プロヴァンシアル』からの引用箇所は、略号 *Prov.* と *FS* の頁番号によって記す。例：*5*^{e} *Prov.*, p. 333.

（2）『サシ氏との対話』

Pascal, *L'Entretien avec M. de Sacy,* éd. P. Mengotti et J. Mesnard, Paris, Desclée de Brouwer, « Les Carnets », 1994.［略号 *Entretien*］

（3）その他の著作

Pascal, *Œuvres complètes,* éd. J. Mesnard, tomes I–IV, Paris, Desclée de Brouwer, 1964–1992.［略号 *MES*］

2．アウグスティヌスの著作

Saint Augustin, *Œuvres,* Paris, Bibliothèque augustinienne, en cours de publication depuis 1936.［略号 *BA*］

3．モンテーニュ『エセー』

Montaigne, *Les Essais*, éd. P. Villey, réimprimés sous la direction de V.-L. Saulnier, Paris, PUF, 1965 ; 2e éd., 1992, 3 vol.［略号 *Essais*］

4．デカルトの著作

Descartes, *Œuvres philosophiques*, éd. F. Alquié, Paris, Bordas, « Classiques Garnier », 1988-1989, 3 vol.［略号 *ALQ*］

5．A・アルノーとP・ニコル『論理学あるいは思考の技法』（通称『ポール＝ロワイヤル論理学』）

Antoine Arnauld et Pierre Nicole, *La Logique ou l'art de penser*（*La Logique de Port-Royal*）, éd. P. Clair et F. Girbal, Paris, Vrin, 1981.［略号 *Logique*］

6．本書で使用するその他の略号

EEP : Dominique Descotes, Gilles Proust, *L'Édition électronique des Pensées de Blaise Pascal*（http://www.penseesdepascal.fr/index.php）, créée en 2011.

OP :『パンセ』手稿原稿。*Original des Pensées de Pascal*, fac-similé par L. Brunschvicg, Paris, Hachette, 1905 ; rééd. Kyoto, Rinsen Books, 1986 に収録。フランス国立図書館の電子図書館サイト「ガリカ」http://gallica.bnf.fr にて閲覧可（分類記号 Fonds français, 9202）。一部は上記 ***EEP*** サイト上でも閲覧可。

なお、ことわりのないかぎり、引用文は筆者による訳である。また、引用文中の［　］による補足は、すべて筆者による（［…］は中略を意味する）。

はじめに

ブレーズ・パスカル（一六二三～一六六二年）は晩年、キリスト教を弁証し、人々を正しい信仰へと誘う著作の執筆に取り組んでいた(1)。結局その著は未完に終わり、彼の死後、長短さまざまで、内容も形式も一定でない膨大な断章群が残された。それら遺稿をまとめたものが『パンセ』であり、その大部分は幻の著『キリスト教護教論』（以下では『護教論』と略記することもある）の準備稿をなすとみられている。

つまり、『パンセ』のおのおのの断章は、パスカルが生きつづけていれば完成したであろう論述の一部をなしていた可能性があり、したがって、いくつかの断章の間にはなんらかの連続性を想定することができる。それゆえ、それらが格言のようにして独立に解釈されるだけでは、著者がそこに込めた意図を読み誤ることになりかねない。もちろん、『パンセ』の魅力の一端が、多くの箴言めいた短文から構成されている点にあることはまちがいない。また、そもそも、おのおのの片言隻語を、それが一部をなすことになったかどうかすら確証できない未完の著作の目的と関連づけて読み解くことは困難だし、場合によっては牽強付会のそしりを免れない(2)。しかし、この謎の多い作品のなかに潜んでいた一貫性が、かすかにであれ姿を現したとき、個々の断章が、個別に眺められていたときとは異なった、思いがけない光を放つことがある。

たとえば、次の文章は、それだけを取り上げて読めば、人間が思考によって自然界において特権的な地位にあると宣言し、その知性を礼讃していると理解されるかもしれない。

人間は一本の葦《あし》にすぎない。自然のなかでもっとも弱いものである。だがそれは考える葦である(3)。

私は、思考のない人間など考えることができない。そんなものは石か獣である(4)。

しかしパスカルは同時に、われわれが精神のみならず身体からもなる存在であることをたえず強調している。勘ちがいしてはならない。われわれは精神と同じくらい自動人形である。(5)

人間は、身体がどんなものか、ましてや精神がどんなものかを考えることもできない。さらに、いかにして身体が精神と結びつくのかということ以上に、わけのわからないことはない。これこそ人間にとっての難問の極みである。だが、まさにそれが自分の姿なのだ。(6)

さらにパスカルは、ときにわれわれを身体、物質、あるいは機械そのものとして描き出す。

人間はひとつのまとまりをなすが、それを解剖してみると、頭、心臓、胃、血管、一本ずつの血管、一本の血管の諸部分、血液、血液を構成する一滴一滴となるだろう。(7)

人は人間に接するとき、まるでふつうのオルガンを触っていると思うものだ。それはたしかにオルガンだが、奇妙で、移ろいやすく、変化しやすいオルガンだ。(8)

このとき、われわれの思考は、身体の影響を逃れられない。思考の限界と方向を定めているのは身体である。

われわれの知性が認識可能な事物の序列のなかで占めている地位は、われわれの身体が自然の広がりのなかで占めている地位と同じである。(9)

われわれの魂は、身体のなかに投げ込まれて、そこで数、時間、次元を見いだす。魂はそこから推論し、それを自然、必然とよび、ほかのものを信じることができない[10]。

また、われわれは身体をもつことで、ときに理性は機能不全に陥り、感覚の欲望に導かれるがままになる。

感覚が理性から独立し、しばしば理性の主人となることで、人間を快楽の追求に駆り立てた[11]。

このように、『パンセ』において、パスカルの思索の中心にあるのは、人間の思考や知性の卓越性ではなく、つねに身体の影響をこうむる人間の精神、精神のはたらきを妨害する人間の身体である[12]。言いかえれば、思索や推理を誤り、欲望のとりこになり、罪を犯し、老い、病にさらされ、やがて死んでいく存在としての人間である。

本書では、パスカルの「身体」をめぐる思想を明らかにする。とりわけ、彼のキリスト教弁証の試みにおいてもつ人間の身体、および身体をともなう人間の生の両義的な価値に注目しよう。検討の中心になるのは『パンセ』であるが、もちろんパスカルのその他の著作も対象になる。以下に、各章の内容をごく簡単に示しておく。

第一章「愛と邪欲」では、パスカルが、地上におけるあらゆる愛のかたちを「邪欲」と位置づけて断罪し、「神への愛」としての「慈愛」が至上の掟として位置づけられる経緯を見る。

第二章「習慣と信」では、身体的実践としての「習慣」を通じて獲得される信仰の価値について、ユダヤ人の実践、イエズス会の実践、およびパスカルの「祈り」の持続性に関する理論に基づいて検討する。

第三章「sentiment ――直感、感覚、繊細さ」においては、身体的存在としての人間のもつ特権的な認識手段であり、世俗と宗教、自然と超自然の双方の多種多様な事象を認識対象とする sentiment（「感じること」を広く意味

する多義語）の可能性と限界について考察する。その際に、対立的な性格をもつ「理性」との関わりにも注目する。

第四章「「中間」の両義性」では、自然界の無限大と無限小の中間、身体と精神の中間（混成）と位置づけられた人間の宿命的な悲劇性について確認したあと、そのような人間に課せられた義務をパスカルがどのように説いているかを見る。

第五章「病と死」では、『パンセ』以外の作品も取り上げながら、パスカルにおける「病」の象徴的意味を考察したのちに、病に冒され、やがて死にゆく人間の身体の変遷が、信仰から救済に至るキリスト者がたどる時間的経過と密接な関係をもつことを指摘する。

第六章「人間の尊厳」においては、「考える葦」の断章などで人間の気高さの証《あかし》とされる「思考」がどのようなものかを検証し、パスカルの考える正しい思考のあり方が、彼の断罪する「気晴らし」とは対極にあり、最終的に彼が提示する神への「賭け」そのものであると結論する。

第七章「無知」では、「政治」「学問」「宗教」の三分野において認められる人間の根本的な無知の原因を分析し、それぞれの領域において人間に求められる道徳について考察する。そして、いずれの場合も、そのふるまいの最終目的は知恵ではなく、「謙遜」と「慈愛」であることを見いだす。


研究者の間には、人間の堕落した本性の改善可能性について、パスカルが悲観的であるとの解釈と、むしろ楽観的であるとの解釈がある。その違いは、人間の認識、欲望、行動が自己の身体的条件に決定づけられているという事実――より正確には、人間の本性が「習慣」の支配下にあるという事実――に対するパスカルの評価をどう理解するかに、大きく左右されてきたと思われる。(13) 本書では、パスカルの二つの側面――ユマニスト的側面とアンチ・ユマニスト的側面――のいずれか一方を強調するのではなく、その両方の存在を認めた上で、それら正反対の傾向の間に整合性を探ることに努めたい。

人間は、身体によって悲惨であると同時に幸福である。身体は罪の源泉であり、真理の認識の障害であるが、他方でその身体の存在こそが、人間に当の罪の自覚を促し、真理への到達を希求させる。そうした希求を信仰とよぶならば、その状態は、まさに身体という桎梏《しっこく》を必要とする。これこそが、パスカルがその著作においてくり返してやまない逆説である。

第一章

愛と邪欲

「パスカルにおける身体の生」という主題について考えるために、まずは、『パンセ』における「愛」の問題を取り上げよう。愛とは欲望であり、欲望はそれが向かう対象によって肯定的あるいは否定的な価値を帯びる。危険で断罪すべき欲望が「邪欲」であり、パスカルはそれを「身体」「物質」と関連づけている。人間は身体を離れて生存できない以上、邪欲は人間の宿痾《しゅくあ》と言ってもよい。パスカルにとって、この病を癒やすのが、正しい欲望としての「神への愛」（慈愛）である。彼はこれを、宗教の至上の掟と位置づけている。

実のところ、パスカルの思想には、原罪による人間の本性の堕落、ならびに救済に際する人間の自由意志の無力さを強調するアウグスティヌス思想の一側面が色濃く影を落としている。[1] このような悲観的な教義が、オランダの神学者ジャンセニウス、およびパスカルと交流のあった「ジャンセニスト」[2] たちを介して、彼に大きな影響を与えたのだ。だがこの時代、トリエント公会議（一五四五～一五六三年）以後半世紀あまりの時を経てカトリック教会改革も進展し、教義の合理化と世俗化が一般化するにおよび、パスカルやその仲間たちの復古的な信仰は、もはや広く受け入れられる状況にはなかった。おりしも、教会の近代化を推進する役割を果たしたイエズス会が、ジャンセニストたちを激しく攻撃し、やがてローマ教皇庁も、ジャンセニウスの著書『アウグスティヌス』のなかに含まれるとみなされた五命題を断罪する。パスカルと仲間たちの必死の抵抗も空しく、ローマの決定は覆らなかった。

当然ながら『パンセ』にも、多くの同時代人をも震撼させたパスカルの冷厳で暗澹たる人間観が横たわっている。ましてやそれは、著者の死後三世紀半を経た現代に生きるわれわれには、異様なものと感じられる。そしてそのような人間観は、本著に見られる「愛」の観念にとりわけ顕著に現れているように思われる。

本章では、「愛」に関する彼の一見相互に無関係な思索の記録のなかから、ひとつの一貫した主張を読み取り、再構成していく。そのために、パスカルにおける愛を、便宜のためにその対象によって四つに分類し、順に検討していこう。すなわち、「神への愛」、「邪欲」、「自己愛」、「他者への愛」である。

1. 神への愛

（1）「三つの秩序」と「神への愛」

次の文章は、「身体」（corps）、「精神」（esprits）、「慈愛」（charité）という「三つの秩序」について述べられた断章の一部である。

身体から精神への無限の距離は、精神から慈愛への、無限倍にも無限の距離を象徴している。なぜなら、慈愛は超自然であるから。

――

この世の偉大のあらゆる光は、精神の探求にたずさわる人々にはいかなる輝きもない。

精神的な人々の偉大さは、王や富者や将軍など、すべて肉において偉大な人々には見えない。

――

神から来るのでなければ無である知恵の偉大は、肉的な人々にも精神的な人々にも見えない。これらは類を異にする三つの秩序である。(3)

ここで「秩序」（ordre）とは、独自の原理や目的をそなえ、他とは独立した領域のことを意味する。(4) また、「慈愛」とは、世俗的な愛とは対極的な、至高の善としての神に向けられる愛のことである（この語は、「知恵」sagesse とも言いかえられている）。したがって「慈愛の秩序」は、神の探求という唯一の目的によって支えられている。ま

た、「精神の探求にたずさわる人々」が属する「精神の秩序」は、文字どおり知性や理性という原理によって導かれている。そして、「身体の秩序」には王、富者、将軍が所属するとされることから、この領域を導く原理は、支配権力、物質的な富、物理的な力という、世俗的な価値全般であることがわかる。これら三つの秩序は、互いに無限の距離によって隔てられ、「慈愛」「精神」「身体」の順に上位から下位への階層構造をなす。つまり「三つの秩序」は、人間が向ける欲望の対象の区別と、それらの間の価値的序列の表明にほかならない。なお、「慈愛の秩序」と残りの二つの秩序との間にはさらに、「超自然」と「自然」という新たな基準による区別が設けられていることにも注意しておこう。H・ミションが指摘するとおり、身体、精神、慈愛の三項において、第一項と第二項の間には連続性ないしは発展があるが、第二項と第三項との間には断絶がある。すなわち前二項と後二項との関係は絶対的に「不均衡」なのである。(5)

ところで、聖書には、「邪欲」を三つに大別する考えがある。パスカルは、「ヨハネの手紙一」(2:16)を引用し、次のように記している。

すべて世にあるもの、肉の欲、目の欲、生活のおごり。*Libido sentiendi, libido sciendi, libido dominandi.*(6)

ラテン語の章句からも、「肉の欲」「目の欲」「生活のおごり」の三つはそれぞれ、「感覚欲」「知識欲」「支配欲」を指示していることがわかる。「目の欲」すなわち「知識欲」は、「精神の秩序」に属する人々がとらわれている欲望である。「肉の欲」は、身体から発する感覚的な欲望を意味するのであるから、「身体の秩序」を導く原理とみなされる。(7) そして、「生活のおごり」つまり「支配欲」とは、他人に対して自己を優位に立たせようとする欲望のことだが、パスカルにおいては、これも「身体の秩序」の示す典型的な原理のひとつである。「三つの秩序」の断章では、「王」がこの領域に属する人々の筆頭に挙げられていた。いうまでもなく、王とは世俗的な権力機構のなかで最高

位に立つ存在であり、民衆を意のままに統治する力をそなえている。パスカルは言う。「肉的な者（les charnels）とは、富者や王である。彼らは身体（corps）を目的としている。[8]」彼にとって、「身体」とは何よりもまず支配欲によって特徴づけられる領域である。[9]

こうしてパスカルは、「三つの邪欲」のすべてを「身体」「精神」の二つの秩序に閉じこめ、「慈愛」を唯一正当な原理であるとみなしているように見える。彼において、「神のみを愛すること」は、至上の掟となる。

> 人間を幸福にするためには、真の宗教は彼に、次のことを示さなければならない。すなわち、神が存在すること、人は神を愛さなければならないこと、われわれの真の至福は神のなかにあり、われわれの唯一の不幸は神から離れていること［…］である。[10]

> 神が存在するとしたら、彼のみを愛すべきであり、移ろいゆく被造物を愛してはならない。[11]

ここで愛は、被造物と神という二つの対象によって区別される。後者が「慈愛」（charité）にほかならず、前者が「邪欲」（concupiscence）とよばれる。パスカルによれば、「われわれの邪欲は、神を愛することからわれわれを背かせている[12]」のである。「三つの秩序」に認められた彼のコスモロジーは、「慈愛」と「邪欲」という、より根本的な二元論的区別へと帰着する。のちに見るように、この二つの領域はやがて、「霊」（esprit）と「肉」（chair）へと、それぞれ言いかえられることになる。「肉のことがらにおいては、もっぱら邪欲が支配する[13]」からである。邪欲は、とりわけ「肉」あるいは「身体」の領域、つまりは「身体の秩序」に関連づけられる。

（2）方法としての愛

パスカルは愛を「心」によるものと考えている。

心には固有の秩序があり、精神には、原理と証明とによる固有の秩序がある。心にはそれとは別の秩序があるのだ。人は、愛されるべきであるということを、愛の原因を順序に則って提示することによって証明しない。そんなことは馬鹿げている。

――

イエス＝キリストや聖パウロは、慈愛の秩序をもっている。精神の秩序ではない。彼らは熱を与えようとしたのであって、教えようとしたのではないからだ。

聖アウグスティヌスも同様である。その秩序は、最終目的と関係のある個々の点で逸脱を行うことにある。それは、その最終目的をつねに示すためである。(14)

ここでの「秩序」（ordre）は、先に見た意味とは異なり、「配置」や「順序」、さらには「手順」「方法」といった意味で用いられている。ある対象が愛されるべきであると示す際に、原理や証明といった論理的な手続きは無意味であって、心に訴えかける方法がとられなければならない。証明は精神を納得させるかもしれないが、心を説き伏せることはない。心に「熱を与える」のは、むしろ「逸脱」あるいは飛躍である、という。ここで問題になっている愛は、「慈愛」すなわち神への愛であって、被造物への愛ではない。神は心によって愛される。「三つの秩序」の断章に即して言えば、「慈愛の秩序」が、そこにそなわる方法によって、「精神の秩序」と対立させられていると理解できる。

また、パスカルは別の断章（S142-L110）で、「心の直感」（あるいは「本能」）を「理性」と対立させて論じて

いる。彼によれば、前者はある種の真理を即時的にかつ確実に与えるのに対し、後者は推論によって諸命題を証明しようとするが、それによって与えられた確信はすぐに動揺する。「心の直感」は、「いま自分が夢を見ているのではないこと」、「空間、時間、運動、数などが存在すること」――パスカルはこれを「第一原理」とよんでいる――を確信させるが、理性はこれに反論できない。心が「感じる」のに対して、理性は「推論する」。心と理性はこうして、方法によって明確に区別される。また、理性が直感に対して、第一原理を証明せよと要求するのは無意味である。直感によって得られた認識の確実さには、理性が納得できるような根拠はないからだ。このことは心の直感というよりはむしろ、理性の無力さを明らかに示す現象にほかならない。[15] こうして、パスカルは言う。

そういうわけで、神が宗教を心の直感によって与えた者はとても幸いであり、とても正当に説得されている。[16]

神を感じるのは心であって、理性ではない。これこそが信仰である。理性ではなく、心に感じられる神。[17]

信仰は本来、神が人間に、理性ではなく、「心の直感」を通じて与えるものである。このように理解される信仰とは、「神への愛」にほかならない。

しかしながら、「心」が求めるのは、必ずしも神（次の引用文中では「普遍的存在」）だけではない。被造物への愛、とりわけ自己に対する愛も、心に自然に発生してしまうものである。

心には心なりの理由（raisons）があり、それは理性（raison）には知りえない。このことは、無数の事例によって明らかだ。

つまり、心は、自分から没頭するに従って、自然に普遍的存在を愛するのだし、自然に自分自身をも愛する

のだ[18]。

のちに見るように、自己愛は、邪欲の最たるものである支配欲へとつながる、とりわけ罪深い欲望である。ここでは、「慈愛の秩序」の方法として提示された「心の直感」が、「身体の秩序」の対象である「自分自身」へと適用される危険が示唆されている[19]。「慈愛の秩序」と「身体の秩序」は、方法において近接することになる。

三つの秩序の対象と方法を比較すると、次の表のようになる[20]。

	身体の秩序	精神の秩序	慈愛の秩序
対象	快楽 plaisirs、被造物、自己、邪欲、富、権力	知識（学問）science、哲学	神、知恵 sagesse、慈愛 charité
方法	感覚 sens、愛 amour、心、意志	理性 raison、推論 raisonnement、論証	心、直感 sentiment、愛 amour、本能 instinct

次に、「邪欲」と「慈愛」（神への愛）との関係をさらに詳しく見てみよう。

2. 邪欲

(1) 邪欲の起源

パスカルは、神の語りという形式に基づいて、邪欲が発生した歴史的経過を以下のように説明している。

私は人間を清く、罪なく、完全なる状態に創造した。彼を光と知性とで満たした。彼に私の栄光と驚異とを伝えた。そのとき彼の目は、神の威容を見つめていた。[…]だが、人間は、これほどまでの栄光を、思い上がりに陥らずに保つことができなかった。彼は自分自身の中心となり、私の助けから独立しようと望んだ。[…]そうして今日では、人間は獣に似たものとなり、あまりにも私からかけ離れた状態にあるため、人間のなかには、創造主の混沌とした光がかろうじて残されているにすぎない。[…]感覚が理性から独立し、しばしば理性の主人となることで、人間を快楽の追求に駆り立てた。すべての被造物が人間を、あるいは苦しめ、あるいは誘惑する。また、あるいは力で服従させることで、あるいは優しさによって魅惑することで、人間を支配している。

これが、人間が今日おかれている状態である。彼らには、最初の本性の幸福を求める弱々しい本能が、ほんのわずかしか残っていない。そして彼らは、盲目と邪欲という悲惨のなかに沈み込んでいる。邪欲はいまや人間の第二の本性となってしまった。[21]

まず邪欲は、その起源からして神に反する欲望であることがうかがえる。なかでもそれは、もともと神から独立し、神と並ぶ存在になろうとする「思い上がり」すなわち傲慢に起因する。邪欲の根本に、自分を優位たらしめる支配欲がある。[22]また、邪欲は「感覚」が「理性」を支配するという事態によって説明されている。感覚は「身体の秩序」の、理性は「精神の秩序」の、それぞれ主導的な原理である。したがってこれは、「三つの秩序」の厳格な序列の転覆を意味する。これによって人間は、いまや獣と等しい地位にある。

さらに、人間は、原罪以前の「栄光」を失い、邪欲を「本性」とするに至ったとされる。「栄光」とは神の直接的な顕現のことであり、人間の至福の状態にほかならない。パスカルは、人間にとってこの原初の状態の回復が義務であることを説いている。そのためにこそ彼は、現在とらわれている邪欲を捨て、神への愛（慈愛）を取りもど

すべきことを掟として提示するのである。邪欲が現在の人間の本性であるのに対して、神への愛は過去において保持されていて、未来において回復されるべき本性となる。神への愛と邪欲はこうして、価値の上での対立性に加えて、時間軸上の対立性を帯びる。

(2)「慈愛」の象徴としての「邪欲」

神への愛と邪欲との関係は、これにとどまらない。後者は前者の「象徴」でもある。象徴すなわち像(image)とは、いわば原物の影であり、当然ながら原物よりも価値は低い。このことは、パスカルの旧約聖書の解釈についての考えからうかがえる。

パスカルによれば、神は、霊的な内容を伝えるに際し、それを肉的な象徴で覆った。ユダヤ人に聖書と預言の保存をゆだねるためである。この民は、聖典が彼らの求める現世的な幸福を約束するものと理解し、任務を忠実に遂行した。メシア到来の際に、ユダヤ人は彼を磔刑に処した。このことによって彼らはキリスト教の敵となったが、同時にキリスト教の強力な証人となった。宗教の預言が、その最大の敵によって守られてきたということになるからである。[23]パスカルは言う。

> 神は、これらのことを、それに値しないこの民にはっきりと示そうとはしなかったが、それらを信じさせるために預言しようとして、その時期を明らかに預言するとともに、それらをときには明白に、多くは象徴によって表し、象徴するものを好む人がそこに心をとめ[…]、象徴されるものを愛する人がそこに愛するものを見いだすようにした。

――

> すべて慈愛にまで至らぬものは象徴である。

聖書の唯一の目的は慈愛である。[24]

一般に「ユダヤ民族証人説」とよばれるこの教義は、アウグスティヌスからの影響のもとにパスカルが発展させたものである。[25] 詭弁とも受け取られ、反ユダヤ主義をあおることにもつながりかねないこのような理論は、現代においてもはや重要視されることはないが、パスカルはこれを、キリスト教の真理性を証明するための強力な論拠になるものと考えていた。上の引用で、「象徴するもの」（figures）は「肉」（chair）すなわち「邪欲」を表し、「象徴されるもの」（figurés）は「霊」（esprit）すなわち「慈愛」を指示している。両者は象徴関係によって結ばれているのである。

このときパスカルは、邪欲（「身体の秩序」）と神への愛（「慈愛の秩序」）という、価値の点からすれば無限の上にも無限の距離によって隔たった原理の間に、見かけの上での相似性を認めている。「邪欲（cupidité）ほど慈愛（charité）に似たものはなく、またこれほど慈愛に反するものはない」[26]というのである。このことは、複雑で残酷な事態を示唆している。

それは第一に、人間の目から見て、邪欲と神への愛とは、区別がつかない場合があるということである。ユダヤの民は、未来においてもたらされるであろう救済を信じて、あくまでも神の教えに従い、神殿に犠牲を捧げ、儀式を忠実に遂行したのであって、みずからが単なる象徴を追い求めているという自覚はもっていなかった。これと同様に、現世にあって人間は、いかに神を愛することに身を捧げていると自覚していても、知らず知らず邪欲に導かれ、結果的に死後における魂の救済にあずかることができない可能性がある。[27] 邪欲はあまりにも深く本性に根づいているので、人間はそこから容易には脱却できない。邪欲と慈愛との区別は、神のみが知ることであって、情欲にまみれた人間の判断しうることがらではないのである。

それだけではない。邪欲は、少なくとも現世的な観点からすれば、集団において、それなりに完成された秩序を実現することができる。そのようなかりそめの秩序も、神への愛がもたらす天上の秩序と、見かけ上の区別はない、というのである。

邪欲そのもののなかにおける人間の偉大さ。邪欲のなかから驚くべき規律を引き出すすべをわきまえて、それを慈愛の似像（tableau de la charité）としたのだから。[28]

なぜそう言えるのか。この点について考えるためには、パスカルの「自己愛」の観念について検討する必要がある。

3．自己愛

（1）「自我は憎むべきものである」

パスカルは言う。「自己愛（amour-propre）とあの人間の自我（ce moi humain）との本性は、自分だけを愛し、自分だけしか考えないことにある。」ところが、その自我は、「自分が愛しているこの対象が欠陥と悲惨とで満ちているのをさまたげようもない。［…］自分は完全でありたいと願うが、不完全で満ちているのを見る。人々の愛と尊敬の対象でありたいと願うが、自分の欠陥は、人々の嫌悪と軽蔑にしか値しないと悟る。」そこで自我は、「自分の欠陥を、自分に対しても他人に対しても、覆い隠すためにあらゆる配慮を行う。その欠陥を、他人によって見せつけられることにも、他人に見られることにも、耐えられないのである。[29]」

自己愛は、欠陥に満ちた自分を偽って美化する。それは他者を相手にする場合だけではない。自己愛によって人

間は、自分に対しても、その真の姿を偽るのである。自己愛にとらわれた人間は、自分が不完全な存在であることを忘れてしまう。

次の断章は、パスカルの友人で世俗の社交人であるダミアン・ミトンとの仮想対話の形式をとっている。

> 自我（le moi）は憎むべきものである。ミトン君、君は自我を隠しているが、そうしたからといって、それを除いたことにはならない。だから、君はやはり憎むべきものだ。
>
> 「そんなことはない。現にわれわれがそうしているように、みなに親切にふるまえば、人から憎まれるはずはないではないか。」――もし、自我のなかで、そこから生じる不快だけを憎めばよいというならば、そのとおりだ。
>
> だが、私が自我を憎んでいるのは、それがすべてのものの中心になるのが不正だからである。よって、私はやはりそれを憎むであろう。[30]

省略の多い難解な文章であるが、「そんなことはない」というミトンの返答は、「君は自我を隠している」「だから、君は憎むべきものだ」というパスカルの二つの指摘を両方とも否定しているようだ。ミトンは、自分が欠陥に満ちた自己を偽っていることに気づいていない。つまり彼は、自分が衷心から「みなに親切にふるまっている」と信じている。しかし、パスカルからすれば、そのような行いも、自己愛の産物にほかならない。他人への思いやりや好意も、相手から自分がよく思われたい、好まれたい、尊敬されたいという欲求に発する。[31]このような友好の態度は、他者から見た「不快」を取り除くだけであって、自我の根本的な「不正」を消失させるものではない。他者に対するあらゆる配慮は、かりそめのものにすぎない、というわけだ。

では、自我が隠し持っている「不正」とは何か。パスカルによればそれは、「すべてのものの中心」になろうと

する傾向である。自我は、他者に対して自分を優位に立たせる欲望をそのうちに含む。つまり、自我の本性である自己愛とは、邪欲の根本である「支配欲」そのものにほかならない。「なぜなら、ひとりひとりの自我は互いに敵であり、他のすべての自我の暴君になろうと望むからである。[32]」

恐ろしい指摘である。人間はその本性からして自分だけしか愛さないのであり、他者に対しては敵意と競争心しか抱くことができない。人間が他人に対して誠実で謙虚で親切な人物としてふるまうのは、他者にそのような自分を評価させ、ひいては自分に従わせるためである、というのだから。しかも、もっと恐ろしいのは、人間はそのような醜い自己愛を、他人に対してのみならず、自分に対しても隠しているということだ。貧困のなかにいる人に施しを与えたり、悲しみのなかにいる人を慰めたり、困難に陥っている人を励ましたりすることに身を捧げている人は、そのような行為が、相手に対する心からの同情に基づくものだと信じて疑わない——ダミアン・ミトンがそうであったように。しかし、パスカルによれば、それらも偽りの愛に発するということになるのである。

したがって、現世の社会は、互いに憎しみあう人々の集まりである。彼らはそこで、互いの自己愛、すなわち支配欲を隠蔽しながら、互いに友好に努めることで、なんらかの平和や公共善を実現している。現世の秩序を支えているのは、自己愛という名の邪欲である。他者に対する愛は、みせかけのものにすぎず、「慈愛」の虚像にほかならない。

人間はすべて、生来互いに憎みあうものである。人は邪欲を、公共の善に役立たせるために最大限利用した。だが、それはみせかけにすぎず、慈愛の虚像（une fausse image de la charité）にすぎない。実のところ、それは憎しみにほかならないのだから。[33]

たいていの人にとって、他人への心からの好意に自己の醜い欲望がひそんでいることなど思いもよらない。まして

や、平和に満ちた共同体が憎しみの絆によって維持されているなどと、誰が想像するだろうか。パスカルにとって、それほど慈愛と邪欲とは似ていて、両者の判別は容易ではないし、それほど邪欲は人間の本性のなかに深く根を下ろしてしまっているのである。

なお、先の引用文で問題になっている「慈愛」は、同じ集団の成員としての他者への愛、すなわち「隣人愛」のことをとくに指示していると理解され、直接的に「神への愛」を意味するものではないと考えられる（charité という語は双方の意味を含む）。しかし、のちにも見るように、とりわけパスカルにおいて、隣人愛は神への愛から必然的に帰結されることがらであって、両者は同じひとつの運動を表している。神への愛を離れて真の隣人愛はありえない。世俗は見たところ隣人愛に満ちている。だがそのような愛は、各人の自己愛がつくりあげた「慈愛の似像」(34)（tableau de la charité）にすぎない。他者への愛は、邪欲の最たるものである自己愛にではなく、神への愛にこそ従属させなければならない。——このようにパスカルは主張しているのである。

（2）「手足」と「からだ」

なぜそこまで言うのか。たとえかりそめのものであっても、他者に対する思いやりは、共同体において一定の秩序と安寧を保証しうる。自己愛という悪も、それをむき出しにしないかぎりは、責められるには当たらないのではないか。自我を「隠していること」それ自体が、なぜ「憎むべきこと」になるのか。

パスカルはこう答える。

われわれは生まれつき不正である。すべてが自分に向かっているからである。これはあらゆる秩序に反している。全体を志向しなければならない。自己への偏向は、まったき無秩序の始まりである。戦争、政治、集団の機構、人間の個々の身体のすべてにおいて。(35)

自分だけを愛し、自分をすべての他者の上に立たせようとするわれわれの本性は、社会のあらゆる領域において無秩序を発生させる。いまは平和によって守られていても、そこには戦争が発生し、共同体の政治や統治機構に混乱が生じ、やがては滅亡へと導かれるであろう。慈愛の虚像、すなわち邪欲がなんらかの秩序をもたらすとしても、それは脆弱で不安定なものでしかありえないのである。

それだけではない。自己を世界の中心に置くそのような欲望は、結局は「人間の個々の身体」、すなわち自分自身の身の破滅をも招くことになる。このような破局を回避するためには、「全体的なもの」を愛するしかないという。その理由を、パスカルは次のように説明している。

手足であるということは、からだ全体の精神によってのみ、また全体のためにのみ、生命と存在と運動とをもつことである。手足が分離して、それが属している全体をもはや顧みないならば、それは滅びゆき死にゆく存在にすぎない。(36)

もし手足がからだ全体の健康を考えずに、思い思いの欲望に従って行動したとすれば、からだは衰弱し、やがて死んでしまう。すると結局は、その一部である手足そのものも滅びてしまうだろう。手足はからだ全体の生命によって守られている。共同体とその成員の関係も、からだと手足のそれと同じである。(37) 個人が集団全体の幸福と発展を考慮せずに勝手な意志によってふるまえば、集団は衰弱し、それによってその成員も路頭に迷い、やがては死を迎えることになる。(38) したがって、「全体を愛することによって、自分自身を愛することになる。なぜなら、手足［成員］は全体にあって、全体によって、全体のためにのみ存在しているからである。(39)」ひとりひとりの幸福は、全体への愛にある。(40)

ここで「全体」とは、具体的にどのような集団を指すのだろうか。個人の向ける愛が自分の家族に対するものに

のみとどまるならば、それを一要素とする町は滅びるだろう。このとき、その家族に「自己愛」が発生していることになるからだ。同様に、個人が自分の属する町にのみ愛を注ぐならば、それを一要素とする市は破滅するだろう。また同様に、個人が自分が生活する市に対して排他的な愛を与えるならば、それを一要素とする国家は衰退していくだろう。このように考えると、各人は愛を、いかなる大きさをもつ共同体の限界をも超えて広げていかなければならない。

自然的あるいは文明的な共同体の各成員が、全体の幸福を志向するのなら、そうした共同体そのものは、それらを成員としているさらに大きな別の全体を志向しなければならない[41]。

では、究極の「全体」とは何か。それは、「自然的あるいは文明的な共同体」のいずれでもなく、無限の広がりをもち、すべてを包摂する超自然の存在、すなわち神にほかならない。パスカルにおいて、手足とからだ、共同体とその成員を結びつける関係は最終的に、神（イエス＝キリスト）と人間との関係を表現するに至る。

〈神につくものは、これとひとつの霊になる。〉人はイエス＝キリストの手足であるから、自分を愛する。人は、イエス＝キリストが自分を手足とするからだであるがゆえに、彼を愛する[42]。

こうして、「自我は憎むべきものである」というパスカルの主張は、「神を愛せよ」という掟と結びつく。彼は言う。「神のみを愛し、自分だけを憎むべきである[43]。」自己愛は、いかにそれが隠されていたとしても、全体への愛、すなわち神への愛をさまたげる直接の原因となる。人間はそのことが自己自身の不幸と悲惨を招くことを知らず、偽善に満ちた交際に身をやつしている。真の幸福は神への愛にのみ存する。そのことを自覚せよ。――パスカルは

こう言いたいのである。

このことは、自己に対する正当な愛がありえないということを意味するのではない。自己が全体の一部として認識された場合、自己の損傷はすなわち全体に対する害悪となる。手足が怪我をした状態は、からだ全体にとっても不幸である。全体を愛するために、手は自分自身を大切にしなければならない。自己への愛は、このような全体への配慮のもとでのみ正当な価値をもつ。「からだは手を愛するのだし、もし手が意志をもっていたら、「からだのもつ」魂が手を愛するのと同じように、自分を愛するはずである。それを超える愛は、すべて不正である。[44]」したがって、仮にからだ全体を存続させるために、手足が切り捨てられる必要があるならば、手足は進んでそれに同意しなければならない。[45]

これと同様に、からだ全体の健康と幸福のためには、手は自分以上に足のことを、足は自分以上に手のことを、それぞれいたわらなければならない。ここで全体とは神、手足とは人間のことである。よって人間は、神を愛するならば、それを全体とする一部としての他者をも愛さなければならない。神への愛は、他者への愛、すなわち「隣人愛」を含んでいる。自己愛の悪は、他者を憎み、自己を優位に置こうとすることにあった。このことがやがて全体への裏切りとなる。全体への真摯な配慮とは、憎しみを排し、他を偽りなく愛することにある。「隣人愛」とは、キリストが語ったとおり、「敵を愛する」ことである。[46]

ただし、自己への愛が、全体への奉仕に適うかぎりでのみ正当であったように、他者へと向かう水平方向への愛は、神へと向かう垂直方向への愛へと従属させられている。あえて言えば、前者は後者の手段であり、結果にすぎない。つまり、他者への愛は、それ自体最終的な目的ではない。他者それ自体は、単独で愛されるべき対象とはならない。本章の最後に、この点について見ておこう。

4. 他者への愛

(1) 人に自分を愛させること

パスカルは、他者から自分に向けられる愛について、次のように記す。

人が私に執着をもつのは、たとえそれが衷心からのものであっても、不当なことである。その場合に私は、私がそのような欲望を引き起こした相手をだますことになるだろう。なぜなら、私は誰の目的でもなく、そのような相手を満足させるものを何ももたないからである。私はやがて死ぬべきものではないだろうか。そうすれば、彼らの執着の対象も死んでしまうのだ。(47)

私は誰の愛の目的でもないので、相手を満足させることはできない。また、私はいずれ死ぬべき存在であり、私は相手からの愛を死によって裏切ることになる。したがって、人が私を愛するのは不当であり、「人に私を愛させるのも、人が私に執着をもつようにしむけるのも、私の罪になる。(48)」

パスカルにとって、人が私を愛することは、人に私を愛させること、すなわち他者に対して自分を優位に立たせるという自己中心的な欲望に基づく状態である。つまり、他者がいくら自発的に私を愛しているように見えても、それはほかならぬ私の自己愛のなせるわざである。地上の愛とは、互いの支配欲の発現にほかならない。自分を愛させることとは、本質的には相手を自分に服従させること、ひいては相手を憎むことと同義である。

ここで、愛が「執着」(attachement)という語に置きかえられていることは、そのことを示唆する。パスカルに

おいて、真に正しい愛たる「慈愛」(charité) は、他を直接の欲望の対象(「目的」)とする関係ではない[49]。他者の義務は、私の義務と同様に、神を愛することのみである。そのことが彼ら自身の幸福になるのであり、そのようにしむけることこそが真の隣人愛(charité) となる。「彼らに、私に執着してはならないと警告しなければならない。彼らは神を喜ばせるため、あるいは神を求めるために、その命と思索とを費やさなければならないからだ[50]。」

したがって、もちろん、私が人に執着することも、同様に罪となる。上で見たように、他者への愛は、神への愛の下に位置づけられないかぎり、相手を独善的に所有することにつながる。私と他者とは、神によって間接的に結びつけられているにすぎない。人間同士の水平方向の絆は、神へと向かう垂直方向の絆を介してはじめて成立する。神は人間のひとりひとりを、自分の手足のようにして愛するのであるから、手足同士の直接の交渉は神への裏切りとなる。

本節冒頭の引用文にはまた、愛の一時的な性格が表明されている。被造物である人間同士の愛は時間によって支配されている。そこにたとえ愛が成立しても、自分か相手に確実に訪れる死によって、すぐに終わりを迎えてしまう。これに対して、神は不滅であるから、人間が死によって身体を失っても、その後に生きのびる魂を永遠に愛し、祝福してくれる可能性がある。パスカルによれば、われわれはそのような愛を求めるためにこそ、神を愛さなければならない、というわけだ。

(2)「借りものの性質」を愛すること

たしかに、われわれが日常に営んでいる同胞との愛は、恋愛であれ友情であれ、一時的なものであらざるをえない。しかしわれわれはそれを求め、慈しみ、生の励みとしている。そこに満足を覚える者には、パスカルの告発は依然として空虚に響く。だが、彼はそのような地上の愛のあり方に、なおも根本的な疑念を投げかける。

ある人が、通行人を見るために窓際にいて、そこに私が通りがかった場合、彼は私を見るためにそこにいたと言えるだろうか。そうは言えない。彼はとくに私のことを考えているわけではないからだ。では、ある人をその美しさのゆえに愛する者は、その人を愛しているのだろうか。そうではない。なぜなら、天然痘は、その人を殺さずにその美しさを殺してしまうにもかかわらず、相手がもはやその人を愛さないようにしてしまうからである。

また、もし人が私の判断力や記憶力のゆえに私を愛しているとすれば、その人はこの私を愛しているのだろうか。そうではない。私は、私自身を失わずに、そのような性質を失うことがありうるからである。[51]

われわれは人を、その美貌や知性などの「性質」(qualités) によって愛している。ところがそのような性質は、その人が生きている間につねに変質し、やがては失われる。したがって、この場合われわれは、愛していると考えている相手そのものを愛しているわけではない。また、そのような愛は、相手の美質が失われるまでの一時的なものでしかない。「彼は、十年前に愛していたあの人を、いまはもう愛していない。思うに、彼女はもはやかつてとは同じではなく、彼もそうなのだ。彼は若かったし、彼女も若かった。いまの彼女はまったくの別人だ。彼女が以前のままであったとしたら、彼はまだ愛していたことだろう。[52]」こうして、この場合の愛は、窓辺にたたずむ人が、外を通りかかる人に投げかけるまなざし以上のものではない。彼はとくにその人自身を見ているわけではないばかりか、見られている相手はすぐに通りすぎていく。

しかし、はたして人間同士の愛に、これ以外のあり方は可能だろうか。身体的な美も、精神的な徳も、たえず変化し、衰えていく以上、「私」は私の身体のなかにも、精神のなかにもない。私のなかの不変の部分——哲学用語では「実体」(substance)[53]——あるいは、時間を超えて私を私たらしめている同一性を保証する要素は、どこにも見あたらない。そうである以上、「人は決して相手そのものを愛するのではなく、その性質だけしか愛さない。[54]」し

たがって、地上において、真に相手を対象とする愛は存在しえない。

さらにパスカルは、皮肉を込めて言う。「だから、公職や役目のゆえに尊敬される人たちを、軽蔑しないでおこう。人は、誰をもその借りものの性質のゆえにしか愛さないからである。[55]」外見の美しさや知性、あるいは優しさ、謙虚さなどの徳によって相手を愛することと、地位や役職、資産、収入、さらに言えば、身につけているもの、住んでいる家、生まれた土地、父親の職業など、相手自身の性質ではなく、相手に付随する事物やまわりの人々の性質によってその人を愛することとは、結局は同じである。いずれにしても、その人自身を愛することではないからだ。

したがって、私がある人をその美のゆえに愛する場合、私はその人ではなく、その人の美を愛していることになる。そうであれば、同じような美をそなえた人と出会った場合、私はその人をも愛するであろう。愛の対象は偶然によるものにすぎず、またそれは不定である。しかも、私がそのような相手の「性質」を求めるのは、私自身の自己中心的な欲望のゆえである。相手の美は私の「感覚欲」を、相手の知性は私の「知識欲」を、相手の地位は私の「支配欲」を、それぞれ満たすために利用される。世俗の愛は、いかなる場合も自己の「邪欲」の発現であり、相手の善や幸福を願う真の「慈愛」とはほど遠い。

こうして、地上の愛はすべてはかなく、不正である。このような愛を愛とよべるのか――パスカルは、このように問いかけているのである。

＊

「神への愛」とは、法外な掟である。それは同時に、人間の本性である「邪欲」、とりわけその根源となる「自己愛」の否定と、他者への愛の放棄を意味するのだから。他者の移ろいゆく「性質」への執着は、結局のところ、自

我のもつ利己的な欲望の現れであり、他者そのものへの愛とはなりえない。パスカルはこうして、世俗の愛のすべての虚偽を暴き、それを完膚なきまでに破壊しつくす。

しかし、この破壊は、真の秩序の構築のためにある。他者への愛も、自己への愛も、神への愛を最終的な目的とするかぎりにおいて、正当なものとなる。(56) このとき、自己の隠れた支配欲は消え去り、愛は真に他者と自己の永遠の幸福を願うものとなるからだ。このような反転を可能にしているのは、人間は神を全体とする手足であるとの認識である。手足は全体によって存在と生を与えられている以上、手足は全体の愛に報いるためにのみ、自己と他者を愛することを許される。また、われわれは他者の善のために自分の心身をなげうつ義務がある。自分と他者を結びつけているのが神にほかならないからだ。

「邪欲」はこうして、それとは似て非なる「慈愛」へと無限の飛翔を遂げる可能性がある。ここに現れるのは、個々人がすべて利己的な欲望を捨てて、自己と他を含めた人類全体の幸福を希求する恒久平和の状態である。神への愛を至上の掟として提示することでパスカルが夢見ているのは、そのような宇宙規模のユートピアにほかならない。

パスカルの文章は、あまりにも直接的に、人間の本性の醜さと悲惨とを暴露する。そのため読者は、疑念や反発、ときにはいらだちを感じることもある。しかし、彼の主張のひとつひとつは、驚くほどの一貫性によって結びつけられている。このとき、彼の提示する逆説は、有無を言わせぬ説得力をもってわれわれに迫ってくる。パスカルは、ありふれた愛のあり方を批判することによって、愛とは何かという根本的な問いを提起し、その本質をたしかに照らし出している。(57)

第二章

習慣と信

パスカルは、日常生活のなかにさまざまな習慣を見いだす。法、習俗、俗信、教育、想像力、徳、悪徳、技術などがそれである。彼の考える「習慣」（coutume）とは、ひと言でいうならば、身体あるいは精神の特定の性向あるいは癖であり、それは個人のみならず集団においても認められる。ひとつの習慣が、「本性」（nature）と同一視されるほど強く深く人々を支配するかと思えば、長年の習慣とは正反対の習慣を育むことも不可能ではない。そうして新たな習慣もまた、やがて本性と見わけがつかないようになる。[1]

そのような多様な習慣のなかで、パスカルが『パンセ』において特権視しているのは、いうまでもなく「宗教」である。それは第一に、宗教が、集団が信じる教えの体系だからである。

明日がやってくることや、われわれ人間はいずれ死ぬということを、いったい誰が証明しただろうか。だがこれ以上に固く信じられていることはあるだろうか。つまるところ、それらを信じ込ませているのは習慣であり、かくも多くのキリスト者を生み出しているのも、イスラム教徒、異教徒、さまざまな職業、兵士、などなどをつくり上げているのも、すべて習慣である。[2]

同じ社会に属する人々がある職業を選んだり、それを讃えたりするのを見ることで、人はその職業を選ぶようになる。「習慣が石工、兵士、屋根葺《ふ》き職人をつくる。」ある宗教が選ばれるのもまったく同様である。トルコのようにイスラム教が優勢な国では、多くがその教えを信じるように、パスカルの時代のフランスで、人々は一般にキリスト教徒となった。パスカルは、こうした習慣による宗教の選択が、信者に一定の説得力を与えることを認めている。だが彼は、そのような信のあり方を是認するわけにはいかない（さもなければ、護教論を企図する必要もない）。この選択において機能しているのは、各人の意志ではなく、単なる偶然だからだ。パスカルは言う。「人生でもっとも重大なのは職業の選択だ。だがそれを左右するのは偶然だ。」そもそも、「人間の本性はそれほど均一なもので

る。

はありえない。[3]」

モンテーニュは、国の習慣だからという理由だけで特定の宗教の正当性を疑わない人々の信心を問題にしている。

われわれはたまたまその宗教が慣わしとなっている（en usage）国に生まれ、その古さと、それを保持してきた人々の権威を尊重したり、不信仰者に与えられる攻撃を恐れたり、その宗教が伝える約束を受け入れたりしている。こうした姿勢はわれわれの信仰に利用されるべきではあるが、補助的なものとしてでなければならない。これらは人間的な結びつきである。もしも別の土地に生まれ、別の証拠を示され、同じような約束と攻撃を目の当たりにしたら、同じようにして、まったく反対の信仰を植えつけられるかもしれないのである。[4] われわれはペリゴール人とかドイツ人であるのと同じ資格で、キリスト者であるにすぎない。[5]

どんなキリスト教徒も、少なくとも最初のうちは、人間的権威に基づいて、より正確には、生まれた土地の人々の権威に基づいて信仰しているにすぎない。[6] このような基盤は脆弱であり、いかに敬虔な信者でも、別の宗教が同程度に信憑性のある証拠を示したとすれば、あるいは単に別の宗教がおこなわれている地域に移住したとたんに、そちらに乗りかえる可能性がある。習慣による信は、正反対の教えに対しても忠実でありうるのである。モンテーニュは、上のようないわば偶発的な信者と「真のキリスト者」とを区別してこう述べる。「プラトンは、どんなに無神論に徹した人でも、たいていの場合、危険が迫れば神の力を認めるようになると言ったが、そんなふるまいは、真のキリスト者には一切あてはまらない。[7]」パスカルもまた、キリストの掟を知らぬ偽の信者が存在すると考えていた（のちに見るように、彼にとってその典型が、放漫な教えを説くイエズス会士であった）。

以上のように、パスカルが信仰との関係で習慣について考察する第一の理由は、彼が宗教のなかに形式的な信、

恣意的な信という要素を認めるからである。しかしパスカルは、習慣が宗教との関わりにおいて果たす肯定的な役割についても注目している。というのも、宗教は一方で、各人が同じ社会に属する先達に倣い、自分はその教えが真実であるかを問うことなしに信を置く教えの体系であるが、他方でそれは、儀礼や儀式という集団的動作の体系でもあり、その習慣的な実践を介して各人は、神からの恩寵の獲得および救済の可能性を信じ、期待するようになるからである。パスカルは習慣のなかに、信仰を確証し、やがては完成に導く役割を見ている。彼は言う。「キリスト教が理性と習慣を排除するというわけではない。その反対である。数々の証拠に対して素直に精神を向き合わせ、習慣によってその正しさを確証しながら、なおかつ、謙虚にひざまずいて霊感に身を差し出さなければならないのだ。真の救いをもたらすのは霊感だけである。(8)」次のように記すとき、パスカルは儀礼的実践の重要性を意識しているようだ。これこそが信者と異教徒とを分かつ標識だというのだ。

洗礼というものがあることによって、異教徒とくらべて、キリスト者にはより多くの信仰が与えられている。(9)

護教論者として他者の回心を促す立場にあるパスカルは、宗教の掟を実践する熱心な信者であった。彼の伝記筆者である姉のジルベルト・ペリエは、とりわけ弟が重病に冒されたあとの厳格な生活を克明に記している。それによれば、彼は、「苦行に対して多大な愛着を覚え」、「罪な肉体を罰しなければならない」と語り、(10)「突起物で覆われた鉄の帯を、裸になって自分の身体に当て」、(11)「いかなる快楽やぜいたくをも退け」、(12)「相手が誰であろうと、自分［パスカル］に愛着を寄せることを決して許さず」、(13)「貧者に慈善」を施し、(14)「聖務日課をこよなく愛していた」。(15)なかでも彼は、神からの恩寵が持続的に与えられるように日々祈りに没頭し、(16)「神から永遠に離れることがないように」(17)願うのである。

こうして、くり返せば、パスカルにおいて信仰と習慣の関係という問題は、二つの仕方で提起されている。第一

に、宗教が幾世代にもわたってひとつの共同体全体において受け入れられている場合、新たな成員は、生まれつきそれを信じるように導かれる。だが、このとき宗教は、その教えが真実であるかどうかを問われることがないまま、いわば「自動的に」信じられるがゆえに、その成員が別の環境に置かれた場合、信仰が失われてしまう可能性がある。第二に、宗教は習慣的な行為や儀礼の体系をなし、信者はそれらの実践を通じて信心をより強く、正当なものに発展させていく。このように、信仰における習慣の意義は両義的である。習慣と信仰との関係が難問である理由はそこにある。宗教が要請する行為を何度も反復する者は、形だけの信者とも、真にみずからの罪を悔いる苦行者ともなりうるのだ。習慣ははたして、信心を破壊するのだろうか、それとも育むのだろうか。

考察に取りかかる前に、パスカルの考えに即して、もう少し問題の背景を整理しておこう。一般に信者は、教会によって定められたさまざまな儀礼や儀式の行為を、神の恩寵が自分に与えられることを願って実践するものだ。ところがパスカルにとって、そのような行為がどれほど誠実に、どれほど熱心にくり返されたとしても、願いが叶えられるとはかぎらない。この認識は、一方で、彼がイエズス会士との論争において援用するアウグスティヌスの教義に、他方で、原罪によって堕落しているとされる人間の本性に対する彼の観察に由来している。アウグスティヌスによれば、人間の自由意志は、神の恩寵よりも先にはたらくことはない。恩寵が主導しないかぎり、自由意志は神の掟をなしとげることもなければ、祈りを持続することすらもできない。祈りはすでに神からの賜物《たまもの》だからだ。それにまた、人間は原罪以来、「支配欲」(*libido dominandi*)に深く侵されており、いかにへりくだるための行為を重ねても、まさにそのことを誇る気持ちによって傲慢の罪に陥る。このように、人間には神意を測ることができず、人間の本性そのものが正しい信心のさまたげになるのであれば、われわれが宗教の業《わざ》を行う理由はどこにあるのか。

そもそも、この問題の難しさは、宗教における習慣が、世俗生活一般における習慣と比べて特異な性格を帯びていることに起因していると思われる。一般に習慣は、反復によって生成する。思考や行為は、何度もくり返される

ことで、だんだんと迅速または円滑に行われるようになるが、そのとき当の思考や行為が習慣とよばれる。パスカルと親交の深かったアントワーヌ・アルノーとピエール・ニコルが著した『論理学あるいは思考の技法』（通称『ポール＝ロワイヤル論理学』）は、「習慣」（habitude）を、「反復的な動作によって習得される、精神または身体の性向」（les dispositions d'esprit ou de corps, qui s'acquièrent par des actes réitérés）と定義し、例として「学問、美徳、悪徳、あるいは、描画の、書字の、踊りの巧みさ」を挙げている。[18] 習慣を会得した者、すなわち達人とはここで、なんらかの資質において抜きん出た者、あるいは、なんらかの技術を迅速に、精緻に、巧みに行う能力をもつ者であり、そのような資質や技術がそのまま習慣にほかならない。人は何度も何度も絵を描くことによって絵画の達人になり、何度も何度も踊ることで優れた踊り手となる。

これに対して、宗教において習慣は、秘蹟の祭儀（洗礼式、結婚式、聖体拝領など）であれ、信者に求められる日常の実践（祈祷、典礼、祈りなど）であれ、それ自体は習得すべき対象ではない。それらは、信者のなかで、信心あるいはなんらかの宗教的感情を喚起するための手段である。祈りが上手になること、苦行を迅速に済ませられるようになることは、宗教において何の意味もない。それどころか、信心を破壊することにつながりかねない。それぞれの実践には意味があり、大切なのは、そのような意味の集積たる一大体系（これが宗教とよばれるものだ）に信を置くことである。こうして、信者はいつでも、みずからの行う動作の意味を解釈することを余儀なくされる。宗教的習慣は反復されるが、そのつど信者は、解釈という新たな試練を課されることになる。

以下では第一に、信仰に至るための宗教的習慣の有用性に関するパスカルの考えをたどり、第二に、そのような習慣のなかには、信心の発生の障害となりうる側面があることを見る。第三に、信仰において習慣が果たす役割に関するパスカルの分析――神学的分析と人間学的分析――について検討し、最後に、パスカルが考える正しい「祈り」のあり方について考察しよう。

1. 信仰の起源としての習慣——実践から信心へ

「無限 無」の断章（S680-L418）においてパスカルは、神が存在するほうに賭けることの「無限大の」利益について語ったあと、まだ神の存在を信じられないことを理由にその賭けをためらう対話相手に、直接「信に向かう」(aller à la foi) 方法を伝授する。[19]

であれば、自分を納得させるために、神の証拠をならべ立てるのではなく、君自身の情欲を減らすように努めることだよ。君は信に向かいたいと願いながら、その方法を知らないのだろう。不信仰という病を癒やしたいと願い、その薬を求めているのだろう。それなら、かつては君と同じく手足を縛られていて、いまはすべてを賭けに差し出している人たちを見習うといい。君がたどるべき道を知っていて、君が治したい病から快復した人たちだ。彼らが手はじめに取った方法をまねるといい。つまり、まるで信じているかのようにふるまうのだ。聖水を授かったり、ミサを唱えてもらったりするのだ。そうすれば、あたかも自然に信じられるようになり、馬鹿になれるだろう。[20]

信仰の始まりは「情欲」を減らすことにあり、そのためには、すでに「賭けている」人々、すなわち神を信じている人々の動作をまねればよいという。「馬鹿になる」(abêtissement) に至るためのこの手続きは、「習慣による身体の制御」[21]だと言える。信仰は、習慣的動作の最中に生じることになる。信仰の形がその中身に先立つということの考えは、パスカル自身の経験によって裏づけられているようだ（「無限 無」の断章に登場する二人の対話者のうち、

相手を賭けに誘う人物をパスカル本人であると仮定してのことだが）。彼は、自分もその段階を経たことを告白している。「この話が君の気に入り、一理あると思ってもらえるとすれば、それは、これを考えた人物自身が、その前にもあとにもずっと膝をついて祈っていたからだよ。」[22]

禁欲の行為を通してはじめて実際に禁欲が可能となる。あたりまえだと思われるだろうか。だが、パスカルによれば、この同語反復的な因果関係は、事後的にしか認識されない。実際に経験してみなければわからないのだ。

彼らは言う。「信仰をもっていたなら、快楽などすぐに捨ててしまえるだろう」と。私は言う。「快楽を捨ててしまったなら、すぐに信仰は得られるだろう」と。始めるのは君のほうだ。できることなら、私が君に信仰を授けてやりたい。だがそんなことはできないし、それゆえ君の言うことが本当かどうかを試すこともできない。しかし、君は快楽を放棄することができるのだから、私の言うことが本当かどうか試してみてもいいだろう。[23]

だからこそ、「馬鹿になれ」との護教論者の教えに、まだ情欲にとらわれている対話者はとまどい、こう答える。「それこそ私が恐れていることなのだ」と。もっともな反応だと思われる。

実のところ、「馬鹿になれ」との言葉は、相手が不信仰者であってもなくても、相当に突飛な勧告である。それは、この勧告が宗教の「証拠」の検討を免除することにつながるという理由によるのではない（このことは、宗教自身がみずからを「馬鹿げたこと、〈愚かさ〉（*stultitiam*）」[24]という語で表現しているという事実からして明らかだ）。そうではなくて、「馬鹿になること」へのすすめが、他者の動作の自動的な模倣への誘いを意味する以上、それは、信仰の入口に立つ相手に対して、まさにその信仰が要請する本質的な任務、すなわち、自分が行っている動作のもつ意味、教義上の理念について考えることを免除してしまうように思われるからだ。パスカルが言うごとく、「人

は外的な習慣によって内的な徳を身につける」[25]のはたしかだろう。だがその場合、人はその外部と内部との関係を理解している必要がある。

信仰において習慣的実践が重要なのは、そのひとつひとつの要素が歴史的な意味や教義との関係をもっていて、その集合が宗教という体系をなしているからにほかならない。動作とそれがもつ宗教上の意味との連関について意識しない者は、どれほどその動作をくり返しても、信心には至らない。これこそが、信仰における習慣を、世俗のさまざまな習慣から本質的に区別する点であった。後者においては、数学であれ舞踊であれ、ある技術の習慣的な反復がそのままその技術の上達をもたらす。

宗教の儀礼や動作は、信者にとっていかに意義深いものであっても、不信仰者にとっては何の意味もない。より正確に言えば、そこになんらかの意味があるということはわかっても、それがどんな意味なのかは理解できない。パスカルが、信仰に際して「指導者」の重要性を説くのはそのためである。指導者は、入門者が宗教の神秘的言語を理解する手助けをする。「私［神］はおまえに語り、おまえにしばしば助言する。おまえの指導者がおまえに語ることができないからである。私はおまえが指導者をもたないことを望まないのだ。[26]」

こうして、宗教の習慣的行為の実践は、とりもなおさず、その行為が意味するところをくり返し瞑想することにほかならない。その解釈を誤れば、たちまち迷信に陥り、救いの可能性を完全に失うことにもなる。

2. 信仰の障害としての習慣

(1) 人間学的考察——迷信の原因としての想像力と傲慢

人間は本性からして迷信にとらわれやすく、何の益ももたらさない対象を、不合理な仕方で崇拝する。

神だけが、人間にとって真の善である。それなのに、人間が神のもとを去って以来、奇妙なことに、自然のなかで、どんなものでも神の代わりの地位を占めることができるようになった。星、空、大地、元素、植物、キャベツ、ネギ、動物、昆虫、子牛、蛇、熱病、疫病、戦争、飢餓、悪徳、姦通、近親相姦、がそれである。真の善を失ってからというもの、人間にはどんなものも等しく真の善と映るようになり、おのれを破滅に導くまでに至ったのだ。神、理性、本性のすべてに、はなはだしく悖《もと》る行いである。[27]

しかし、パスカルにとってもっと嘆かわしいことは、人間は、衷心から神を敬っているつもりでも、まさにその思い込みによって、正しい信心から遠ざかる可能性があるということである。

あまりに従順だという理由で人を責めなければならないことも珍しくない。それは、不信仰と同じで、自然な悪徳であり、同じくらいに有害である。迷信。[28]

「あまりに従順な」人々もまた、知らず知らず信心に背いている。[29] 敬虔なふるまいは、必ずしも恩寵や救済を授かる手段とはならない。彼らはいわば「慈愛なき義人」[30]（des justes sans charité）であって、真の義人ではない。このような認識は、パスカルが人間の本性を、想像力と邪欲にあまりにも深く侵されているものとみなしていることに発している。

パスカルは、「想像力」が理性の判断を誤らせることを、くり返し説いている。彼によれば、「知者」（les habiles）も「賢者」（les sages）も、たいてい「想像力によって」そうであるにすぎないのだし、「地上のすべての富」も、「想像力の合意なくしては十分ではない[31]」。しかも「人間はしばしば、自分の想像を本心と取りちがえる。そこで、回心しようと考えるやいなや、回心したものと思い込む[32]」という。[33] 迷信は想像力のしわざである。人間は想像力によ

り、つまらないものを崇拝するかと思えば、畏怖すべき対象、ときに神自身をもないがしろにする。「想像力は、小さなものに途方もない評価を与えて、われわれの魂を満たすまでに膨らませ、過度の傲慢によって、大きなものを自分の背丈にまで縮めてしまう。神について語るときもそうなのだ。[34]」

そして人間は、とりわけ信仰の行いを通じて、自分が救いに値するものと勘ちがいしてしまう。次の一文は、表面上の「善行」(mérite) を積むことで、自己が神意に適う内面をそなえていると思い込む人々の姿を描いている。

人々は、実際には善行をなすことに慣れていないのに、善行をなしたものと考えて、その報いを求めることに慣れているだけであって、神を自己流に判断しているにほかならない。[35]

つまり宗教の業《わざ》は、それ自体でよきものとはならない。敬虔な信者を自認する者が、想像力の機能によってみずからの行いの効力を過信し、結果的に傲慢という罪に陥ってしまうことがありうる。善行は神からの報い(恩寵)を得るための条件とはならない。そもそも両者の間に因果関係を認めることは、神意を人間ごときが推し測ることのできるものと過小評価することを意味し、これ自体が戒められるべき不遜な姿勢である。「断食をせずにそのために謙虚であるほうが、断食をすることによって自惚れているよりもましである。[36]」また、次の一節は、同じ告解という行為の意味が、それを行う者によって異なり、そのいずれもが誤っていることがありうると教えている。

ある日ある人が「告解を終えると、喜びと安心で満たされるよ」と言った。別の人は「私はまだ不安でいっぱいだ」と言った。これを聞いて私は、この二人を合わせれば正しい人ができるのにと思った。いずれも他方の考えをもたない点で不十分なのだと。[37]

使徒ヨハネとアウグスティヌスによって定められた三つの邪欲のひとつである「傲慢」（orgueil）は、想像力とならんで、迷信のもうひとつの主原因でもある。紙片に「迷信と邪欲」《Superstition et concupiscence.》と書きつけたとき、パスカルは両者の間に因果関係を見ていたのではないか。人間は「支配欲」（*libido dominandi*）にとらわれるあまり、謙遜の行為のさなかにおいても人にまさることを欲し、かえって傲慢になってしまう。「謙虚さについて語っていても、自惚れた連中にとってはそれが驕《おご》りの種になる。」謙遜という徳も、それを他人に誇示しようとした瞬間、最大の悪徳に転じてしまうのである。「謙虚について謙虚に語る者も、純潔について純潔に語る者も［…］まずいない。」つまるところ、ある行いが有徳であるのは、それをなす人が、それが有徳なふるまいであることを意識しないかぎりにおいてである。[38][39][40][41]

パスカルは憤る。「三つの邪欲が三つの党派を作った。そうして哲学者たちは、三邪欲のいずれかを追求したのにほかならない。」そこで、傲慢に魅せられたのはストア派の哲学者たちだという。「ストア派。／彼らは、たまにできることはいつでもできるとか、ほかの人々にもそれが可能だなどと豪語する。［…］エピクテートスは、固く信仰を守るキリスト者がいることから、誰でもそのようなキリスト者になれると豪語した。」第一章で見たとおり、「名誉欲」とは、他人から称賛されたいという欲望であり、もちろん神への愛たる「慈愛」（charité）とは相容れない。ストア派の学者たちは、おのれの矛盾に気づいていない。「彼らは、神だけが愛と畏敬に値すると信じながら、みずからが人々の愛と畏敬の対象になりたいと望んだ。」これに対して、謙遜とはまさに、他者からの敬意を拒否することである。こちらは孤独のうちに育まれる。「できるかぎり沈黙を守り、神とのみ語り合わなければならない。神こそが真理だからだ。」[42][43][44][45][46]

堕落した本性により、人間は信心の行為さえ、しばしば罪の機会としてしまう。想像力は人間に自己の信仰を過大に評価させ、名誉欲は人間に謙遜を忘れさせることで恩寵の状態から遠ざける。いずれの場合も、人間は、自己

の行いの意味を神に尋ねるという義務を怠ることで、知らず知らずのうちに迷妄の状態に陥るのである。

（2）歴史的・神学的考察――「ユダヤ民族」は、「肉的なユダヤ人」の実践

『パンセ』において、アウグスティヌスから受け継がれた、純粋に抽象的な観念である[47]。パスカルはこの着想が、キリスト教の教えが真理であることを不信仰者に納得させるためにきわめて有力な手段となると確信し、自著で活用しようと考えた[48]。こうして、彼はユダヤの民の律法に対する姿勢について考察を深める。かくも厳格な掟に忠実でありながら、なぜ彼らは「慈愛」の状態から隔たっていたのか、と。

旧約聖書には、互いに矛盾する記述が多数見いだされる。「たとえばエゼキエル書の第二〇章では、人は神の掟によって生きることができると言い、またそうして生きることができないとも言う[49]。」だが、パスカルによれば、聖書のように著者の誠実さに疑いの余地がない場合、このような矛盾は見かけ上のものにすぎない。ゆえに、「聖書の意味を理解するためには、相反する箇所すべての筋が通るような意味を見つけなければならない。」そこで、象徴的解釈という手段が要請される。「律法、生贄《いけにえ》、王国を現実のものとみなせば、すべての記述に一貫性を見いだすことができない。したがって、どうしてもそれらは象徴（figures）でなければならない[50]。」聖典の文章から、隠された霊的な意味が立ち現れてくる。これこそが、パウロの次の一節が示すことだ。「文字は殺すが、霊は生かす[51]。」

とくに預言には、多くの象徴がちりばめられている。だが、肉的な欲望で頭がいっぱいであったユダヤの民――ただし、アブラハム、モーセ、ダビデ、ヨブ、イザヤなど、少数の聖人は除く[52]――は、字義どおりの意味に目がくらみ、そもそもそれが象徴であるとすら思わなかった。彼らは、自分たちに世俗的な幸福をもたらす救い主を待ち望んでいたのだ。パスカルはこう記している。

ユダヤの民は、次のような世俗的な考えにとらわれて時を過ごした。神は彼らの父祖アブラハム、その肉体、そこから生まれた子孫を愛した。それゆえ神は彼らの子孫をふやし、他のすべての民と区別し、彼らに他民族との結婚を許さなかった。彼らがエジプトで苦汁をなめていたとき、神は彼らのためにあまたの大いなる奇蹟を起こし、そこから脱出させた。神は砂漠でマナを降らせて彼らの空腹を満たし、肥沃な大地へと導いた。彼らに王と、立派な神殿を授けた。彼らはその神殿に生贄の獣を奉献し、その血をそそぐことで彼らが浄められた。そうして神は、彼らを世界の支配者とするために救い主を遣わすのであり、その到来の時期を預言した、と。[53]

パスカルの立場からすれば、その後、肉的な善――財宝や食物――を授かることを期待していたこの民は、イエス＝キリストが預言どおりに現れたにもかかわらず、その姿があまりにもみすぼらしかったため、彼が真の救い主だと理解できず、十字架にかけて殺してしまった、ということになる。[54]

パスカルは、ユダヤの民の歴史をこう解釈した上で、彼らのこうしたおぞましいふるまいが旧約聖書中に象徴によって予示されていて、彼らはそれを成就した張本人になることによって、キリスト教の比類なき証人となったと主張する。パスカルの論理を敷衍すれば、以下のようになる。

ユダヤ人は、旧約聖書の真の意味を知らぬまま、本書を何千年間も大切に保持してきたが、実はこれこそが、神がこの民に課した任務であった。この民は、救い主の到来を約束する聖典を、この上ない熱意をもって崇敬したが、それは彼らが、その救い主を「肉的な善（les bien charnels）を与えてくれる」存在であると勘ちがいしていたからだった。彼ら「肉的なユダヤ人」は、聖典の字義的な意味を本義と取りちがえたのだが、実のところ本義である霊的な意味は、あえて彼らには理解できぬように隠されていたのだ。おかげで彼らはこの聖典を子々孫々に伝え、ついにイエスが現れたが、これを真の救い主であると見抜くことができずに殺害してしまった。こうして彼らは図ら

ずも、救い主が退けられ、つまずきとなるとのイザヤの預言を実現した。つまり、キリスト教にとって最大の「敵」であるこの欲深い民こそが、キリスト教の真実性を証明したことになる。この証明は、「世界中でわれわれに好意的であるという疑いを受けることのもっとも少ない民族」によってなされたものだけに、いっそう強い説得力をもつだろう。(55)――このような論理である。

ユダヤ人は、厳格この上ない律法に服した。「この律法は、こと宗教の祭儀に関して、法のなかでもっとも峻厳かつ苛烈なものであり、この民を義務によって縛るために、無数の細々とした規則を定め、違反者には極刑を科したのだ。(56)」彼らの信心は疑いようもないほど誠実であったにもかかわらず、パスカルの目からすれば、その行いは救いには無益なものでありつづけた。「信仰というものは、律法の業《わざ》とは違って、われわれの力の及ぶものではない。それは異なった仕方で与えられるものだ(57)」からだ。彼にとって、この民の信心は典型的な「迷信」であった。彼らとしては衷心から神を崇めているつもりでも、神の視点に立てば、その行いを導いているのは罪深い欲望にすぎなかった。彼らは儀礼的行為の意味を読み誤っていたのだ。

パスカルは言う。「ユダヤ人の宗教は、その本質をアブラハムの父性、割礼、生贄、儀式、契約の櫃《ひつ》、神殿、エルサレム、つまりモーセの律法と契約に負っているとみなされてきた。」だが、実のところ、これらは象徴にすぎない。「安息日はしるしにすぎなかった」「割礼はしるしにすぎなかった」「この世の善は偽の善であり、真の善は神と結びつく」「彼らの祭は神に喜ばれない」…。(58)「それ［ユダヤ人の宗教］は、［…］ただ神への愛によって成り立っていたのであり、神はほかのすべてのものを退けたのだ。(59)」肝心なのは行為や動作ではなく、それにともなう心のあり方である。先に、習慣的動作は信仰を生じさせるきっかけになりうることを見たが、ここでは、儀礼的動作を意義あるものとしているのは信仰である。つまるところ、「大切なのは、目に見える生贄ではないのだ。(60)」割礼はやがて使徒によって廃棄される。「聖パウロは［…］からだの割礼は不要であり、必要なのは心の割礼であることを、人間たちに教えにやってきた。(61)」

側面を軽んじる態度が推奨されるわけではない。次に見るように、パスカルは、イエズス会の神父たちの行いを、ユダヤ人の実践とは逆に、過度に放漫なものとみなして批判している。実のところ、「形に期待を寄せるのは迷信であるが、形に服従しないのは傲慢である。[67]」では、正しい信仰のためには、どのような行いが必要なのだろうか。

3. 習慣の必要性

(1)　信心を破壊する放漫——イエズス会士と教義の改変

ユダヤ人の罪は、律法の掟に盲目的に従うことで、その真の意味の探求を怠った点にあった。これに対して、パスカルにとって、イエズス会士の過ちは、数々の信心の行いに新たな解釈を与えることで、意図的に教義をねじ曲げるまでに至った点にある。[68]『プロヴァンシアル』において、ルイ・ド・モンタルト（パスカルの筆名）は、聖書と教会の伝承から明らかに逸脱しているイエズス会の教えを、異端的であるとまで断じている。モンタルトの論敵の神父たちは、みずからをカトリック信仰の権威であると称しつつ、仲間たちに対して、神の法を人間の都合に従って解釈することを許している。「第五の手紙」に登場する、モンタルトの友人である「ジャンセニスト」は、イエズス会の「蓋然説[69]」(la doctrine des opinions probables) を、次のように批判している。

彼ら「イエズス会の神父たち」はまるで、信仰や、信仰の支えとなる伝統が、どんな時代、どんな場所においても、つねにひとつで不変なものではないとでも言いたいかのようだ。人間が戒律に従うべきなのに、戒律をまげて人間に合わせるべしとでも言いたいかのようだ。魂は汚れを浄めるためなら、主の掟を台なしにしてもよいとでも言いたいかのようだ。〈汚れがなく、この上なく聖なるものである主の掟は、魂の向きを変えるも

のであり〉、救いに至るための教えを授かるのにふさわしくするものだというのに！(70)

古代のユダヤ人は、肉的な幸福の到来という希望が叶えられると信じて掟を忠実に守った。一方、イエズス会士は、不届きな欲望を抱く信者たちを相手に、宗教の本義をねじ曲げてまで、その汚れを糊塗するためのふるまいを説く。パスカルにとって、後者は、みずからの罪を意識しているだけにいっそうたちが悪い。しかも、彼にとって許しがたいのは、イエズス会士が、「お手軽な信心の行為」（dévotions aisées）があると語ることだ(71)。バリー神父の提案する方法のうち、モンタルトは以下の例を紹介している。

聖母の絵を見るたびに挨拶をする。聖母の十の喜びの連祷《れんとう》を唱える。マリア様の名をしばしば唱える。自分の代わりに天使たちに聖母を崇敬してもらう。聖母のために、これまでにすべての国王が建てた教会よりももっと多くの教会を建てたいと願う。聖母に毎朝おはようございますと言い、夜にはこんばんはと言う。マリア様の御心を讃えて、毎日アヴェ・マリアと言う(72)。

ここでモンタルトが憤慨しているのは、こうした行いがたやすいという事実に対してではなく、彼の対話者——イエズス会の精神を説明する神父——が、こうした「信心」の行為を取り入れることで、現世的な欲望を棄てる義務が免除されると、得意げに説いていることに対してである。彼はバリー神父の著作から、再度引用する。

心には心を、というのが正しいやり方であろう。しかし、君の心はやや世俗に執着しすぎていて、少しばかり被造物にとらわれすぎているようだ。よって私はあえて君に、君が心とよんでいるその小さな奴隷を、たったいま捧げなさいとは言わない(73)。

こうした行いは、単に罰から逃れることを目的とした手段であって、キリスト教の教えに服するために要請されるものではない。バリー神父の提案には、もちろん何の根拠もない。教会ではなく、彼が属する一修道会の権威によってのみ保証されているにすぎないのだから。[74]それでもなお、民衆がこのような助言を耳にするのは危険である。モンタルトは対話相手に警告する。

神父様、たしかに私は、聖母様への信心が救いに際して強力な手段となることを知っていますし、ささいな信心の行いでも——それをなされた聖人たちにおいてと同様に——それが信（foi）と愛（charité）の作用に発するものであれば、大きな効果をもたらすことを知っています。しかし、堕落した生活を改めずにそうした行いを実践する者たちに、自分は死に際して回心するのだ、神が自分を蘇らせてくれるのだ、などと信じ込ませてしまうと、罪人たちは、恩寵のみがもたらしうる真の回心によって悪から救い出されるどころか、そうした愚かな考えによって誤った安心感を抱いてしまい、悪の状態にとどまったままになるのは必定と思われます。[75]

『プロヴァンシアル』「第十の手紙」は、イエズス会士が言うところの、告解、悔悛、神への愛といったさまざまな信心の義務を緩和するための方法について述べている。告解の苦労を軽減するために、イエズス会は信者に、たとえば「何もかもまとめて告解すること、最近の罪も、ほかの罪と合わせて、全体として告白すること」（エスコバル）を勧める。[76]こうすれば、前回の告解後に罪を犯したことを聴罪司祭に悟られずにすむという。また、司祭には、「告白された罪が常習的なものかどうかを問いつめる権利はなく、［…］いつも同じ罪を犯してしまうことを暴きたてて、告解者に恥をかかせる権利はない」（ボーニー）と戒める。[77]さらに、同会は、モンタルトの対話相手の言によれば、司祭から命じられた悔悛を受け入れたくなければ放棄してもよいと助言する一方、司祭には、「告解者が悔悛はあの世で行い、自分に科される罰はすべて煉獄にて受けると言明するなら」、「相当に軽い悔悛だけを命

じておくように」と勧告している（エスコバル）[78]。

上のいずれの場合も、聴罪司祭と告解者との間に、意志の伝達が正しく行われていない。告解者は、自身の名誉のために自分の犯した罪の大きさを偽り、司祭は、相手がどんな罪を犯したのかも、それについてどう反省するのかも知ろうとはしない。イエズス会のフィリウティウス神父は、この状況を受け入れてこう語る。

司祭は、告解者の本心を知るのに、気楽にかまえておけばよい。相手が十分に苦悩の表情を見せないときも、本心では罪を憎んでいるのでしょう、と尋ねるだけでよい。相手が「はい」と言うなら、それを信じなければならない[79]。

だが本来、信者の罪が許されるかどうかを判断する立場にある者は、相手の心の内を知っておく必要がある。フィリウティウス神父本人も言うように、聴罪司祭たる者、イエス＝キリストの命を受け、「正しく判断するのは義務であり、ふさわしい者は許し、ふさわしくない者は締めつけなければならない」からである[80]。

こうして、「お手軽な信心」の方法とは、宗教の定めるさまざまな儀礼的行為を実践していると見せかけて、そこに込められた教義上の意味を無視することにある。パスカルから見て、イエズス会の提案が倒錯的なのは、それによって信者の信仰を高めるよりは、むしろ破壊してしまう点にある。そうした実践が「お手軽」であるのは、信者の心のうちにひそむ肉的な欲望に対する反省や後悔を促すよりは忘れさせるからであり、場合によっては、信者にそのような欲望の満足を進んで求めさせることをも許容してしまうからである。ボーニー神父に言わせれば、「われわれは、自分自身の、または隣人の、現世的なまたは霊的な幸福のためならば、そうした［罪の］機会を、直接的に、それ自体のために［…］求めてもかまわない[81]」のである。

実のところ、イエズス会が提案する実践は、もはや「信心」（dévotion）の方法とは言いがたい。それは、「信心」

の定義そのものであるという「神への愛」をも免除するというのだから。[82]『プロヴァンシアル』「第十の手紙」において、モンタルトの対話者であるイエズス会神父は、「救いには、完全痛悔（contrition）は必要ではなく、不完全痛悔（attrition）で十分である」[83]という同会の説から、仲間の神学者たちの文書を参照しながら、神を愛するという義務をも拒絶することが許されるという見解を導き出してくる。とりわけ彼は、次の文章を引用している。

われわれは、いつ現実に（actuellement）神を愛する義務があるだろうか。スアレスは、とくにはっきりと時期を定めなくとも、死の間際までに愛すれば十分だと言う。バスケスは、死の間際でもまだ間に合うと言う。［…］ウルタド・デ・メンドーザは、毎年愛さねばならないが、ありがたいことに、それ以上頻繁に愛する義務はないと言う。だが、当会のコナンク神父は三・四年に一度、エンリケスは五年に一度、その必要があると考えている。また、フィリウティウスは、厳密に五年に一度の義務はないだろうと言う。ではいつなのか。フィリウティウスは、諸賢の判断にゆだねている。[84]［エスコバルの文章］

神は、ご自身を愛せよと命じつつも、われわれが神のほかの命令に従うならばそれでよいとしている。［…］それ［神の意志のとおりにふるまうことで神を愛すること］が現実に可能ならば、なお望ましいが、それができない場合でも、われわれがよき業《わざ》（les œuvres）をなすならば、神を愛せよという掟に厳密に従っていることになるだろう。したがって（神のご好意を知るがよい）、われわれが命じられているのは、神を愛することというよりもむしろ、神を憎まないことなのである。[85]［スアレスの文章］

信心の業はここで、「神への愛」という目的から独立してしまっている。

以上から、イエズス会の「信心」の方法は、罪人から身体的・精神的苦痛を免除することにある。それは苦行と

はほど遠く、現世の欲望に深くとらわれた者でもたやすく実践が可能である。これはちょうど、パスカルが次のように描き出す、回心の最初期の段階にある魂に迎合する方法である。「魂は、この世の空しさよりも、信心の行いのほうに、より多くの苦痛を覚えている。」彼によれば、この段階の魂の内部には、二つの相反する力の激しい葛藤が見いだされるという。「一方では、目に見える事物の存在のほうが、目に見えないものへの希望よりも強く魂を捉え、他方では、目に見えないものの確実さのほうが、目に見えるものの空しさよりも強く魂を揺さぶる。[86]」

イエズス会の神学者たちは、信仰の未熟な段階にある魂のなかに、パスカルが見いだすような緊張を認めることはない。魂はこの緊張を乗り越えて、霊的で見えない善に対する憧憬を募らせていく。イエズス会が説くのは、この緊張を回避し、自身の罪を悔いることからも、神を愛することからも逃れるための秘訣である。モンタルトの対話者は、こう語っていた。「こうしてあなたは、神を愛するという面倒な義務を免除していることこそが、福音の信仰においてユダヤの信仰よりもまさっている点だということが理解できるでしょう。[87]」イエズス会の説く信心の方法が「お手軽」だと言えるのは、それが実践の上で容易であるのに加えて、それを行うことによって、信者がいかなる精神的な試練にも直面せずにすむからである。これはもはや信仰の方法ではなく、むしろそれをさまたげる術である。

「肉的なユダヤ人」は、律法を過度に尊重するあまり、それが——象徴という覆いを介して——真に伝える教えに対して盲目であった。一方、イエズス会士は、教義の根本については十分な知識をもちながら、わざとそれを我流に拡大解釈し、厳しい戒律を避け、信心と世俗的な享楽との共存を求める信者たちの欲求に応えようとした。彼らは、「蓋然説」や「意志の導き」[88]（direction d'intention）とよばれる方法を利用し、自分たちはあくまでも宗教の精神を遵守していると公言するが、その実、信者たちに、中傷、高利貸し、窃盗、姦淫、さらには殺人という罪までも、場合によっては許されると説く。彼らの教えは、キリスト教の精神のみならず、国家秩序、自然法をもはなはだしく侵害する要素を含んでいる。[89]パスカルにとって、イエズス会の放漫主義は、ユダヤ人の厳格主義と正反対

の方向ではあるが、同じ程度に誤っている。

（2）祈り――習慣化不可能な行い

宗教の定める儀礼的行為の習慣的実践は、かえって信仰を誤らせ、破壊させることもある。では、パスカルの考える正しい信仰は、どのような行いによって保証されるのだろうか。そもそも、習慣的な行いと信仰との間に、なんらかの関係は存在しうるのだろうか。この問いを念頭に置いて、『恩寵文書』におけるパスカルの祈りと恩寵に関する思考の跡をたどってみよう。実のところ、パスカルにとって、もっとも単純な崇敬の行為としての祈りですらも、われわれの意志だけでなしうるものではない。その意味で、祈りは習慣にはなりえない。G・フェレロルは、習慣と恩寵との間に同質性を認めた上で、恩寵によって保証される「祈りの持続」の状態（persévérance）を習慣の発展形態であるとみなしている[90]。だが、以下に見るとおり、この二つは似て非なるものである。

『パンセ』のある断章には、「神は自身の優越性を保持すべく、自身の意に適う者にしか祈りを授けない[91]」と記されている。つまり、神意は人間にとってはかり知れないものなので、人間がいかに誠実に信心に励んでいるつもりでも、その報いとして望んだ成果――ここでは「祈り」――が得られるとはかぎらない、ということだ。神の優越性は、この世が人間に理解できるような明白な因果関係によって成り立っていない点にこそ表れている。

> 〈求めよ、さらば与えられん。〉では、求めることはわれわれの力のうちにあるのか。いや、反対に、それはわれわれの力のうちにはない。授かることはわれわれの力のうちにあるが、祈ることはわれわれの力のうちにはないからだ[92]。

われわれには自力で「祈ること」はできず、「授かること」だけが許されている、という。これは、祈りは人間の

意志や努力とは無関係に神から与えられる恩寵であり、ひとたび神がそれを授けることを決めたら、われわれにはそれを拒む力はない、ということだ。

とすれば、祈る人はすでに神意に適った正しい人である。「神は祈り［祈る人］を正しいとすることを約束した。」[93]祈りは神の恩寵そのものなのだから、祈る人は、少なくともその瞬間は救われている。では、その救いはいかにして持続するのか。

この祈りの持続という問題について、パスカルは、『恩寵文書』の一部をなす、掟の可能性についての「手紙」のなかで集中的に考察している。これらの手紙は、アウグスティヌスの教義と、当時トレント公会議の決定に従っていたカトリック教会の教義との間に一貫性を見いだそうと努めるある信徒（しばしばロアネーズ公爵とみなされている）の疑問に答えるために書かれたものである。パスカルはそこで、とりわけ、

掟は義人にとって不可能ではない[94]（Que les commandements ne sont pas impossibles aux justes）

という公会議第六討議第一一章の一文について考察している。この問題こそが、質問者の主要な関心の的であった。パスカルはまず、単純な解釈を提示する（とはいえ、「ペラギウス派の残党」[95]およびルター主義者の解釈を退けるものだ）。

義人は、神への愛によって行動するとき、罪を免れた業（œuvres）をなすことができる。［…］つまり、義人は、慈愛（charité）によって行動するならば、掟を守ることが可能である[96]

というものだ。しかし彼は次に、先の公会議の規定から導かれる二つめの解釈（といっても、ひとつめの解釈を退

けないが）を証明しようと試みる。それは、

すべての義人が、次の瞬間に掟を守る近接能力（pouvoir prochain）をもつとはかぎらない[97]

というものである。

パスカルはそこで、この命題がアウグスティヌスの説に照らして正しいかどうかをより詳しく考察するために、次の二つの問いについて考えようと努める。

最初の瞬間において正しい義人が、はたしてつぎの瞬間において掟を遂行する近接能力をもつか

義人は、正しい間に、祈りにおいて、そして欲望において、ただ次の瞬間においてのみ、はたして持続する能力をもつか[98]

パスカルはこの二つの問いを、「等しい」としている。彼にとって、「祈りの持続」（persévérer dans la prière）と、「義人でありつづけること」（persévérer dans l'impétration de la justice）とは、まったく同じ事態であった[99]。

パスカルにとっても、アウグスティヌス主義を標榜する仲間たちにとっても、この問いに対する答えは否定的でなければならない。パスカルは、アウグスティヌスの文章から得た思想を、次のように記している。

聖アウグスティヌスに従って、次のことを認めよう。すなわち、祈りはつねに有効な恩寵（grâce efficace）の結果であること、この恩寵を保持している者は祈ること、それをもたない者は祈らないこと、そしてそのよう

な者は祈りのための近接能力をもたないということ［…］である[100]。

「有効な恩寵」とは、ジャンセニストの意味で、神によって選ばれた者たちに与えられる恩寵であり、原則としてすべての人間に与えられる「十分な恩寵」(grâce suffisante) と対置されるものである[101]。この瞬間に祈っている義人は、次の瞬間に「有効な恩寵」を喪失する可能性があり、その場合もはや彼らは祈らない、という。それに、祈りの持続は、人間に理解可能ないかなる理由によっても保証されない。「神がなぜ二人の義人のうち、一方を引き止め、他方を引き止めないかは、人知を超えた神秘[102]」なのである。この過程において、少なくとも人間の目には、人間の業と恩寵との間には因果関係は不在である。信心の持続は、人間の努力によるのではなく、神がそう望んだ結果である。さらに、神による人間の「棄却」(délaissement) は、人間の過ちに由来するものであるが、実のところその過ちも神によって当初から導かれている。というのも、人間が神を離れるのは、神が人間をもはや祈らない状態へと見棄てたあとなのだから。

私は次のことを示したいと思う。すなわち、聖アウグスティヌスの教義において、［…］義人が神を離れないかぎり、神は決して義人を見棄てないということ、しかしながら、神がいつも祈るための助力を与えるとはかぎらないこと、この意味で、神は、義人が神を離れる前に、義人を見棄てるということ、したがって、このような棄却はつねに、最初に神が人間を、祈るために必要な助力のない状態に見棄て、次に人間が祈るのをやめ、ついで神が人間をもはや祈らないようにするというように導かれる、ということである[103]。

以上から、祈りは人間の努力のみによっては習慣化不可能な実践であることが判明する。恩寵が人間に祈ることを可能にするが、その恩寵は、ほんの次の瞬間に人間に与えられないことがありうる。しかもこのような中断は人

間の意志とは無関係に生じるのであり、そのとき人間はもはや祈ることができない。――このような主張は、恩寵と自由意志との関係に関する常識的な見方を完全に打ち砕くものである。パスカルは、陥りやすい思いこみを退けるように戒めている。

「人は祈りの持続を求めればそれを得るだろう。だから、この瞬間に、来るべき瞬間に祈るための恩寵を求めれば、それが得られるだろう。こうして持続は確証されるだろう。」――こんなふうに言うことで、ことがらを悪い方向にねじ曲げようと考えてはならない。それは言葉を弄ぶことである。(104)

祈りは、それだけでは超自然の助力を促す手段にはなりえない。祈りは、第一に、他者(ここでは神であり、その意志は人間にははかり知れない)の介入がなければ持続することができないという点で、第二に、主体が到達したいと考える特定かつ不変の目的によって維持されることが不可能だという点で、習慣とはみなされえない。習慣は通常、上達あるいは習得への恒常的な欲望によって反復されるものである。

もっとも、パスカルはそれでも、祈りの持続に際して、人間の努力が不可欠であることを強調している。

というのも、神は、かつて求めた者たちにではなく、いま求めている者たちに与えるのであり、それゆえ、与えられるためには求めつづけなければならない。なぜなら、今日純粋な気持ちで、明日の節制(continence)を求めるだけでは十分ではないからだ。というのも、もしそれに続いて不純な状態(impureté)に入り込んだ場合、この心の変化が、それに先立つ祈りの効果を破壊してしまうこと、それゆえ、明日の節制を得るためには、それを求めるのを決してやめてはならないということが、わからない者などいないであろう。したがって、いまこの瞬間において次の瞬間のための祈りを与えられることを求めても、さらにそれを求めつづけないかぎ

り、それを得られないだろうことは、明らかではないだろうか。[105]

この一節と、先に見たパスカルの主張との間に、一貫性を認めるのは困難である。神が人間に助力を与える理由が不明である場合、つまり神の判断の理由が人知を超越したものである場合に、いかにして人間は、祈りを持続することが可能なのか。しかも、現に行われている祈りもまた、神から幸運にして与えられたものでしかない。

だが、パスカルにとって、逆説的にも、このような絶望的な状況においてこそ「求める」という努力が可能になる。神はすべての人々に恩寵を与えるわけではないが、もしそれを与えるとしたら、それはつねに、いままさに祈っている人に対してである。祈る人はたしかに義とされてはいるが、それはいまこの瞬間に関してのみである。彼は次の瞬間に、恩寵を求めていられるかどうかはわからない。したがって彼は、祈ることによって、当の祈りが持続させられることを、神に求めなければならない。このような条件においてのみ、彼は祈りをほんの一瞬だけ持続できる可能性が得られるが、同時にその願いが棄却される可能性もある。――実のところ、この過程において、自由意志は完全に排除されてはいない。パスカルは、神と人間との間の、「協働」(coopération) の可能性を示唆するアウグスティヌスの文章を引用する。

アウグスティヌス『恩寵と自由意志』第一七章――なぜなら、神は自身からまず始めて、われわれが欲するようはたらきかけるが、さらにまた、欲する人々とともにはたらいて (coopérer) 御業を完成するのだからである。だからこそ使徒は、「あなたがたのなかで善い業を始めたかたが、イエス＝キリストの日までにその業をなしとげるだろうと、私は確信しています」と言った。それゆえ、われわれより前に、神がわれわれを欲するようにはたらきかけるのであり、また、われわれが欲して行うようになるときには、神がわれわれとともにはたらくのである。[106]

われわれが祈るとき、①まずは神がわれわれがそれを望むようにはたらきかけ、②次にわれわれが祈ることを望み、③最後に神がわれわれに、祈りを実現することを助ける。パスカルは、アウグスティヌスにならって、この②の段階において自由意志の介入を認めているように思われる。このような神と人間の「協働」の微妙な均衡は、持続しない。もしこの幸福な協働が二つの瞬間以上成立しつづけた場合、それは更新されたことになる。厳密に言えば、いまこの瞬間の祈りは、前の瞬間の祈りの延長ではない。祈る者の願いが二度にわたって受け入れられたのである。祈る者は、自分の行為を持続させるためには、瞬間瞬間においてあらためて「純粋な気持ち」(un esprit pur)を得なければならない。というのも、人間の性質――アウグスティヌスの言う「肉の習慣」[107]（*consuetudo carnalis* / habitude charnelle）――からして、心はつねに「不純」へと傾きがちだからである。

こうして、「祈りの持続」(persévérance) は習慣ではなく、不連続の出来事の積み重ねである。その出来事のひとつひとつにおいて、神と人間の「協働」が成立していなければならないのであり、それが成立するためにはまた、人間がみずからの心を可能なかぎり純粋なものとするように努力しながら、助力が与えられるように求めなければならない。

習慣による信仰は、それを実践する者において傲慢と錯誤を引き起こし、結果的に信仰の状態から彼らを遠ざける結果となる危険性があることは、先に見た[108]。これに対して、祈りの持続は、そのすべての過程が超自然で人間にははかり知れない法によって導かれるため、祈る者は、つねにみずからの心の状態が、神が次の瞬間にも恩寵を与えてくれるにふさわしいかどうかを自問することを余儀なくされる。パスカルにおいて、このような自己の正しさへの問いかけ、みずからの資格の不十分さの認識、さらには、このような悲劇的な状況から逃れるための絶望的な努力こそがまさに、信仰を特徴づけている[109]。

パスカルが信仰において習慣の役割の限界を見いだすのは、それによって主体が独りよがりの思い込みに陥る可能性があったからにほかならない。たとえばイエズス会士は、信心の「便利な原理」[110]（principes bien commodes）を

作り上げたと言い張ることによって、人間の行為と神の恩寵との間に、人間にも十分に理解可能な因果関係が存在すると想像するという、致命的な過ちを犯した。彼らの言う「信心」の行為は、すぐに習慣として取り入れることができる、きわめて実践がやさしいものであるが、それだけに、時間が経つにつれて、それを行う主体は、みずからの行為が神からの救済を得るためにふさわしいものであるかどうかを自問する契機を失ってしまう。パスカルがイエズス会の教えにおいて恐れたのは、このような「愚化」[11]（hébétude）の効果にほかならない。これとはまったく反対に、持続に関するアウグスティヌスの教義は、祈る者を不安と知的な緊張のなかに維持するものである。パスカルは祈りという身体的実践の持続の重要性を主張する。だがそれは、この行為がつねに、心の状態の更新をともなうかぎりにおいてである。祈りはこうして、習慣化不可能である。だが、それゆえにこそ祈りは、それを行う者に持続への願いを喚起することができるのである。

*

　邪欲が人間の身体に起因している以上、神による救いは、身体の死後にしか得られない。だが、そうであるとしても、その救いを希求する「信仰」の状態は、人間がこの世に身体とともに生きていてはじめて可能である。信仰は、精神と身体の双方に関わる実践である。パスカルが、信仰と習慣との関係を重要な考察対象としているのは当然である。習慣はまさに、身体の反復的動作による精神の説得手段だからである。

　パスカルはまず、信仰において習慣が果たす役割の重要性を指摘する。宗教の「証拠」（預言、奇蹟）は、くり返し眺められることで精神を傾け、納得させる。また、宗教の定める儀礼的行為は、それを行う人々の信心を高めるばかりでなく、教義に対して無知な人々、あるいは教義に対して疑いをもち信仰をためらう人々にすら、信心を芽生えさせるきっかけになる。習慣は、理性による検証を中断し、対象の正当性を自動的に認めさせる効果をもつ

のだ。

　しかし、他方で、習慣は信仰に悪弊をも及ぼしうる。モンテーニュが指摘したごとく、宗教は、国や地方の慣習の一部であるという理由だけで受け入れられている場合に、無気力で形式的な信仰しか生み出さない。また、パスカルは、熱心に信心の務めを果たし、おのれの敬虔を疑わない信者の思い込みや慢心を戒める。教義に忠実であることが、神から見てそのまま正しい信のあり方となるとはかぎらない。信者はそのつど自己の行いの意味について自問する義務を負っている。かくして古代のユダヤ人は、律法を厳格に遵守しながらも、聖典の真の意味を理解しようとせずに、救い主を見誤るという途方もない罪を犯した。他方イエズス会は、あえて教義の本質をねじ曲げ、「お手軽な信心」の方法を実践すれば、富や名誉や肉欲の追求すらも免罪されると説いた。

　これに対して、祈りの持続性に関するパスカルの理論は、人間の意志と神の恩寵との神秘的ではかり知れない関係に基づいている。祈りがほんの一瞬でも持続した場合、それは神が恩寵を与えてくれた結果である。だがこの状態がさらに次の瞬間にまで続くとはかぎらない。そのためには、おのれがはたして次の瞬間も恩寵にあずかる資格があるかどうかを自問しつつ、心を澄んだ状態に保つよう懸命に努めなければならない。パスカルにおいて、信仰を真に特徴づけているのは、このような精神的な緊張ではないか。祈りという身体的な動作の持続が、神から見て義の状態を意味するのは、神がその持続をなすすべての瞬間において、そのつどその動作にともなう心のありようを正しいと判断したからである。いかに熱心な信者でも、身体的な動作の継続が惰性と化し、その動作のもつ教義上の本意を問うことを忘れたり、ましてや自己の信心がすでに十分に完成したものであるとの慢心に陥ったりすれば、正しい信から遠ざかる。パスカルの考える信仰は、実のところ、動作の習慣的な反復ではなく、その動作を行う主体の心の緊張が維持された状態のことである。

　いうまでもなく、このような精神の緊張状態としての信仰は、『パンセ』「無限　無」の断章において語られた「馬鹿になること」«abêtissement»の結果としての信仰とは同じではない。純粋に身体的な反復行為は、それだけで

は救いとは無関係である。しかしながらパスカルは、このような両極端の実践が、排他的な関係にあるとは考えていない。

神から与えられるためには、外的なものが内的なものに結びついていなければならない。つまり、ひざまずいたり、口に出して祈ったりしなければならないということだ。そうして、神に従おうとしなかった不遜な人間が、いまや被造物に服従しなければならないのだ。そのような外的なものに助けを期待するのは迷信であるが、それを内的なものと結びつけようとしないのは傲慢である。[112]

「外的なもの」(l'extérieur)も「内的なもの」(l'intérieur)も、相互に独立してあるのではない。より外的な信、より内的な信があり、時間を経て、おそらくは一進一退をくり返しながら、前者が後者に移行していくのだ。身体的動作に依存する信は、たしかに暫定的なものではあるが、それはまた、魂の状態のたえざる緊張に基づき、つねに神との交流を希求する信に至るために不可欠な一段階なのである。

第三章

sentiment——直感、感覚、繊細さ

sentiment という語は、sentir（感じる）という動詞の作用と、それによって生じたもの（感じられたこと、感覚）を広く意味する日常語である。[1] パスカルは、人間の認識においてこの語が果たす役割をきわめて重要視している。とりわけ『パンセ』において、この語は六六回（うち複数形は二七回）登場し、彼の宗教、幾何学、レトリックに関わる思想の鍵概念をなしている。

この語は、本書の主題にとっても枢要な考察対象となる。以下に見るように、「感じる」とは何よりも「心」と「感覚器官」において生じる作用、心身の相互作用であり、身体と精神を二つながらにそなえた人間にしてはじめて可能なはたらきだからだ。パスカルにとって、純粋に肉的な存在である動物には「感覚器官」はあるが「心」は不在である。純粋に霊的な存在である神、天使、サタンは、「心」も「感覚器官」ももたないのである。パスカルは、「感じる」という作用のなかに、身体の影響を受けずにはいられない人間の認識の特質を見ている。

なお、sentiment という語は多種多様な文脈で用いられており、これにただひとつの訳語を当てはめるのは困難である。そこで以下では、「直感」「感覚」「感性」など、文脈に応じて適当な訳語を選択する。総称としての観念が問題になる際は、原語のまま記す。

パスカルにとって、sentiment は何よりも、理性と対立的な役割を担い、宗教において本質的な意義をもつ観念である。「心には心なりの理由があり、それは理性には知りえない」[2] のであり、「神を感じるのは心であって、理性ではない。」[3] 神は「心の直感」（sentiment du cœur）を通じて信仰を与えるのであり、これにあずかる者のみが、「幸福であり、正しく納得している」のである。[4] sentiment には、神との交感を可能にする超越的な価値が与えられている。

しかし、sentiment は宗教的な認識の獲得にのみ関連するものではなく、理性とあるいは対立し、あるいは補い合いながら、世俗のさまざまな領域において重要な認識をもたらす判断能力である。また、それによって得られた

認識そのものがsentimentとよばれることもある。

まず、sentimentは、「自然的直感」として、幾何学における「原始語」の観念や「第一原理」を認識する。前者は定義不可能だが広く共有されている観念であり、後者は証明不可能だが真であることが明白な命題のことである。幾何学はこれらの認識を前提にしなければ成り立たない。

次に、sentimentは、視覚や聴覚など、身体器官の機能と同時に、これによって魂にもたらされる「感覚」を意味する。この「感覚」は、われわれの日常生活に関わる事実認識の根拠となるばかりか、実験や観察に立脚する経験科学において不可欠な役割を担う。

sentimentはさらに、美や快など、きわめて多様で変化しやすい要素からなる事象の本質を即時に把握する能力でもある。彼はこれを「繊細の精神」または「感性」とよんでいる。この能力は、聞き手の「心」に訴えかける「気に入られる術」というレトリックを実現すると同時に、人々の好意と尊敬を集める理想的な社交人士《オネットム》の資質を形成する。

sentimentはこのように、信仰の完成形態でありながら、人間の生存の根本的条件を構成し、科学的認識の基盤となり、洗練された文化的活動を担う。人間の生においてsentimentが関係しない領域はない。パスカルにとって人間は、「感じる」存在にほかならない。sentimentは、人間の認識、ひいては本性のあり方を特徴づける観念である。

以下では、パスカルにおけるsentimentを「宗教的直感」「自然的直感」「身体器官を通じた感覚」「繊細の精神」の四つの主要な類型に区別し、それぞれを詳しく検討することによって、パスカルが人間の認識のうちに見いだす可能性と限界について考察してみよう。いずれの場合にも、①それがいかなる領域ではたらき、いかなる対象を認識するのか、②そのような認識はいかにして真理とみなされうるのか、③それは理性といかなる関係をもつのか、④パスカルはそれをどのように評価しているのか、という点にとくに注目することになるだろう。

考察に先立って、sentiment の一般的な語感を確認しておこう。フュルティエール『万能辞典』（一七二七年版）が掲げるこの語の定義のうち、主なものを次に示す（番号は筆者）。

（1）魂が、感覚器官（organes des sens）を通じてさまざまな事物に対してもつ感覚（sensation）、知覚（perception）。
（2）魂が、感覚（sens）を通じてさまざまな事物に対する印象を知覚する（percevoir）能力。
（3）動物精気（esprits animaux）の動きと機能。
（4）単独かつ単数形で用いられて、見解（avis）、意見（opinion）、考え（pensée）、判断（jugement）を意味する。形容詞や対象となることがらによって、心（cœur）に生じるものか精神（esprit）に生じるものかが決まる。
（5）情動（affections）、情念（passions）など、魂のあらゆる動き。
（6）感受性［感じやすさ］（sensibilité）。魂を打ち、感動させる魂の動き。
（7）事物がわれわれに対して与える内的な印象。われわれが内部から感じる嗜好（goût）、確信（persuasion）。ただし、その明確な理由を他者に対して示すことも、他者にその正しさを説得することもできない。(5)

（1）、（2）から、sentiment とは第一に、魂と身体器官の相互作用によって生じるものである。（3）の定義は、「驚き」「尊敬」「愛」「憎しみ」などの「魂の情念」が生じる原因を、「脳の中央にある小さな腺を動かす精気［動物精気］の運動」とみなすデカルトの説を取り入れたものである。(6)

（4）は、ある主題に対するなんらかの体系性をそなえた判断の総体も、sentiment とよばれることがあることを示唆している。これが「心」に帰される場合も「精神」に帰される場合もあるとされることから、sentiment は、

主観的・情緒的な意見だけではなく、客観的・理性的な推論によって得られた見解をも指示しうることが理解できる。パスカルは記す。「記憶や喜びは直感（sentiments）である。そして幾何学の命題でさえも直感となる。なぜなら、理性が直感を自然なものにすることもあるし、自然な直感が理性によって消滅させられることもあるからである。[7]」

（5）では、たとえば「愛情」（tendres sentiments）、「敬意」（sentiments de respect）、「憐れみ」（sentiments de pitié）が用例として挙げられていることから、ここでは他者や事物に対する愛着や共感が念頭に置かれていると考えられる。A・ラランドの哲学辞典は、sentiment の語義のうちのひとつに、「利己主義と対置され、他者への思いやりと共感を含む感情や傾向の総体[8]」を挙げている。デカルトはこれらをも「動物精気」の運動の及ぼす結果として理解しようとするが、のちに見るように、パスカルはこのような仮説に対して批判的である。（6）は（5）の特殊な例として理解されるとともに、パスカルの「繊細の精神」の性質の一部を説明している。

（7）は、ある種の sentiment ――「第一原理」の直感、神の真理性の直感、「繊細の精神」――に対するパスカルの考えを簡潔に示している。彼においては、そのような sentiment の明証性を他者に伝えることができないというジレンマがつねに意識されているからである。この意味での sentiment を、ラランドは「直観」(intuition) そのものとみなしている。ラランドは sentiment のなかに次のような語義を認めている。「直観［…］。即時的に（immédiatement）、一般的には漠然とした仕方で与えられた認識や知（それでも、そうした認識に対する確信は強烈にもなりうる）。ただし、この印象そのものについては分析もできないし、別の方法で正当化することもできない。[9]」パスカルは intuition という語を著作のなかでほとんど使用していないが[10]、のちに見るように、sentiment が intuition と同じく、即時的に作用し、主体に揺るぎない確信を与えるという点については、彼も明確に意識している。

以上から、パスカルと同時代における sentiment の語義は、おおよそ次の四つに分類できる。①感覚器官を通じて魂に生じる感覚、②心あるいは精神のもつ意見、③他者や事物に対する愛情や共感、④即時的に形成されるきわ

めて個人的な確信。パスカルにおけるsentimentは、多かれ少なかれ、これら四つのすべてと関係している。

1．宗教的直感

はじめに「宗教的直感」について見よう。『パンセ』におけるパスカルの中心的な主張に関わる概念である。パスカルにおいてsentiment（感じること、直感）は、何よりもまず神および宗教の真理性を確証するものである。彼にとって、理性はごく限られた対象にしか適用されない無力な認識手段である。心は、理性が判断できない対象や命題の真偽を感じることによって、より速く、より強く確証する。神は理性によって知られる対象ではない。そこでパスカルは、神が心に感じられる状態を、「信仰」の定義そのものとみなしている。

　神を感じるのは心であって、理性ではない。これこそが信仰である。理性ではなく、心に感じられる神。[11]

第一章でも見たように、「心」はとりわけ、愛という機能を担う。「心は、自分から没頭するに従って、自然に普遍的存在を愛するのだし、自然に自分自身をも愛するのだ。[12]」宗教的直感としての信仰は、神に対する愛にほかならない。これともっとも対立的な状態が、自分自身への愛、すなわち自己愛である。神はこの自己愛を放棄させ、「みずからとらえた人々の魂と心を満たす[13]」。「キリスト者の神は、魂に次のことを感じさせる神である。すなわち、みずからが魂の唯一の善であること、魂の安らぎのすべてが神にあること、魂の喜びは神を愛することをおいてほかにはないこと［…］である。」それと同時に神は、「魂には自分を滅ぼす自己愛の根があり、神だけが魂の病を癒してくれるのだと感じさせてくれる」のである。[14]

このとき、「信仰は証拠とは異なる。一方は人間的であるが、他方は神から与えられるものである。〈義人は信仰によって生きる〉というが、それは、神自身が心のなかに置く信仰によって生きるということであり、証拠はしばしば、そのための道具となるにすぎない。[15]」心の直感として神から与えられるのでないかぎり、信仰は真のものとはならない。宗教の真実性に関する証拠や知識は、そのような恩恵にあずかるための手段にはなるが、それ自体を集め、習得する行為は、信仰とは異なる。信仰とは徹底的に受動的なものである。神が「心に感じられ」ているとき、そう感じさせているのは神である。[16] だから、「素朴な人々が、論証を経ずに信じているのを見ても、驚くにはあたらない。神は彼らに、神への愛と自己への嫌悪を与えるのであり、彼らの心を信じるように傾けるのである。神が心を傾けないかぎり、人が有効な信心、すなわち信仰によって信じることは決してありえない。」

これに続けてパスカルは言う。「そして人は、神が心を傾けるやいなや信じることになるのである。[17]」心の直感は、神の意志によって瞬時にかつ有効に与えられる。次の一節は、直感と理性のはたらきの違いを生き生きと示している。

> 理性はゆっくりと、かくも多くのことがらに目を配り、かくも多くの原理に基づいて行動する。そしてそうした原理はつねに目の前に現れていなければならない。このため理性は、そうした原理がすべて目の前にないと、始終活力を失ったり迷ったりする。直感（sentiment）はこのようには行動しない。それは一瞬で行動し、つねに行動する用意ができている。だから、われわれの信仰は直感のなかに置いておかなければならない。そうでないと信仰はいつもふらふらしたままであろう。[18]

直感のはたらきは即時的であるがゆえに安定であり、持続する。これに対して、理性の動きは緩慢であり、推論や論証には時間がかかる。また、その結果が正しいとの判断は推論の全過程に依存しているので、その過程を忘れて

しまうと、判断の正当性に対する確信が弱まってしまう。パスカルが神の形而上学的な証明を退けるのもそのためである。彼は言う。「そんなものは、一部の人たちには役立つのかもしれないが、それもその連中が論証を見つめている瞬間にかぎる。彼らも一時間ものちには、だまされたのではないかと思う。[19]」

以上のように、宗教的直感は、神から与えられ、ただちに人の「心」を説得することで、自己および被造物に向けられていた愛を、神へと方向づける。「回心」(conversion du cœur) とはまさにこのような事態である。[20] このように理解される信仰の獲得に際し、理性はほとんど役に立たない。宗教的な直感は、無力な理性と正反対の役割と性質をもつことによって、それだけ確実で持続的なものとされる。

2. 自然的直感

次に、上に見た「宗教的直感」との関係にも注意しながら、世俗の諸領域（とりわけ幾何学）の一部の命題や原理を対象とする「自然的直感」による認識のあり方に目を向けよう。

(1)「第一原理」の認識

さっそく、幾何学と宗教という異なった領域における「直感」と「理性」との関係について述べる断章(S142-L110) を検討してみよう。

パスカルにとって、理性による論証を経ずとも疑いようのない知識が存在する。その典型が「第一原理」や、「いま自分が夢を見ているわけではないこと」であり、その確実さを知るのが「心の直感」(sentiment du cœur)（または「本能」instinct）である。「第一原理」とは、「空間、時間、運動、数」など、定義を行わずともそれが指示する

ことがらが明白であるような観念、またはそれらが存在するという命題のことである。このような認識の確実さは、理性によって論証できないからといって動揺するものではない。

というのも、空間、時間、運動、数が存在するというような第一原理の認識は、われわれの推論によって与えられるいかなる認識よりも確実である。そして理性は、このような心と本能による認識をよりどころにしなければならないのだし、理性によるすべての論述は、そのような基盤の上に構築しなればならないのである。心は、空間には三次元があることや、数は無限であることを感じる。次に理性が、一方が他の二倍になるような二つの平方数が存在しないということを証明する。第一原理は感じられ、命題は結論づけられるが、それぞれ異なった方法によるとしても、すべては確実に行われる。だから、理性が心に、「第一原理に合意させたければ、その証拠を差し出してみよ」と求めるのが無益で馬鹿げているのと同様に、心が理性に、「君が証明する命題のすべてを受け入れさせたければ、それを感じさせてみよ」と要求するのも馬鹿げている。[21]

心と理性の権能の及ぶ領域――S339–L108 の用語では「秩序」(ordre)――は互いに独立しているのであり、双方とも他の領域で機能することはできない。両者はそれぞれに固有の領域ではたらくかぎりにおいて、正しい認識を確実に得ることができる。また、両者はその方法においても対立している。「理性」が証明する(démontrer)のに対して、「心」――上では「本能」(instinct)と言いかえられてもいる――は感じる(sentir)。それゆえ、心による認識は sentiment とよばれる。ところが、理性は領域侵犯を試みる。理性はつねに、「すべてを判断しようとする」のである。理性は資格を欠いた統治者、すなわち「圧政者」(tyran)にほかならない。[22] パスカルはむしろ、「心」が普遍的な統治者であることを望む。「これとは逆に、われわれが理性など決して必要とせず、すべてのことがらを本能と直感によって知ることができればよかったのに!」と。

パスカルにとって宗教は、権利上「心」のはたらく領域であり、信仰とはsentimentにほかならない。だが、そのような作用は神からのはたらきかけがなければ発生することはないため、それを待つ間、この領域における理性の侵犯を許すしかない。宗教において理性は、このような意味での消極的な有用性しかもたない。

そういうわけで、神が宗教を心の直感によって与えた者はとても幸いであり、とても正当に説得されている。だが、これをもたない者に対しては、われわれが宗教を推論によってしか与えることができない。そうして神がそれを彼らに、心の直感を通じて与えるのを待つのである。これがなければ、信仰は人間的なものにとどまり、救いには無益なものでしかない。

こうして、以上に見た断章S142-L110においては、幾何学における直感のはたらきとそれがもたらす認識の確実さが、宗教における直感の機能の重要性を示す根拠になっている。だが、この二つの異なった領域において、理性と直感の関係は同じではない。幾何学においては、直感が理性よりも先にはたらくのに対して、宗教においては、理性が直感の介入にそなえる。幾何学において、直感と理性は補完的に機能するが、宗教において、直感の発生以後、理性は無用のものとなるのであり、直感には理性を超越した価値が付与されている。また、幾何学における直感は、主観的な認識ではなく、一部の懐疑論者を除いて、多くの人間にその確実さが承認されている。これに対して宗教の直感は、神に選ばれた者によってのみ真理として認識されるにすぎず、それ以外の者には決して共有されないものであることが示唆されている。もとより、この直感は確実なものとして与えられるのであり、与えられない者にとっては、それが確実なものかどうかという判断がそもそも不可能である(23)。

ここで、次のような疑問が提起される。すなわち、第一に、二つの領域ではたらく直感は、はたして同じものかという問題。第二に、宗教的直感の確実さの根拠となる世俗的領域における直感の真理性は、何によって保証され

るのかという問題である。

(2) 自然的直感と宗教的直感の関係

第一の問題について検討するためにはまず、パスカルの「理性」について見ておく必要がある。彼は、「理性」に異なった二つの水準を認めている。推論的理性と、自然的理性とでもいうべき理性である。このことを確認するために、『幾何学的精神について』の第一部「幾何学一般に関する考察」の内容を概観しておきたい。

この小品のなかでパスカルは、幾何学を「すでに見いだされた真理を論証し、その証明が不動のものとなるように真理を解明する術」であると定義している。[24] 幾何学はここで、数学の一分野ではなく、一種の論証術、弁論術である。この術は主に、「前もってはっきりと意味が説明されていないどんな術語も用いないこと」と、「既知の真理によって論証されていないどんな命題も決して立てないこと」の二要素によって成り立つ。[25] これを実現するためには、「あらゆる術語を定義し、あらゆる命題を証明」しなければならないが、[26] これは「絶対に不可能」である。というのも、「定義しようとする最初の術語は、その説明に用いる先行する術語を前提としているであろうこと、同様に、証明しようとする最初の命題は、それに先行する他の命題を前提としているであろうことは、明白」だからだ。[27] しかし、定義できない術語（原始語 **mots primitifs**）、証明できない命題（公理 **axiomes**）の存在は、この論証術の不完全さを示すのではない。原始語――パスカルはその例として、「空間」「時間」「運動」「等しさ」「多数」「減少」「全体」を挙げている――とは、すべての人々に自然によって明らかに与えられた共通の観念であって、これらを定義しようとすればかえって混乱を招くであろう。「それらの語に関しては、われわれが自前の術を用いて自分に説明することでやっとたどり着く理解よりもずっと明瞭な理解を、自然自身がわれわれに、言葉を用いずに授けたのである。」[28] 同様に、たとえば「どんな運動であれ、どんな数、空間、時間であれ、つねにより大きなものと、より小さなものが存在する」[29] という命題は、パスカルにとって、論証せずとも明らかな真理である。「こうしたも

のを論証不能にしている理由は、それらの曖昧さではなく、逆にこのうえない明白さなので、証明がないことは欠陥ではなく、むしろ完全性なのだ。[30]」こうして、幾何学の秩序は、「自然の光によって明白にわかり、疑う余地のないことがらのみを前提としている。したがって、推論でなく自然が支えているので、この秩序は完璧に真実である。[31]」

さて、先に見た断章S142–L110に即して言えば、このような原始語の観念や、公理の真理性の認識は、直感によって与えられるはずである。だが、「幾何学一般に関する考察」においてこれらは、「理性」の領分に位置づけられている。

> 以上のことからわかるように、幾何学は、対象を定義することも、原理を証明することもできない。だが、それは、これらのものがいずれももともとこのうえない明瞭さのなかにあるという唯一のそして好ましい理由によってであって、この理由が、理性を言葉よりも強力に説得するのである。[32]

S142–L110の「理性」が、推論という限られた機能だけを担い、推論によって証明できない観念や命題の真偽を判定できないゆえに無力なものと断じられていたのに対して、「幾何学一般に関する考察」における「理性」は、それら自然的認識が真理であると納得し、その認識を活用して新たな命題の真偽を論証という手続きによって判断する能力と規定されている。後者の理性は、前者の推論的理性に加えて、直感の機能をも含んだ能力である。これを「推論的理性」と区別して、「自然的理性」とよぼう。

「幾何学」は、この「自然的理性」をもっとも効果的に活用する論証手段にほかならない。「幾何学が示すことはすべて、自然の光か証明によって完全に論証される。[33]」パスカルはこの術を、人間に許された最大限の完全さを実現するものであると考えている。言いかえれば、幾何学によって認識できない真理は、人間にはそもそも知ること

ができない。自然的理性の限界は、そのまま人間の認識の限界ともなる。「自然は、この学問が与えてくれないものをすべて提供してくれるのであるから、この学問の秩序は、たしかに人間を超えた完全性を与えてはくれないが、人間が到達できる完全性はすべてそなえている。[34]」

幾何学が依拠する自然的理性は、自然の光と推論の及ばない認識の真偽を判断することはできない。したがって、宗教に関することがらは、幾何学の扱う領域に含まれない。パスカルは、『幾何学的精神について』の第二部を構成する「説得術について」のなかで、このことを明言している。「私は、ここでは神に関わる真理については語らない。[…]というのも、この真理は自然を無限に超えているからだ。つまり、神だけがこの真理を魂のなかに置くことができるのであって、それも、み心に適った仕方によってである。[35]」

宗教の真理や神の存在は、単に「証拠」によって論証できないことによって「理性」を超えているのではない。信仰はそもそも「自然の光」をも超脱している。「賭け」の議論は、護教論者が信仰をためらう対話者に、神の存在に賭けることの利得を論証することにあった。その際に護教論者は、「自然の光に従って」語れば、神とは何かということも、神が存在するか否かも知ることはできない、と説いている。[36]信仰は、推論的理性のみならず、自然の与える明白な認識、すなわち「心の直感」をも含んだ能力――自然的理性――と対置されるべきものである。

このように見ると、断章S142-L110において、第一原理の認識手段としての直感と対立させられている理性と、宗教的直感と対置される理性とは同じではない。前者は推論的理性〈理性1〉、後者は自然的理性〈理性2〉である。また、第一原理の確実さを知る直感は、自然的理性を構成する一要素である以上、この自然的理性を超越し、神から直接与えられるとされる「心の直感」とは、まったくの別物である。前者は自然的直感〈直感1〉、後者は超自然的直感〈直感2〉とでもよばれるべきものだ。両者はともに、それぞれ異なった「理性」の及ばない認識を確実に与えるという点で類比関係にあるにすぎない。

二つの「直感」、二つの「理性」、およびそれらの主要な認識対象を整理すれば、次のようになる。

「直感」	認識対象
「自然的直感」〈直感1〉 sentiment naturel	第一原理、原始語、公理
「超自然的直感」〈直感2〉 sentiment surnaturel	神に関わる真理

「理性」	認識対象
「推論的理性」〈理性1〉 raison discursive	幾何学的命題の真偽
「自然的理性」〈理性2〉 raison naturelle	人間的な真理

認識対象によって対照的な「自然的直感」〈直感1〉と「推論的理性」〈理性1〉は、互いに補完的に機能するが、「自然的理性」〈理性2〉はこの両者を包含する。神的真理の確実さを知る「超自然的直感」〈直感2〉は、人間的であるがゆえに不完全な「自然的理性」と対立している。

自然的理性〈理性2〉
〈自然的直感〈直感1〉＋推論的理性〈理性1〉〉

↔

超自然的直感〈直感2〉

(3)　自然的直感の確実さ

先に提起した第二の問題に移ろう。「第一原理」や「原始語」の観念といった、自然的直感による認識は、いかにして真とみなされるのだろうか。パスカルは断章S164-L131において、この問題について明確に意識している。

ピュロン主義者の主要な強みは、ささいなものを除けば、次の点にある。すなわち、これらの原理が真であることについて、われわれは、信仰と啓示（la foi et la révélation）によらないかぎり、われわれが自分のなかでそれらを自然に感じ取るということ以外に、いかなる確実さをも保持していないという点である。ところ

が、この自然的直感（sentiment naturel）も、そうした原理が真理であることの確たる証拠にはならない。なぜなら、人間が創造されたのは善なる神によるのか、邪神によるのか、はたまた偶然によるのかという点については、信仰によらなければいかなる確実さもないのだから、これらの原理も、われわれの起源に応じて、われわれに真なるものとして与えられているのか、偽なるものとして与えられているのか、それともいずれとも決められないものとして与えられているのかが疑わしいからである。[37]

「これらの原理」とは「第一原理」のことを指すであろう。われわれがこれを「自然的直感」によって確実であると考えていても、そのことは「信仰と啓示によらないかぎり」確証できない、という。われわれは「空間、時間、運動、数が存在する」ことを感じてはいるが、もしかすると、悪い神がわれわれをあざむき、そのようにしむけているのかもしれない。[38] 信仰によれば、われわれはそのような可能性を否定し、人間が善なる神によって創造され、したがってわれわれの「自然的直感」が正しいと結論できるだろうが、そのような神からの「啓示」――超自然的直感――は限られた人にしか与えられないのであり、その恩恵にあずかることのできない者は、疑いをぬぐい去ることができない。

ここで、「信仰と啓示」としての直感は、「自然的直感」よりも上位の水準ではたらいていることに注意しよう。後者の確実さは前者によって根拠づけられる。このことは重要である。自然的直感〈直感1〉の存在は、これと類比的な超自然的直感〈直感2〉の存在を想像させ、それにあずかることを希求させはするが、その確実性の根拠となるわけではない。逆に、超自然的直感〈直感2〉が、これを与えられた者に自然的直感〈直感1〉の真理性を確証させるのである。[39]

したがって、超自然的直感を知らぬ者は、上のピュロン主義者のような疑問をもつのもいわば当然なのであり、現にパスカルは、その主張の妥当性を認めているようだ。[40] 彼は続けて、S142–L110で言及された「いま自分が夢を

見ているわけではない」という命題の確実さについて検討する。「また、誰も――信仰によらなければ――自分が目ざめているのか眠っているのかということについては確証できない。人は眠っている間でも、われわれがいまそう信じているのと同じようにはっきりと、目がさめているものと信じているのだから。目ざめているときと同じように、空間、形、運動を見ていると信じ、時が流れているのを感じ、それを計り、行動するのである。」そうである以上、「われわれには真理の観念が一切ない。」われわれには覚醒の状態と眠りの状態との区別がつかないのであり、眠っている間に「われわれが感じること（sentiments）はすべて幻想」だからである。したがって、人間が自然的直感を通じて知ることがらが確実だという絶対的な根拠はない。われわれはそれらを真理であるとみなしているにすぎない。

だがパスカルは、ピュロン主義者に帰されるこのような懐疑論を最終的に承認しているわけではない。彼はこれに対して、独断論者の立場から反論できると考えている。彼は言う。「独断論者たちの唯一の砦《とりで》に注目しよう。それは、善意をもって（de bonne foi）、誠実に（sincèrement）語れば、自然的な諸原理を疑うことはできない、ということである。」[41] 真理の認識に際しては、「善意」や「誠実さ」という、ある種の心がまえを要する。自然的直感の確実さに、形而上学的な不動の根拠を与えることはできない。だからといってこれによって与えられる認識がただちに偽と判断されるべきでもない。なぜなら、ピュロン主義者も、そのような認識を心底から疑っているわけではないからだ。

人間はすべてを疑うのだろうか。自分が目ざめていること、つねられていること、焼かれていることを疑うのだろうか。自分が疑っていること、存在していることをも疑うのだろうか。ここにまで至ることはできない。断言してもよいが、いまだかつて実際に完全なピュロン主義者など存在したことはない。自然が無力な理性を支え、ここまではめをはずすのをさまたげてくれるのである。[42]

本来疑うことのできない「自然的諸原理」を疑ってみせる人々は、懐疑論者を気取っているにすぎない。本物のピュロン主義者など存在しなかったし、存在しえない。その意味で彼らは、本心を偽っている。したがって、ここでの「善意」や「誠実さ」とは、自己の本心に対する忠実さのことである。思い上がりや虚勢を排し、虚心に自己の心を見つめれば、自明な真理を疑うことなどできないはずだ。これに関連して、『ポール＝ロワイヤル論理学』は、次のように述べる。

真の理性は、すべてのことがらを、それらに応じた地位に位置づける。疑わしいものを疑わせ、誤りを拒否させ、明証的なものを善意をもって（de bonne foi）認めさせるのであり、ピュロン主義者の空しい理屈になどとらわれることがない。ピュロン主義者は、確実なことがらに対して人がもつ理性的な確証を――その理屈をもち出す当人の心中においてさえも――破壊することはない。［…］かくて、ピュロン主義は、自分の語ることを確信する人々の一派ではなく、嘘つきの一派である。だから彼らは、本心が自分の言葉に合致しないまま自分の意見を語ることによって、しばしば自己矛盾に陥るのである(43)。

もっとも、パスカルはこれによって、おのれの不誠実さに無自覚なピュロン主義者を批判し、自然的直感による認識の確実さについては認めるものの、独断論者の立場そのものを擁護しているわけではない。彼にとって、独断論者は人間の理性によって真理にたどり着くことができると信じる人々である。先にも見たように、パスカルはこのような考えを明確に否定している。自然的直感の確実さは、人間の「理性」によってではなく、「超自然的直感」、すなわち神から与えられる恩寵によってはじめて保証されるのだからである。

したがって、断章 S164-L131 の目的は二重である。それは第一に、人間には例外なく「自然」によって確実な真理が与えられているとの独断論者の主張によって、ピュロン主義者の不誠実を暴くこと。第二に、われわれの認

識はすべて幻想であり、人間には真理を保持する力はないとするピュロン主義者の主張によって、独断論者の傲慢を挫《くじ》くことである。つまり、直感を介して得られる自然的認識の確実さを認めるに際しては独断論者の論拠を借り、人間の理性の無力さを訴える際にはピュロン主義者の立場に与する、ということだ。パスカルは叫ぶ。「自然［の強さ］はピュロン主義者を困惑させ、理性［の弱さ］は独断論者を困惑させる。自分の自然的な理性によって自分の真の状態を知ろうと求めている人々よ、あなたがたはどうなってしまうのか。両派のいずれからも逃れることはできず、かといっていずれか一方にとどまることもできない。」(44) いかに懐疑を徹底させても疑いえない認識が存在する。しかしそのような認識を真理であると証明することは、理性には不可能である。(45)

パスカルは別の断章で、独断論者の置かれた苦しい立場を次のように描き出す。

良識（Le bon sens）。

彼ら［独断論者］は、こう言わざるをえない。「あなたがた［ピュロン主義者］は善意によって（de bonne foi）行動していない。われわれはいま眠ってなどいない」などと。この思い上がった理性［独断論者の理性］が、はずかしめられ、哀願しているのを見るのが、たまらなく好きだ。なぜならこれは、脅《おびや》かされつつある自分の権利を、手に武器と力をもって防衛している人間の言葉ではないからだ。そんな人ならば、相手が善意から（de bonne foi）行動していないなどと言って楽しむのではなく、そのような不誠実を力で罰するものである。(46)

パスカルは、「善意」などというあいまいな根拠によってしかピュロン主義者に対抗することのできない独断論者のふがいなさを告発し、独断論者の理性の思い上がりを攻撃するピュロン主義者の姿勢を評価している。しかし、善意によって行動すればわれわれがいま目ざめていることは確実だと認められるはずだとの、独断論者の考えそれ

自体は承認しているようだ。パスカルは、ピュロン主義者の「不誠実を力で罰する」べきであるとし、疑いえない自然の認識の存在をもっと強力に主張する必要性を説く。その方法については明言されないが、もちろんパスカルが念頭に置いているのは、「信仰と啓示」であろう。この方法を用いることができるのは、正しく神に心身を捧げている人々（あるいは神自身）だけである。

自然的直感〈直感1〉は、超自然的直感〈直感2〉が神から与えられてはじめて絶対的に確実であると判明する。この瞬間を待つ間、自然的諸原理に対する信頼は、「善意」なる薄弱な根拠によらないかぎり正当化できない。とはいえこのような誠実さをもたないピュロン主義者は、理性の万能を信じる独断論者と同じ程度に愚かである。自然的理性〈理性2〉は、推論的理性〈理性1〉の限界を超えてはたらく自然的直感の認識を「善意」をもって尊重する。自然的理性は、推論的理性を正当に服従させる仕方を知っている。独断論者は、このような自然的理性の正しさを知るという点で誤ってはいない。だが、自然的理性にも判断できないことがらがある。宗教と神の認識である。独断論者は、このような自然的理性の限界を知らず、あらゆることがらが理性の支配下にあると考えている点で誤っている。推論的理性〈理性1〉と自然的直感〈直感1〉が互いの秩序を守って機能するのが正しいように、自然的理性〈理性2〉は超自然的直感〈直感2〉――すなわち「信仰」――の秩序を侵犯しようとしてはならない。「理性の最後の手続きは、みずからを超えることがらが無限にあることを認めることである。これを知るところまで行かないかぎり、理性は脆弱なものにすぎない。(47)」

パスカルは、以上の議論を通じて、理性の道徳を説いている。彼によれば、理性の道徳は、自然的直感の領域と、超自然的直感の領域における二段階の服従にある。正しい信仰の状態にある者は、このことの必要性を意識せずとも認識し、自然に実践している。それ以外の者は、よりたやすい第一段階の服従から始め、第二段階にそなえなければならない。

第一段階として理性は、自然的直感によってしか認識しえない真理の存在を受け入れ、おのれの限界を知らねばならない。次に、第二段階として理性は、この自然的直感による認識の存在によって、超自然的直感の存在とその確実さを類推しなければならない。S142–L110が示唆するのはこのことである。

二つの段階の先に、さらに「信仰と啓示」を得た段階がある。ここに到達した者は、自然的直感の正しさを「自然の光」のみならず、超自然の恩寵によって確信できるだろう。だが、現時点で恩寵を欠いた者も、自然的直感を疑うことの愚かさは理解できるはずである。このようにS164–L131は説いている。S164–L131は、S142–L110の論述を補うものとして位置づけられる。

「善意」なる心理学的根拠と、信仰と啓示という限られた人にのみ与えられる神秘的根拠を除けば、自然的直感の正当性を確証する手段は、人間には一切そなわっていない。そのかぎりで、第一原理や原始語の観念といった自然的諸原理は、デカルトのコギトのような形而上学的な真理ではなく、暫定的真理――A・マッケンナの言葉では、「真実らしさ」（vraisemblance）――とでもよぶべきものである。人間が独力で認識できる真理には、つねにこのような限界が刻み込まれている。パスカルは、このような事態の原因を、精神と身体からなる人間の存在論的条件に見ている。

> われわれの魂は、身体のなかに投げ込まれて、そこで数、時間、次元を見いだす。魂はそこから推論し、それを自然、必然とよび、ほかのものを信じることができない(48)。

マッケンナが言うように、デカルトにおいては、コギトの純粋な思考が無限で必然的な存在（神）を確証する。デカルトの「方法」は、精神を感覚から離脱させ、明証的直観（intuition évidente）へと上昇させることによって成立する。これに対して、「心の直感」を「本能」――身体的・動物的原理――と同一視するパスカルは、思考が

身体を離れて行使されるとは決して考えない。自然的諸原理の認識が「心の直感」にゆだねられるという事実は、身体との合一によって純粋な判断をさまたげられた、人間の精神のもつ限界を示唆している。(49)

パスカルにとって、「真理を知りすぎると、困惑してしまう」のだし、とりわけ、「第一原理は明白すぎる」。本来幾何学には、「無限の上にも無限の数の命題」があり、それらはまた、多様で繊細な諸原理から成り立っている。こうして、人が「最後のものとして提示する原理」——つまり「第一原理」——は、真に最後のものとはなりえない。これらは他の原理によって支えられているはずだからだ。したがって、「われわれは理性に対して、最後のものとして現れるものに対して、物質的なものについてするのと同じことをしている。すなわち、物質的なものについては、その性質上無限に分割できるにもかかわらず、われわれの感覚がそれ以上何ものも認められない点のことを、不可分の点とよんでいるのである。」感覚の限界が人間の認識の限界を画しているように、「第一原理」の存在は、推論的理性と自然的直感からなる人間の理性の認識の限界を示している。その意味で第一原理は、暫定的な真理、人間的な真理でしかない。真の「第一原理」は、われわれには知ることができない。

われわれの存在のあり方（Ce que nous avons d'être）が、第一原理の認識をわれわれからそらせている。(50)

このように言うとき、パスカルが念頭に置いているのは、身体と一体化した人間の精神のあり方にほかならない。(51)

3. 身体を起源とする「感覚」

これまでに検討してきた宗教的直感と自然的直感は、「心」において生じる認識、あるいはそれを可能とする機

能や能力を指示していたが、本章の冒頭で見たとおり、sentiment は、外的事物が感覚器官（les organes des sens, les sens）を通じて魂に及ぼす印象や、そのような印象を知覚する能力を指示することがある。すなわち、身体を起源とする知覚や感覚である。この意味での sentiment は、しばしば（les）sens（複数形）という語で置きかえられる。sens という語は、①感覚器官そのものを指すだけでなく、②感覚器官のもつ能力、さらには③それによって生じた印象をも意味するのであり、②と③の場合は sentiment とほとんど同義になるからだ。パスカルは、明確に③が問題になっているときは sentiment を用いているが、②を指すと思われる場合と、ことさら②と③を区別しない場合——もとよりこの区別は困難である——には、sens の語を多用している。以下では、以上の点を考慮しながら、必要に応じてパスカルの sens の用例にも注目してみよう。

（1）　感覚における魂の役割

まず、身体器官の反応はどのように魂に伝えられるのか。あるいは、感覚の発生において、身体と魂とはどのような関係にあるのか。デカルトとは異なり、パスカルはこの問題にほとんど立ち入らない。デカルトはこれを、動物精気という微細な物質の運動によって説明した。これが神経を介して脳内の「松果腺」なる器官へと移動し、それが魂のなんらかの反応を引き起こすという。この反応——「魂の受動」（passions de l'âme）——がすなわち「情念」（passions）という名の感覚である。これに対して、パスカルは言う。

> 「熱さはいくつかの小球体の運動にすぎず、光はわれわれが感じる〈遠心力〉にすぎない」などと聞くと、驚いてしまう。なに、快感とは精気の舞踏にほかならないだと？ われわれには、まるでそんなふうには考えられなかった！ しかも、そのような感覚（sentiments）は、われわれがそれらと比較して、同じく感覚とよんでいる別物とも、ほど遠いものと思われる！ 火の感覚、つまり、触覚とはまったく別の仕方でわれわれに影

響を及ぼす熱さ、音と光の感受。これらはすべて、われわれには神秘的なものに思える。それでいてそれらは、石がぶつかったときのように強烈なものだ。毛穴に入る微細な精気は、たしかに別の神経に触れるわけだが、それでも触れられるのは神経であることに変わりはない。[52]

「熱さはいくつかの小球体の運動にすぎない」「光はわれわれが感じる〈遠心力〉にすぎない」という主張は、デカルト『哲学原理』のなかに認められる。[53]とりわけパスカルは、「熱さ」や「光」の感覚、さらには「快感」(plaisir)と、それとは「ほど遠いものと思われる」「同じく感覚とよんでいる別物」とを同一視し、それらすべての原因を動物精気なる物質の運動に帰するデカルトの態度に、違和感を覚えているようだ。ここでパスカルの言う「別物」としての感覚の具体例は、「触覚」である。彼にとって、触覚の発生原因については比較的理解しやすい。これは対象と人間の身体との直接の接触を前提とするからだ。これに対して、パスカルがわからないのは、離れていても火を「熱い」と感じるのはなぜか、音や光といった非物質的なものが、「石がぶつかったように」――つまりあたかも直接ものが身体に触れたのと同じように――強烈な刺激を与えるのはなぜか、ということだ。

デカルトは、「熱さ」を「触覚」の一種であると主張している。彼によれば、熱さ(la chaleur)は、「地上にある物質の微細な部分の躍動」であり、その躍動が「われわれの手の神経を十分に強く動かすことによって感じられるものである。というのも、「熱さというよび名は、触覚に関連しているからだ。[54]」パスカルにとって、このような説明は不十分である。仮にデカルトが言うように、微細な物質が毛穴から入って神経を動かすのだとしても、神経は手でもなく足でもないのだから、これによって熱さがなぜ身体に触れたのと同じように感じられるのかは、依然として理解できないからだ。

パスカルはここで、感覚を少なくとも二つのカテゴリーに区別している。①触覚という身体と事物との直接的な接触によって生じる感覚と、②それ以外の感覚である。②の発生について彼は、おそらく身体的要素とは異なった

原因の介入を認めている。彼はとくに「快感」について、次のように書いている。「われわれのなかで快感を感じるのは何だろうか。手であろうか、腕であろうか、肉体であろうか、それとも血であろうか。これは何か非物質的なものでなければならないことがわかるだろう。[55]」パスカルにとって、ある種の原始的な感覚は純粋に身体の反応として理解されるのに対して、それ以外の多くの感覚は、あたかも身体のそれとして感じられるにもかかわらず、その発生に際して「非物質的な」要素が関与している。

デカルトからすれば、パスカルの反論は不本意であろう。デカルトにとって、身体との接触の有無は感覚の発生過程の差異の原因とはならない。いずれの場合も「感覚」（あるいは「情念」）は、動物精気の運動が魂に影響を与えることによって生じるのであり、触覚だけを特別視する理由はない。感覚の発生に関して、神経への刺激という原因が納得できないのなら、手足への接触という原因も同様に不可解であるはずだ。むしろデカルトは、いかなる感覚の発生も精神的な要素の介入を一切認めずに説明することができないがゆえに、神経を心身間の連絡に重要な役割を果たすものとして位置づけたのである。

もっともパスカルは、デカルト説のうちで、感覚が心身の相関作用によって発生するとの考え自体を否定しているわけではない。パスカルは、そのような作用が純粋に物質と身体の諸器官の動きによって解明できるとする態度を批判している。[56]身体と精神という存在論的に異質な実質の結びつきそのものを不可解であるとする彼にとって、両者の協働によって生じる感覚は、端的に「神秘的」であるほかはない。

（2）　感覚――欲望と認識の原理

さて、そのような神秘的な現象である「感覚」に、パスカルはいかなるはたらきや価値を認めているだろうか。

人間の感覚器官（les sens）は第一に、欲望の源泉である。「三つの邪欲」を構成する「肉の欲」「目の欲」「生活のおごり」のうち、「肉の欲」とは正確に、身体器官に発する欲望、すなわち「感覚欲」（*libido sentiendi*）を意味する。[57]

しかし、すべての邪欲の根源は感覚にある。原罪をきっかけに、「感覚が理性から独立し、しばしば理性の主人となることで、人間を快楽の追求に駆り立てた。」以後、「すべての被造物が人間を、あるいは苦しめ、あるいは誘惑する。また、あるいは力で服従させることで、あるいは優しさによって魅惑することで、人間を支配している。」こうして人間たちは、「盲目と邪欲という悲惨のなかに沈み込んでいる。邪欲はいまや人間の第二の本性となってしまった。[58]」邪欲とは、感覚による理性の支配、身体の秩序の精神の秩序への領域侵犯の結果にほかならない。[59]

身体器官によってもたらされる「感覚」は第二に、人間の認識において重要な役割を果たしている。そのことを見るために、『ポール＝ロワイヤル論理学』の次の一節に注目しよう。「感覚」（sens または sentiment）という語の多義性について述べた文章である。

sens と sentiments という語のなかには、多くの曖昧さが含まれている。このことは、これらの語を、五つの身体的感覚器官（les cinq sens corporels）のいずれかを指すためにのみ用いる場合ですら該当する。というのも、われわれがみずからの感覚（sens）を用いる際、たとえば何かを見るときであるが、われわれのなかで、たいてい三つのことがらが生じている。第一に、目や脳といった身体器官のなかでなんらかの運動が生じる。第二に、こうした運動がわれわれの魂に、何かを知覚する（concevoir）きっかけを与える。たとえば、太陽にさらされた雨水の滴のなかで光が反射することによってわれわれの目のなかで生じる運動に続いて、魂は赤、青、橙の観念を得るわけだ。第三に、われわれが目にしていることに対してわれわれが行う判断がある。たとえば、虹に対する判断である。われわれは虹のなかに上のような色彩を認め、それについてなんらかの大きさ、なんらかの形、なんらかの距離を知覚する（concevoir）のである。これら三つのことがらのうち、第一のものはわれわれの身体においてのみ生じる。あとの二つは、われわれの身体で生じることが原因であるとしても、純粋にわれわれの魂のなかで生じることである。にもかかわらず、われわれは、これらまったく異なる三つの

ことがらのすべてを、視覚、聴覚などの sens や sentiments という名のもとに包含させている。(60)「感覚」という語が指示する事態には、①純粋な身体的反応、②対象の外的性質の知覚、③対象に対する判断、という異なった三つの段階がある。このうち②と③は、身体で生じたことを原因として、魂のなかでのみ発生するものである、という。この考えは、八九〜九〇頁に引用した断章でパスカルが示唆する考えよりも、洗練され、よく整理されている。(61)パスカルは「感覚」を、事物と身体との直接の接触の有無によって大きく二分しているにすぎないが、『ポール＝ロワイヤル論理学』は、感覚のひとつの下位区分を示す語——たとえば「視覚」——のなかに、異なった三つの指示対象を認めている。しかし、パスカルもアルノー＝ニコルも、「感覚」のなかに精神の関与が認められる場合と、そうでない場合があると考えている点で一致している。われわれが虹を目にする場合、虹が目に入る段階が①であり、虹の色彩などの外的な形象を知覚する段階が②であり、そのような直接的な知覚をもとに、魂がなんらかの判断を行う段階が③である。したがって、「感覚」に認識論的な価値を認める場合、それは③の意味で用いられている。

こうして、「感覚」は魂による判断をともなうかぎりにおいて、認識の機能を担う。このような観点は、パスカルにも共有されている。『プロヴァンシアル』「第十八の手紙」においてパスカルは、「感覚」(les sens) を、「信」や「理性」とならぶひとつの認識原理であると主張している。これら三つはそれぞれ固有の領域をもち、その範囲を逸脱しないかぎりにおいて正当な判断を行う。「感覚」は事実に関することがらに責任をもつ。

どんな命題を検討するにあたっても、われわれはまず第一に、その命題が先の三つの原理のどれと関連づけられるかを見るために、その性質をよく知らねばなりません。超自然的なことがらならば、感覚や理性にはよらず、聖書と教会の諸決定によって判断しなければなりません。啓示された命題ではなく、自然的な理性に適っ

たものであれば、理性がその決定をするのに適しているでしょう。そして、最後に事実問題ならば、われわれは感覚を信じることになりましょう。事実を知ることは、当然感覚の権限に属するからです。(62)

ここで「事実問題」とは、正確には、教会が断罪する五命題がジャンセニウスの著書に含まれているかどうかという問題のことである。このような問題の真偽については、個々人の視覚による判断に任せるしかないのであり、「信仰箇条」(points de la foi) の決定において絶対的な力をもつ教皇の権威ですら、何の役にも立たない。それどころか、「感覚」の領域に「信」が介入するのは、秩序の不当な侵犯、すなわち「圧政」である。

「感覚」はまた、科学の領域においても不可欠なはたらきを担う。『真空論序言』においてパスカルは、学問の総体を、「権威」に基づく学問と、「感覚と推論のもとにある」学問とに二分し、前者には神学、歴史、地理学、法律学、言語が、後者には幾何学、算数、音楽、自然学、医学、建築などがあてはまると言う。彼によれば、神学の原理は「自然と理性」を超えていて、人間の精神は自力ではそのような高い認識に到達することはできない。ここにおいては、「書物がわれわれに教えること」――これが「権威」の意味である――以外に、何も付け加えることができない。しかし、

感覚あるいは推論のもとにあることがらについては、これと同じではない。そこにおいて権威は無用であり、理性のみがこれを知ることができる。権威と理性は、それぞれ別の権限をもっている。ほかの場合には権威が断然まさっていたが、ここでは理性が優位に立つ。しかもこの種のことがら［感覚や推論のもとにあることがら］は、精神の能力に釣り合っているので、ここでは精神は完全に自由に広がっていく。その尽きせぬ豊かさはたえまなく生み出し、その創意は終わることも絶えることもないのだ。(63)

権威の学問が後世による付加も変更もありえないのに対して、感覚と推論の学問は、たえざる進展が可能である。後者において権威を遵守し、古代の見解のみを真理とみなすのは不当である、という。ここにもパスカルの「秩序」と「圧政」の思想は色濃く表れている。ここで彼は、「感覚あるいは推論」をまとめて「理性」という語に置きかえている。このことは第一に、感覚は、推論という狭義の理性（推論的理性）と対立するのではなく、両者が協調してはたらくことによって正しい認識を導くことができるということ、第二に、広義の理性（自然的理性）は、感覚――すなわち身体を介した魂の判断――のはたらきを含んでいる、ということを示唆する。感覚と理性とのこのような協調関係は、『プロヴァンシアル』「第十七の手紙」の次の一節からもうかがえる。

そういうわけで、信仰箇条の決定においては、神が、不可謬である自身の精神の助力によって教会を導くのに対して、事実に関することがらにおいては、神は教会に、感覚と理性の行使を許すのです。この場合は、当然それらが審判となるのですから。(64)

しかし、両者はたいてい、上で描かれるような平和的な関係にはない。それどころか、パスカルは、『パンセ』の一断章中では、両者の間に「戦争」状態を見いだしている。

（それにしても、人間の誤謬のなかでもっともおかしな原因は、感覚と理性との間にある戦争である。）人間は、恩寵なしでは、生来の、消し去ることのできない誤謬に満ちた存在にほかならない。人間に真理を見せるものなど何もない。何もかもが人間をあざむく。［…］理性と感覚という二つの真理の原理は、いずれも誠実さを欠いているばかりでなく、互いにあざむき合っている。感覚は理性を、偽りの見かけによってあざむく。感覚が精神（l'âme）(65)にぺてんをもたらすわけだが、これと同じものを、今度は感覚が理性から受け取る。

理性が感覚にやり返すのだ。精神の情念（les passions de l'âme）が感覚を混乱させ、感覚に偽りの印象を植えつける。両者ともに嘘をつき、われ勝ちに互いをだまし合っている。[66]

人間の誤謬は、感覚と理性とのだまし合いによって生じる。ここで感覚が理性をあざむくという事態は、『ポール＝ロワイヤル論理学』が挙げる事例に則して言えば、水のなかでまっすぐな棒が曲がっているように見えたり、太陽の直径が二ピエしかないように思われたりするときに、実際にそうであると判断することを指すであろう。[67] 一方、理性が感覚をあざむくという事態は、はじめから感覚器官によって得られた知覚による判断は当てにならないという経験ないしは教育による知識に基づいて、いたずらにそのような判断を退ける態度に由来する。パスカルにとってはたとえば、「自然は真空を嫌悪する」と主張するスコラ学派の影響で、ガラス管に液体を入れて倒立させたときにできる空間を真空ではないと判断するような場合がこれに当たるであろう。[68] つまり感覚と理性の相互欺瞞とは、両者が互いに相手を不当に服従させている状態である。双方が正しく自己の領分を守っているかぎり誤謬は生じない。だが、人間には多くの場合、そのような領域の正当な区別が不可能である。

認識原理としての感覚はまた、われわれの身体的諸条件によっておのずと限界づけられている。まず、そもそも五感を司る器官の能力は、狭い範囲の刺激にしか感応しない（だからマイク、スピーカー、眼鏡、望遠鏡などが必要となる）。「われわれの感覚は、極端なものは何も知覚できない。あまりに大きな音は耳を聾するし、あまりに明るい光は目をくらませる。遠すぎても近すぎても、ものは見えない。」われわれに快を与える原因には適正な量がある。「あまりの快楽は、かえって不快である。多すぎる和音は音楽を台なしにするし、あまりの親切にはいらいらさせられる。」また、過剰な刺激は、われわれの身体の健康を脅かす。「極端な熱さも極端な冷たさも感じない。極端な性質はわれわれには敵となるのに、感じられない。もはやそれを感じられないのに、それによって苦しむのだ。」そして、われわれの感覚は、身体や環境の条件の変化によって衰弱する。「若すぎても老けすぎても精神がは

たらかないし、教育がありすぎてもなさすぎても同様である。[69]」「感覚」による認識の機能は、理性との相互干渉という外在的な要因によってのみならず、感覚そのもののもつ内在的な脆弱さによって、きわめて限定的なものとならざるをえない。

4. 繊細の精神

（1）幾何学の精神と繊細の精神

パスカルは、よく知られた断章[70]で、精神を典型的な二つの型に分類し、それらの違いについて述べる。

幾何学の精神と繊細の精神の違い。

前者においては、原理は手でさわれるように明らかであるが、通常の使用からは離れている。だからそこには顔を向けにくい。慣れていないからである。しかし少しでもそこに顔を向ければ、原理はくまなく見える。また、その原理は見逃しようもないほど粗いので、よほどゆがんだ精神でもないかぎり、それに基づいた推論を誤ることはない。

一方、繊細の精神においては、原理はふだんに使用されており、みなの目の前にある。顔を向けるまでもないし、無理をする必要もない。問題はよい目をもつことだけである。ただし、本当によい目をもつ必要がある。というのも、こちらの原理はひどく微妙で数も多いので、それを見逃さないのはほとんど不可能だからだ。原理をひとつでも見落とせば、誤りに導かれる。よって、あらゆる原理を見つめるために、よく澄んだ目をもたねばならないし、さらに、よく知られた原理に基づいて推論を誤らないために、正しい精神をもたねばならな

い。

幾何学の精神と繊細の精神の違いは、まずはそれぞれの判断の出発点となる「原理」の違いによって説明される。前者の原理は「手でさわれるように明らかであるが、通常の使用からは離れている」のに対して、後者のそれは、「ふだんに使用されていて」「目の前にある」が、「ひどく微妙で数も多い」。幾何学の原理は、そこに目を向けさえすれば、あとの推論が容易であるのに対して、繊細さの原理には、わざわざ注意を向ける必要はないが、それらをひとつも見落とさないために「よい目」をもつ必要がある。よって、「すべての幾何学者は、もしよい目をもっていたら繊細になれただろう。」また、「繊細な精神の人々は、慣れない幾何学の原理のほうに目をやることができたら、幾何学者になれただろう。」

二つの精神の差異は、判断に至る手続きにもある。幾何学の精神は、「推論」(raisonnement) によって特徴づけられる。すなわち、「定義から、ついで原理から始める」こと、あるいは「順序に基づいて論証する」ことである。これに対して、繊細の精神は、原理を「見るというよりはむしろ感じる」ことによって、「一挙に」、「一目で」判断する。つまり繊細さは、ひとつの「直感」(sentiment) である。パスカルはこれを、「感性」(sens [単数形]) と言いかえてもいる (「それらのことがらはあまりにも微妙であり、多数なので、それらを感じ、その直感に従って正しく公平に判断するためには、とても微妙かつ明晰な感性 un sens bien délicat et bien net が必要である」[71])。

「幾何学者が繊細であることも、繊細な人々が幾何学者であることもまれである」ことからして、二つの精神は両立が困難である。また、一方から他方への移行も容易ではない。「繊細なことがら」(les choses de finesse) を自分で感じない人々に感じさせるには、限りない苦労が必要」なのだし、繊細な人々は、幾何学者の「命題」「定義」「原理」を目にすると、「おじけづき、嫌悪感を抱く」。つまり、幾何学の精神と繊細の精神、推論と直感は、異なった「秩序」に属するのであり、両者とも相手の領域で正しく機能することができない。二つの精神のうち、とくに

繊細さは、少数の人にのみ属する、おそらく生得的な才能である（「［繊細なことがらに対する］直感は、わずかな人にしかそなわっていない」）。幾何学の精神は、繊細さに比べれば多くの人のなかに認められるばかりでなく、これに恵まれない人でも、訓練次第で習得できる可能性がある（「繊細の精神も、幾何学の見慣れない原理に視線を向けることができれば、幾何学者になるだろう」）。ただし両者は、価値の上で同等である。秩序を守るかぎりにおいて、双方ともに正しい精神となるからだ（逆に、「ゆがんだ精神は、決して繊細でも、幾何学者でもない」(72)）。

しかし、特定の領域においては、一方が正当で、他方が不当な精神となる。

幾何学／繊細さ。
真の雄弁は雄弁を軽蔑する。真の道徳は道徳を軽蔑する。つまり、規則などない判断の道徳は、精神の道徳を軽蔑する。
というのも、学問が精神に属しているように、直感は判断に属しているからである。
哲学を軽蔑することこそ、真に哲学することである(73)。

「判断」が直感に、「精神」（esprit）が学問に、それぞれ関連づけられている。ここでの「学問」は、「直感」と対置されていることからして、「推論」「論証」の言いかえであると考えてもよいだろう。つまり、「判断の道徳」は「規則などない」のに対して、「精神の道徳」は定義、原理、論証という手続きによって規則が明確に定められているということだ。こうして「判断の道徳」と「精神の道徳」はそれぞれ、繊細の精神と幾何学の精神の産物である。このうち前者が「真の道徳」であり、後者はいわば偽の道徳である。道徳は繊細の精神の領域であり、そこでは幾何学の精神は無力だからだ。幾何学者が道徳を語る場合、それは不当な領域侵犯、すなわち「圧政」となる。雄弁

と哲学も同様に、繊細さと直感の支配下にある。幾何学者の雄弁は「真の雄弁」ではなく、推論による哲学は「真に哲学すること」ではない。

ところで、真の道徳、真の哲学、真の雄弁は、互いに別のものではない。パスカルにおいて、真の道徳とはキリスト教の道徳のことである。彼にとってこれは、神を愛することと自己を憎むこと、言いかえれば、自己が神を全体とする手足であるという自覚のもとに、自己への愛よりも全体への愛を優先させること、をおいてほかにはない[74]。このような愛に関する義務の探究は、幾何学の精神によってはなしえない。「人は、愛されるべきであるということを、愛（amour）の原因を順序に則って提示することによって証明しない。そんなことは馬鹿げている[75]。」

一方、パスカルにおいて、幾何学の精神による哲学、たとえばデカルトの哲学は、「真の哲学」とはなりえない。彼はデカルトを念頭に置いてこう批判する。

大ざっぱにこう言うべきである。「これは形と運動からなっている」と。なぜなら、これは事実だからだ。だが、それがどういう形や運動であるかを語り、機械を構成してみせるのは滑稽である。そんなことは無益であり、不確実であり、骨が折れるからだ。それに、たとえそれが事実であったとしても、われわれは、哲学全体が一時間の労にすら値するとは思わない[76]。

ここでパスカルのデカルト批判は二段階からなる。第一に、デカルトの論述は細かすぎて、かえって事実と有効性を損なっている。もっと簡潔に語るほうが事実に忠実だし、読者の理解も容易である。ここからはパスカルの説得術と文章観に関わる考えがうかがえるが、これについてはのちに述べる。パスカルは第二に、仮にデカルトが事実を語っていたとしても、彼の探究などまったくの無駄であると考えている。そもそもデカルトは扱うべき主題をまちがえている、というわけだ。これはひとえに、デカルトの哲学が、神を不要のものとしているからにほかならな

い。[77] 神の探究、宗教の真理性の検証を行わないかぎり、哲学は時間の浪費、気晴らし以上の何ものでもない。[78] ここで神とは、キリスト者の神、すなわち「愛と慰めの神」（Dieu d'amour et de consolation）のことである。[79] デカルトの語る神は、哲学者の神、すなわち幾何学者の神にすぎない。[80] パスカルにとって、「真の哲学」とは、宗教に基づいた神の探究につながる実践のことである。こうして、「真の哲学」の目的は、「真の道徳」と同じである。

そして、パスカルにおいて、言語表現と独立した思考は存在しない。言語表現が思考を作り出すのだし、思考なき者に言語表現は不可能である。彼は言う。「私が何も新しいことを言わなかった、などと言わないでほしい。素材の配置が新しいのだ。［…］同じ言葉でも、配置が異なれば違う思想を形づくるのである。[81]」そうであれば、「真の道徳」「真の哲学」は、幾何学的な推論とは異なったなんらかの表現形式を要請する。パスカルにとって、これが「真の雄弁」とよぶに値するものである。単なる雄弁――または偽の雄弁――は、幾何学者の推論に基づいて、なんらかの真理を発見し、またそれを相手に説得するかもしれない。だが、そのように明かされる真理は、人生にとっていかなる重要性をもたない。真の雄弁は、繊細の精神によってなされるものである。真の雄弁における語の配置は、真理――神と宗教に関わる真理――を順序に則ってではなく、直感によって一挙に知らしめる。

第一章で見たように、このような語の配置のことを、パスカルは「心の秩序」「慈愛の秩序」とよんでいる。問題の一節の一部を再掲しよう。

心には固有の秩序があり、精神には、原理と証明とによる固有の秩序がある。心にはそれとは別の秩序があるのだ。［…］

――

イエス＝キリストや聖パウロは、慈愛の秩序をもっている。精神の秩序ではない。彼らは熱を与えようとし

たのであって、教えようとしたのではないからだ。

聖アウグスティヌスも同様である。その秩序は、最終目的と関係のある個々の点で逸脱を行うことにある。それは、その最終目的をつねに示すためである。[82]

「心」は、「逸脱」を許容するが、これは精神の秩序には基づいていないということを意味するのであって、「心」に秩序がないというわけではない。逸脱もまたひとつの秩序なのである。これは、「真の道徳」したがって「真の雄弁」に、幾何学におけるような「規則がない」のと同様である。繊細の精神が、「一目で」多数の原理を把握するように、心の秩序は、固有の論理——「心の理由」[83]——によって、その最終的な到達点——「慈愛」すなわち神への愛——を「つねに」示す。また、これによって心の秩序は、そのような真理を論証する（「教える」）のではなく、相手にそれを探究することを促す（「熱を与える」）[84]。「真の雄弁」とはこのように、「繊細の精神」と「心の秩序」に基づいたレトリックのことである。パスカルはこれをどのように実践するのだろうか。[85]

(2)「気に入られる術」と「快のモデル」

幾何学の精神と繊細の精神は、レトリックにおいてそれぞれ固有のはたらきをもつ。パスカルは、「説得術について」のなかで、このことを示唆している。

彼によれば、「説得しようと望むことが何であれ、説得する相手のことを考慮しなければならない。」そのためには、「その人の精神と心とを知らなければならず、精神が認めている原理が何か、心が愛していることがらは何かを知る必要がある。」こうして「説得術は、納得させる術（l'art de convaincre）と同じくらい、気に入られる術（l'art d'agréer）からも成り立っている。」すなわち、「納得させる術」が「精神」を、「気に入られる術」が「心」を、それぞれ説得する術である。この「気に入られる術」が、先の「真の雄弁」の目的と性質をそなえていることは明ら

かである。

ところが、意外なことに、この二つの術のうち、彼が扱うのは、もっぱら「納得させる術」のほうだという。その上でパスカルは、「私が説得術とよぶ」ものを、「本来完全で方法的な証明を行うことにほかならない術」であるとし、これを「術語を定義すること」、「明白な原理または公理を提示すること」、「論証に際して、つねに心のなかで、定義されたものではなく定義そのものを思い浮かべること」の三つの主要なことがらによって成り立つと主張する。これはまさに幾何学の精神がなしうる推論である。一方、「気に入られる術」は、「くらべようもなくずっと難しく、とらえにくく、有用であり、驚くべきものである。」それは、この術が立脚する「快の原理（les principes du plaisir）が、はっきりと確立していない」ことによる。パスカルによれば、この原理は「人によってまちまちであるし、ひとりの人物においてもさまざまに変化しうる」。なぜなら、「人は誰でも、その時々において、他人と異なる以上に自分自身とも異なっている」からである。このような原理を把握するのは、繊細の精神である。彼はこれをふまえて、自分には「気に入られる術」について論じる「能力がない」と告白するのである。[86] パスカルは、「偽の雄弁」の方法を確立する一方で、「真の雄弁」の探究をあきらめたのだろうか。

そうではないだろう。現にパスカルは、『パンセ』において、この「快の原理」に関心を向け、その手がかりを見いだしている。彼は次の一節で、「快と美のモデル」の存在を主張する。

快と美についてはあるモデルが存在するのであって、それは、弱いにせよ強いにせよ、あるがままのわれわれの本性［自然］と、われわれの気に入るものとの間にあるなんらかの関係によって成り立っている。

このモデルに基づいてつくられたものはすべてわれわれの気に入る。家、歌、文章、詩、散文、女、鳥、川、木、部屋、衣服などがそうだ。

このモデルに基づいていないものはすべて、よい趣味をもつ人々の気に入らない。

このよきモデルに基づいてつくられた歌と家との間には、ひとつの完全な関係がある。この歌と家とは、それぞれがそれ自身の部類のあり方に従ってであるが、この唯一のモデルに似ているからである。だから同様に、悪いモデルに従ってつくられたもの同士の間にも完全な関係がある。悪いモデルがひとつしかないというのではない。それは無限にある。だがたとえば、下手なソネットは、いかなる偽のモデルに基づいてつくられていても、それと同じモデルに即して着飾った女と完全に似ているのである。

偽のソネットがいかに滑稽かを理解させるためには、その性質とそのモデルとを考慮し、ついでその同じモデルに基づいてつくられた女や家のことを想像してみるにこしたことはない。(87)

われわれが快や美を感じるさまざまな事物の間には、なんらかの「関係」がある（ここで「関係」とは、類似性の意味である）。パスカルはその理由を、これらの事物が唯一の「モデル」に基づいて成り立っているからだとする。「モデル」とは、何かをつくる際に模倣の対象となるものである。このような考えは、プラトンのイデア論に淵源をもつ。プラトンはイデアを、あらゆる個物が共通に分有するなんらかの形態と考えた。「気に入られる術」を知るためにはまず、この快のモデルを把握する必要がある。プラトンのイデアが、あくまでも純粋知性によって認識される抽象的な実質であるのに対し、パスカルの「モデル」はむしろ、感性によってとらえられる。モデルをモデルとして成立させている原因は「われわれの本性」、つまり人間に内在的にそなわる資質であり、イデアのように自然を超越した何かではない。また、モデルは美や快といった観念ではなく、それ自体がすでに表象であり、イ

メージである。よって、モデルはそれを共有する諸事物に対してなんらかの特権性をもちつつも、それら諸事物と存在論的に区別されるものではない(88)。

とはいえ、モデルを認識するには、「よい趣味」(le bon goût) が必要である。この「よい趣味」と、先に見た「繊細の精神」がもつ「よい目」(bonne vue) および「とても微妙かつ明断な感性」(un sens bien délicat et bien net) との類似性は明白である。「快と美のモデル」を把握するのは、繊細の精神にほかならない。この「よい趣味」をそなえていない者には、「偽のモデル」によってつくられた事物が美しく見えてしまうことがある。彼らは偽のモデルを真のモデルと取りちがえている。だが、彼らのように真のモデルを一挙に把握できない人々も、彼らが好む個々の事物が偽のモデルに準拠しているという事実を理解するのは、比較的容易である。そのためには、同じモデルに基づいてできた別の「部類」(genre) の事物を想像してみればよい。これが快と感じられなければ、最初の事物は真のモデルとはいかなる関係もないことになる。偽のモデルを共有する事物の間にも類似関係が存在するからだ。このような判断をくり返して「無限にある」偽のモデルをひとつひとつ排除していけば、徐々に真のモデルの把握へと近づいていくことが可能である(繊細の精神の持ち主は、このような煩瑣な作業を免れている)。

この作業において比較の対象となる特別な事物として、「女」と「家」がある。真のモデルは人間の本性によって根拠づけられている以上、その認識は本来すべての人間に共有されているはずのものである。女性や家などの一般になじみの深い対象に関しては、ある程度多くの人々において快不快の判断が一致する。ということは、これらの事物においては、多くの人々が知らず知らず快のモデルを参照しているということになる。

以上にうかがえるパスカルの考えの要点は、次の三つである。第一に、多種多様で変化しやすい「快の原理」にも内在的な一貫性の存在を認めている点。第二に、そのような一貫性を保証する「快のモデル」は、われわれの本性になんらかの根拠をもち、それゆえに元来はすべての人間に共有されるはずのものであるとする点。そして第三に、「快のモデル」の認識は、「よい趣味」すなわち繊細の精神というすぐれて生得的な才能に依存しつつも、訓練

や教育によってある程度まで習得が可能であるとする点、である。

では、「快のモデル」とはいかなるものか。次の一節にひとつの手がかりがある。

詩の目的である快が何にあるのかということは知られていない。模倣すべき自然のモデル（modele naturel）とは何かということを、人は知らないのだ。このことを知らないばかりに、人はいくつかの奇妙な用語をつくった。「黄金の世紀」「現代の驚異」「運命的な」などなどである。そしてこのような隠語が、詩的な美とよばれているのだ。

ところで、この場合のモデルは、小さなことを大げさな言葉で表すことによって成り立っているわけだが、このモデルに則った女のことを想像してみれば、それは鏡や鎖で全身を飾った美女になることがわかり、笑ってしまうだろう。というのも人は、詩の快とは何かということよりも、女の快とは何かということのほうが、よく知っているからである。(89)

一般に人は、詩における快よりも女における快のほうをよく知っている。感じがよい女性のタイプについては、ある程度意見が一致するからだ。ここで「詩」とは広く言語表現の技法のことと理解される。また、「女の快」といっても、女性の心身のもつ内在的な特質ではなく、化粧や服装という外在的な特徴に関わる快を意味する。そこで、ある表現が快のモデルに適っているかどうかを知るためには、その表現が準拠するモデルを、女性の着飾り方に適用してみればよい。たとえば当世はやりの宣伝文句は、「小さなことを大げさな言葉で」表現しているが、これは女性で言えば、分不相応に過剰な装身具に覆われた少女に該当する。この少女が滑稽であることからすれば、先の表現は偽のモデルに基づいていることが理解される。

ここでパスカルは、文体における誇張、女性の身なりにおける過剰を不快であると判断している。彼において、偽のモデルを成り立たせる主要な要素のうちのひとつは、形式と内容、見かけと現実との乖離にある。ゆえに、真のモデルに適った表現は、何よりもまず両者の均衡を保つこと、より正確には、後者に合致するように前者を簡素化することによって得られるだろう。彼にとって快のモデルは、簡素さ、修飾のなさ、つまり自然さにある。上で快のモデルが、「自然のモデル」と言いかえられているのは偶然ではない。真のモデルは「自然」であるからこそ普遍的であり、人々に共有される。

パスカルは言う。「自然はみずからを模倣する。よい土地にまかれた種は実を結ぶ。よい精神にまかれた原理は実を結ぶ。［…］／すべては同一の主によってなされ、導かれる。根、枝、果実、原理、結果。[90]」自然はひとつの力であり、世界の統治者である。[91] 人間の「本性」(nature) も自然 (nature) に従っていて、よって本来は自然を好む。だがわれわれは、このような理想のモデルを見失っている。「よいものほどどこにでもあるものはない。それを識別することこそが大事なのだ。よいものはすべて自然で、われわれの手の届くところにあり、すべての人に知られてさえいることは確かだ。だが、それらを識別できないのだ。[92]」

こうして、説得術としての「気に入られる術」は、「自然」すなわち簡潔さに基づいたレトリック、[93] 見かけと現実とを可能なかぎり一致させるレトリックのことである。パスカルはいくつかの断章で、文章表現における美辞や畳語の使用、同内容の反復を批判している。[94]「長々と続く雄弁は疲れさせる」[95] のであり、「シャロンの分類」のように不必要に複雑な分類は「つらくさせるし、飽きさせる」[96]。彼において、文章におけるこのような「自然」――過剰さの排除、簡潔さ――への志向性は、真理への志向性と結びついている。真の雄弁において、快は真理と別物ではない。真理の表現を可能にする文章がそもそも快なのだ。[97]

雄弁。

快さと真実なものとが必要である。だがこの快さとはそれ自体、真なるものから取ってきたものでなければならない。[98]

自然な文章は真理を語るからこそ気に入られる。そしてその真理は、聞き手の心中に語り手に対する愛を喚起する。

自然な弁論がある情念や現象を描くとき、人は自分が聞いていることの真実を自分自身のなかに見つける。それは、自分のなかにあったとは知らなかった真実である。そうして人は、そのような真実を感じさせてくれる相手を愛するようになる。なぜならその人は、自分自身の美質を見せつけたのではなく、われわれにとっての善を見せてくれたからである。このようにして、われわれと語り手との間の知的な共同性によって、われわれの心が相手を愛するように必然的に傾けられるだけではなく、この恩恵が相手を好ましく思わせるのである。[99]

ここで「自然な弁論」は、幾何学者の推論のように、有無を言わせずに相手に真理を教え込むのではなく、相手に自分で真理を発見させるように導く。つまり相手の精神ではなく、「心」に訴えかける。自然な弁論は「心の秩序」に則った弁論にほかならない。相手の心はみずから真理を「感じる」ようになる。「人はたいてい、他人から精神のなかにやってきた理由によるよりも、自分自身で見つけた理由によるほうが、よりよく納得するものである。」[100] このとき受け手は文章それ自体を快と感じるのみならず、語り手に好意を抱いている。[101] 自然な文体は、平易で簡潔でありふれた表現の背後に、傲慢や気取りを排したひとりの真率な人間の存在を感じさせるのである。「自然な文体（le style naturel）を見ると、人はとても驚いて、うれしくなる。著者が見えるだろうと思っていたのに、ひとり

の人間を見つけるのだから。」[102]

（3）　オネットテと自己愛

以上を簡単にまとめると、次のようになる。――「快の原理」は、唯一の「快のモデル」の多様な現れである。このモデルは、誰もが日常的に親しんでいる「自然」によって成り立っているために、普遍的な力をもつ。繊細の精神とは要するに、このような「自然」を見いだす才能であり、「気に入られる術」とは、自然に基づいたレトリックである。雄弁は自然であるときに最大の効果を発揮する。このとき受け手は「心」を動かされ、みずから真理を発見するように促されるからだ。自然な表現は、快であるがゆえにまた真理とも結びつくのである。繊細の精神は、快の根本原因を直感するだけでなく、「自然」を文章において再現することで、「真の雄弁」を可能にする。

しかし、この万能の精神も、使い方を誤ればたちまち罪に陥る。快のモデルを知ることは、あくまでも相手に「真の道徳」――宗教と神に関する真理――の探究への熱情を与える説得術の実践を目的としている。繊細さは、この目的を離れたとき、世俗的な美徳のひとつに堕してしまう。パスカルはこのような逸脱した繊細さを、彼の友人であったメレやミトンのようなオネットムと、モンテーニュに認めている。

幾何学の精神に長けた者が推論に基づいた一部の学問の専門家にとどまるのに対して、繊細な精神の持ち主は、美や快の原理とその具体的な形態を知ることで、服飾、芸術、詩作、建築など、さまざまな分野において練達する可能性をもつ。このような普遍的な才能をそなえた人物のことを、パスカルはオネットム（honnête homme）とよび、人間の望ましいあり方のひとつであると評価している。

彼は数学者だとか、説教家だとか、雄弁家だなどと言われるのではなく、オネットムだと言われるようでなければならない。私が好むのは、この普遍的な性質だけだ。[103]

人は普遍的ではありえない、つまり、すべてのことについて、知りうるすべてを知ることができない。そうである以上、すべてのことについて少しずつ知らなければならない。なぜなら、すべてのことについて何かを知るのは、ひとつのことがらについてすべてを知るよりもずっと美しいからである。このような普遍性こそ、もっとも美しい。(104)

だが、この「美しさ」は、世俗や社会の一般的な価値判断に基づくものであって、宗教の尊重する道徳とは無関係である。そもそもオネットテ（honnêteté）とは、他者に対する上品さ、思いやり、礼節を意味するのであり、(105)何よりも社交上の美徳である。パスカルはこれを無条件で尊重することはない。彼は言う。「人を同時に愛すべきでありかつ幸福なものとするのは、キリスト教だけである。オネットテにおいて人は、同時に愛すべきであり幸福なものとはなりえない。(106)」オネットムは、他人に愛されるかもしれない。「人間は欲求でいっぱいで、それをみな満たしてくれる人たちしか好きではない(107)」からだ。しかしオネットムは、真の意味で幸福ではありえない。他人から愛されたい、尊敬されたいという欲望、すなわち自己愛にとらわれ、神を愛することから遠く離れてしまっているからだ。オネットテは、物腰やわらかな傲慢さなのである。「人はオネットムになることは教えられないで、それ以外のことはすべて教えられる。そして人々は、それ以外のことについて何かを知っていることについては、オネットムであることについて得意がるほどには得意がらない。人々が得意がるのは、教えられないことを知っているときだけだ。(108)」オネットテは、幾何学という限定的な領域に関する能力の対立項として評価されるものではあるが、(109)宗教の説く最終的な善からすれば、むしろ危険な資質ともなる。

ところで、パスカルにとってモンテーニュは、繊細の人のひとつの典型であろう。パスカルによれば、モンテーニュの文章は、エピクテートスやサロモン・ド・テュルティ（Salomon de Tultie）――『キリスト教護教論』の作者すなわちパスカルの偽名――のそれとならんで、「生の日常的な営みから生じた思想によってのみ成り立ってい

る」がゆえに、「もっともよく用いられ、もっともよく記憶に残り、もっともよく引用される」[110]。つまりそれは、自然のモデルに従って、「気に入られる術」をわきまえた文章である。パスカルによるモンテーニュの書きぶりに対するこのような評価は、彼が「説得術について」のなかで、モンテーニュを「比類のない著者」と形容している[111]ことや、同じ小品のなかで彼が、論理学者の難解な用語の使用や幾何学者の複雑な推論を批判し、自然や日常に基づいた文章をよしとする姿勢を、まさに『エセー』から受け継いでいることからもうかがえる[112]。

しかしながら、一方でパスカルは、モンテーニュの文章術について次のようにも記している。

> モンテーニュの混乱［…］について語ること。彼は直線的方法の欠陥をよくわきまえていて[113]、主題から主題へと飛躍することで、それを避けていた。彼は小粋《こいき》さ（le bon air）を求めていたのである[114]。

ここで「直線的方法」とは、原理と証明に基づいた幾何学的な推論、したがって「精神の秩序」のことであろう。これを忌避し、論理の飛躍を辞さないモンテーニュは、一見「心の秩序」に従っている。しかし、パスカルから見ればモンテーニュは、これによって「小粋さ」を与えようとしているという。「小粋さ」とは、社交界で好ましいとされた身だしなみや言動についてよく用いられた表現である[115]。若年時に世俗的な栄誉への執着をも示していたパスカルが、「小粋さ」にまったく無関心であったはずはないが、少なくとも護教論作者としての彼が、これに価値を見いだしていなかったことは明らかである。したがって、彼にとってモンテーニュの「混乱」は、繊細の精神をそなえながら、それを正しく利用しなかったことにある。繊細さは快のモデルに則った自然な語りを可能にし、これによって相手の好意を喚起する。だが、モンテーニュが読者に好意を抱かせるさまは、いわばオネットムが該博な知識と洗練された言辞によって人々を惹きつけている状態と変わりはない。「真の雄弁」が相手に与える快は、相手がみずから真理の探究へと促されたと感じることに対する感謝の念にある。モンテーニュは、宗教の教えに反

することがらを得意げに語ることで、読者に虚偽を植えつけている。[116] 繊細の精神は、一歩まちがえば詭弁を信じ込ませてしまうこともある。

そもそも、第一章で確認したように、相手に「気に入られる」とは、宗教の観点からすればきわめて危険な事態である。パスカルにおいて、いかなる動機に基づいてであろうと、「人に私を愛させるのも、人が私に執着をもつようにしむけるのも、私の罪になる。[117]」なぜならこれは、他者に対して自分を優位に立たせる自己愛のなせるわざにほかならないからだ。自己愛は、主体がまったく意識しない場合でも、その行動を導くのである。パスカルはまさにオネットテのなかに、自分を他人に対して好ましく見せることによって満足を得ようとする自己愛の偽善を見いだしている。[118] また、人に私を愛させることによって、相手は神を愛することをさまたげられるかもしれない。こうしてこのとき私は、二重に罪を犯していることになる。[119]

「真の雄弁」も、たしかに話者に対する相手の好意を喚起する。しかしここで、相手の気に入ることは、「神への愛」という唯一の掟に帰着する宗教の真理を伝えるための手段にすぎない。[120] パスカルによれば、人間の魂は、「きわめて賢明な精神がどれほど抵抗しても、恥ずべき横暴な選択を行って、腐敗した意志が望むことに従ってしまう。[121]」よって、「われわれは、おのれの快楽とは対極にあるキリスト教の真理を承認するところから遠くへだたっている。[122]」このような受け入れがたい真理を認めさせるためには、この真理を説く弁論それ自体を、相手にとって快いものにするような方策が必要となるのである。手段は目的によってのみ正当化される。

L・シュジーニの用語を借りれば、パスカルは、世俗的な雄弁（「会話」conversation）と、宗教的な雄弁（「祈祷」oraison）との均衡を保ち、いずれにも偏きすぎないような語りを実現しようと試みた。[123] そのパスカルからすれば、モンテーニュは、まれに見るほどの「繊細の精神」に恵まれながら、それを図らずも誤った目的に使用していたことになる。

＊

以上のように、パスカルにおけるsentimentは、宗教的直感、自然的直感、身体を通じた感覚、繊細の精神という、主として四つの異なった形態をとる。

「宗教的直感」は、神からの直接的な恩恵として与えられるものであり、これを授けられた者のみが正しい信仰をもつ。真の意味での回心は、これによってはじめて可能である。

「自然的直感」は、第一原理や原始語の観念など、すべての人間にそなわる共通の認識を与えるという点で、人間の「本能」を構成している。精神と身体、魂と物質という異質な実質の混成からなる人間においては、精神の純粋なはたらきがさまたげられている以上、これらの認識は確実な基盤をもつものではないが、「善意」をもってすればその真理性は疑うことができない。このような暫定的な真理はしかし、神から与えられる超自然的な直感によって、やがて絶対的なものと判明するだろう。

「感覚」は身体が魂に対してなんらかのかたちで影響を及ぼすことによって発生する。この過程に関するデカルトの説明は妥当性を欠く。人間における魂と身体の結びつきが不可解である以上、パスカルにとって感覚の発生は端的に「神秘」である。身体に起源をもつ感覚は、邪欲の源泉であると同時に、理性とならんで事実に関する真偽の判断を担う。しかし、感覚と理性は互いに独立して機能することが事実上不可能であり、この相互作用によって人間はしばしば判断を誤る。もとより感覚が機能する環境はきわめて限定的である。

「繊細の精神」は、即時的に真理を把握しうる直感的な認識能力である。しかし、一部の人間の生得的な才能であり、多様で複雑な原理からなんらかの帰結を導き出す点で、自然的直感とは異なっている。繊細の精神は、とりわけ万人に潜在的にそなわる快や美のモデルを認識し、これに基づいて相手に「気に入られる」レトリックを実現する。相手に真理を探究する熱意を与えるこの術は、神への愛を説く場合に「真の雄弁」となる。だが繊細の精神

は、オネットテや「小粋さ」など、世俗で好まれる価値の実現にとどまる可能性もある。

このように、パスカルにおいてsentimentのはたらく領域はきわめて広範囲に及んでおり、その価値も一義的ではない。

第一に、存在論的な観点からすれば、sentimentは、心、精神、身体の三つの秩序のすべてに関連し、人間存在の全領域を覆っている。まず、「心」はsentimentがもっとも中心的に関わる領域である。宗教的直感は心を神のほうへと傾ける。自然的直感は心においてはたらき、第一原理を認識する。繊細の精神は、「逸脱」や「飛躍」によって特徴づけられる「心の秩序」に則って語を配置する。次に、sentimentは「精神の秩序」とも無関係ではない。自然的直感による認識は、推論的理性ないしは幾何学的精神が行う論証の出発点――「原理」――であり、自然科学の体系の構築に不可欠な役割を担っている。身体的器官を通じた感覚、とりわけ視覚や聴覚の証言はまた、実験や観察を主要な方法とする経験科学の基盤となる。sentimentはさらに、「身体」に起源をもち、それによって限界を定められている。自然的直感による認識は、純粋精神ではなく、身体をもつ人間にとっての所与であり「自然」である。感覚は魂に感じられるものではあるが、定義上身体がなければ発生しない。また、繊細の精神は、自然に基づいた「快のモデル」を発見するが、その過程には感覚器官のはたらきが必然的に介入する。快は具体的な事物への現れとしてしか感じられないからだ。

第二に、sentimentの認識論的価値も両義的である。sentimentと理性との関係に注目しよう。両者は原理的には直感と推論という、正反対の方法によって特徴づけられている。両者は互いの役割を尊重し、他方の「秩序」を侵犯しないかぎりにおいて、正しい認識の手段となる。しかししばしば、両者は覇権を争うことにより、人間に誤った判断をもたらす。宗教に関することがらと第一原理の認識において、理性は完全に無力であるにもかかわらず、それらが論証不可能であるという理由によって虚偽であると結論づける。また、理性は「幾何学の精神」として、

道徳や哲学をも語ろうとするが、その場合その論述は「偽の雄弁」となる。一方、錯覚や先入観は、感覚が理性をあざむくことによって生じる誤謬である。ただしその理性は、そのような感覚の介入がなければつねに正しい判断を下すというわけでもない。われわれは真理の認識において八方ふさがりの状態にある。この事態をパスカルは、次のように表現している。

> われわれのあらゆる推論（raisonnement）は、結局のところ感覚（sentiment）へと譲る。
>
> ——
>
> しかし幻想（fantaisie）は感覚（sentiment）に似ていて、しかも対立するものである。だから人はこれら正反対のものを見わけることができない。ある人は自分の感覚は幻想だと言うが、ある人は自分の幻想は感覚だと言う。そこで基準が必要となる。理性が名乗りを上げるが、その理性はどんな方向にも枉《ま》げられてしまう。こうして、基準などまったくないのである。(124)

そして第三に、道徳的見地からすれば、**sentiment** が実現する人間の生には、異なった価値をもつ複数の段階が認められる。**sentiment** はまず、人間が生存していくために不可欠な認識を提供し、いわば動物的生の前提となる。感覚は、身体の置かれた外的な状況を把握するとともに、不快を遠ざけ、欠如を満たす欲望の源泉となることで、身体を健康な状態に保つ。自然的直感がなければ、自己が存在することや自己が目ざめていることすらも知ることができない。**sentiment** は次に、文化的生の実現を担っている。自然的直感は、推論的理性とともにはたらいて学問研究の基盤となる。繊細の精神は、洗練された趣味によって美と芸術に対する正しい鑑識眼となり、場合によっては優れた作品の創造をも可能にするだろう。同じ精神はまた、社交生活において尊重される礼儀やオネットテという資質へと発展しうる。そして **sentiment** は、宗教的生の条件となる。繊細の精神は、心の秩序に即した弁論に

よって聞き手に神への愛を希求させる。このように準備が整った心に対して、神は超自然的直感を授けるのである。「三つの秩序」をなす身体、精神、慈愛と同様に、これら三つの生は厳格な階層秩序をなしている。動物的生を送る者はみずからの本能的な欲望の探究にのみ執着し、他人の幸福をかえりみることはない。文化的生の段階にある者は、他者を喜ばせ楽しませるために努力するが、それはあくまでも彼らに愛されることを求めるからである。そして宗教的生に従事する者は、神だけを求めることで、自己を憎み、他者から気に入られることをもみずからに禁じる。動物的生は孤独であり、文化的生は友との共同体によって営まれ、宗教的生は神とともにある。これら三つの生は、共存不可能であるばかりか、上位の生は下位の生の超越、ないしは否定を通してしか成立しない。sentiment はこのように、互いに矛盾する価値のすべての生産に関与する。

こうして sentiment は、人間のもつさまざまな矛盾の根源を示している。sentiment は、人間に内在的で本源的な認識能力であると同時に、神という外在的で超越的な対象を知覚するための唯一の手段である。sentiment は、人間の不完全さを示すと同時に、その不完全さを克服するための手段ともなる。人間は sentiment によって人間であり、sentiment によって「人間は人間を無限に超える」[125]のである。

第四章

「中間」の両義性

パスカルは『パンセ』において、神の存在の必然性、偉大さ、不変性、恒久性を直接間接に念頭に置きながら、人間を、何よりもまず偶然で、卑小で、はかない存在であると規定する。だが一方で、彼にとって人間は、星々や動物にはない精神をもち、みずからの悲惨さを知るという点で偉大な存在でもある。このように対立する命題を並立させることで、パスカルは人間を、いっそう悲劇的な存在として描き出している。幸福にして不幸、賢明にして暗愚、偉大にして悲惨、一義的な価値づけを拒む人間は、ひとつの「怪物」、「混沌」である。

　人間とは一体、なんという怪獣なのか。なんという珍奇な代物、なんという怪物、なんという混沌、なんという矛盾、なんという驚異なのだろうか。森羅万象の審判でありながら愚昧なみみずでもあり、真理の保持者でありながら不安と錯誤の巣窟でもあり、宇宙の栄光でありながらそのごみくずでもあるとは。(1)

こうした価値づけの不定さはそのまま、人間の本質自体が不定であることを示している。この不安定なあり方から、パスカルは人間を、二つの極の「中間」を漂う存在として描き出す。

　われわれは広大な中間の海を航海しながら、つねにあてどなくさまよい、端から端へと押しやられている。いずれかの端に自分をつなぎ止め、足場を定めたいと思っても、それはぐらりと動揺し、われわれから離れ去る。食い下がったとしても、それは捉えられることはなく、つるりと滑り、永遠に逃亡をくり返す。われわれのためにとどまるものなど何もない。これがわれわれにとって自然な状態であるのに、これほどわれわれの願いに反した状態はない。われわれは確固たる基盤と、揺るぎない決定的な砦を見つけ、そこに無限にそびえ立つ塔を築きたいと熱望している。けれども、いかなる基盤も音を立てて崩れ去り、地は裂けて深淵へと至るのだ。(2)

豊富な対句表現、巧みな隠喩、印象的な韻律をそなえ、しばしば一篇の詩にも比せられるこの一節は、『パンセ』において、「中間」のはらむ運命的な悲劇性をもっとも生き生きと表現した文章である。中間とは、不安、運動、未完成の状態である。パスカルにとって、このような不幸な状態から人間を救い出してくれるのは、無限で永遠の存在である神以外にはありえない。にもかかわらず人間は、神の探求という義務を怠り、気晴らしにふける空しい存在であるとされる。実際、『パンセ』において、「中間」の主題はこうして、パスカルの護教論の構想にとってきわめて重要な意義をもっている。彼が説く人間の存在、認識、道徳のあり方は、すべてこの中間者としての規定と密接に関係している。

本章では、第一に、「空しさ」の章に収められた断章群から、「中間」という主題の重要性を指摘し、第二に、「人間の不均衡」で始まる長大な断章（S230-L199）を手がかりに、中間者としての人間の存在論的特徴、およびその限界づけられた認識のあり方を検討し、第三に、そのような人間はいかにふるまう必要があるかを考察していこう。

1.「中間」の主題とその意味

『パンセ』の「空しさ」（Vanité）の章には、直接「中間」（milieu）という語は使われていないが、上で述べた中間の主題に関連すると思われる断章がいくつか含まれている。「はじめに」で述べたように、『パンセ』の大部分は、パスカルが晩年に構想した『キリスト教護教論』の草稿をなす断章からなると考えられる。なかでも、彼の死の直後に成立したとされる二つの写本のうち、「第一写本」の最初の二七章（本書が依拠する *FS* 所収のテクストの底本である「第二写本」では第二～第二八章）については、目次が存在している（セリエ版はこの目次に断章番号一を付している）。パスカルの自筆・口述原稿（*OP*）には不在のこの目次も、彼本人の手になることがいまや定説と

なっており、これがある時期（一六五八年六月か一六六〇年秋）における『護教論』のプランを示していることは明らかである。[3] したがって、これら二七の章のそれぞれに収録された断章群については、パスカル自身がなんらかの一貫性を認めていることは疑いがない。そして、「空しさ」のファイルは、「第一写本」の第二章（「第二写本」では第三章）を形成しているのである。

まず、時間に関する次の考察に注目しよう。

われわれは決して、現在という時にじっととどまっていることはできない。やって来るのが遅すぎて、その歩みを早めようとするばかりに、未来のことをあらかじめ考えたり、過ぎ去るのがあまりにも速いので、その歩みをとどめようと、過去のことをふり返ったりする。こうしてわれわれはうかつにも、自分のものではない時間のなかをさまようばかりで、自分に属している唯一の時間のことを考えようとしない。そしてまた、空しくも、なきに等しいような時間のことをあれこれと考え、いま現存する唯一の時間を、何も考えずに取り逃がしてしまう。［…］

各人が自分の思考をじっくりと検討してみれば、そのすべてが過去と未来で占められていることを知るだろう。われわれは現在のことなど、ほとんど考えはしないのだ。[4]

人間は、もはや取り返しのつかない過去の過ち、再び享受しえない過去の喜びをふり返るかと思えば、本当にやってくるかどうかは不確かな未来の出来事や経験について、不安と期待を抱いたりするばかりで、まさに実在のものである現在の感情や行為に集中することはない。人間は現在に生きながらも、現在に関心を向けていないという主題は、モンテーニュ（後述）やラ・ブリュイエール[5]によっても扱われているが、パスカルのこの一節では、次のような理由で、ことさらに現在が、過去と未来に挟まれた中間項であることが強調されているように見受けられる。

この一節は、モンテーニュ『エセー』から想を得たと見られている(6)。次に引く当該の文章では、現在と未来の対比だけが問題になっていて、過去への言及は、未来の不確定さを強調するためだけになされるにすぎない。

人間がつねに未来のことばかりを気にかけていると非難し、「われわれは未来のことにも、ましてや過去のことにも一切の影響力をもたないのだから、現在をしっかりと楽しみ、現在にじっとしがみつきなさい」と説く連中がいる。だがこの連中は、人間の過ちのうちでもっともありふれたものを、わざわざ指さしているようなものだ。[…]われわれは決して自分のもとにおらず、その彼方にいる。恐れ、欲望、期待がわれわれを未来へと向かわせ、いまあるものについての感覚を失わせる。そうしてわれわれは、来たるべきこと、さらにはわれわれの死後のことのほうへと気をそらしてしまうのだ。〈未来を思い煩う心は不幸である。(7)〉

また、『護教論』の執筆開始時期と同じころに書かれたある手紙の一節でも、パスカルの関心の中心は未来にとらわれる人間のあり方へと向かっており、過去に煩わされてはならないという主張は、副次的なものにとどまっている。

決して過去に煩わされてはなりません。過ちを悔やむだけのことだからです。ましてや、未来に心動かされるべきではありません。未来は私たちにとってまったく存在しないもので、おそらくそこにたどり着くことなどないからです。本当に私たちのものである時間は現在だけですし、神に従って私たちが用いるべきものも現在だけなのです。われわれの思索の中心は、現在にこそ向けられるべきなのです。それなのに、人々はいかにも落ち着かぬ様子で、現在の生活や、いま生きている瞬間のことなどほとんど考えることなく、これから生きる時間のことばかり考えています。そうして、人はつねに未来を生きていて、いまを生きることなど決してな

いのです。(8)

このように、関連する二つの文章と比較して、「空しさ」の章に収められたパスカルの時間論では、人間の想念を占める時間として、過去と未来が対等の地位を与えられていることが特徴的である。パスカルはここで、「自分に属している」唯一の時間としての現在を、三項の中間項として意識的に位置づけたのではないかと推測される。

次に、「空しさ」の章には、身体や精神が極端な状態にあるとき、人間は正しい判断ができないことを示そうとする断章が認められる。

量の多すぎる酒、少なすぎる酒。酒を少しも飲まさずにおけば、人は真理を見いだすことができまい。多く飲ませすぎても同じことだ。(9)

本を読むのが早すぎても遅すぎても、何も理解できない。(10)

正しい判断のためには、身体にも精神にも、節制と享楽、集中と休息のほどよい調和が不可欠であることが説かれている。どちらも、誰もが日常の経験に照らしてうなずける常識的な見解である。別の断章では、次のように述べられている。

齢が若すぎると正しい判断ができない。齢をとりすぎていても同じだ。(1)

思索が十分でなくとも、考えすぎても、頑固になり、そのことに夢中になる。(2)

自分の作品を仕上げた直後にそれを観察した場合、まだすっかりそれにとらわれたままであるが、あまりに時間が経つと、もうそこに入ってはいけない。（3）

絵を見る場合も同じことで、遠すぎてもいけないし、近すぎてもいけない。真に適切な場所は不可分な一点しかない。これ以外の点は、近すぎるか遠すぎるか、または、高すぎるか低すぎるかである。[11]（4）

――

これら四つの考察はともに、正しい判断を行うためにはさまざまな中庸の条件が必要となることを主張している。これらの文章は、作者によって偶然に思いつくまま羅列されたものではないと推測される。それぞれが、別の観点から中庸の重要性に言及しているからだ。身体の条件の中庸（1）と精神的平穏（2）に続いて、判断に適切な、時間的条件（3）と空間的条件（4）が挙げられている。

そして、パスカルは、正しい判断に不可欠な中庸の態度には、至り着くことが困難であるとしている。断章の結論部で彼は言う。

絵の技術においては、遠近法によってこの不可分な一点を決めることができる。しかし、真理や道徳においては誰がそれを決めるのだろうか。[12]

パスカルはこれらの考察によって、ストア派の哲学者たちに倣って、単に中庸や節制のモラルを説こうとしたのだろうか。そうではないだろう。本断章の主張が直近の引用文に見られる問題提起を引き出すためのものであるとすれば、重要なのは、人間における中庸の条件の必要性という命題それ自体ではない。ここではむしろ、その観察事実を前提として、人間にとってもっとも大切な課題である「真理」や「道徳」の探求において、それにたどり着

くためのたったひとつの足場（「不可分な一点」）を定めることの不可能性と絶望が強調されていると理解すべきであろう。人間は、さまざまな現象と経験から、正しい判断が、身体的・精神的中庸の状態と、時間的・空間的中間の位置によって与えられるという事実については容易に納得する。だが、その位置は、遠近法の消失点のように機械的に決まるわけではない。それどころか、この点を見つけだすことは、人間には事実上不可能である。

上に引用した諸断章が、作者によって「空しさ」と題された同じひとつのファイルに綴じ込まれてあったことに注意したい。有名な「想像力」の断章を含むこの章の主題は、人間の理性の無力さである。本章には、次のような一節が見いだされる。

正義と真理はきわめて微細な二つの先端であって、われわれのもちあわせの道具では、刃がひどくすり減ってしまっているために、そこに正確に当てがうことができない。(13)

われわれは、真も善も、保持する能力がない。(14)

実際、同じく「空しさ」の章に収められた次の断章は、人間が中庸の位置にとどまることの困難をはっきりと言い表しているようだ。

われわれは、ちょっとしたことにも苦しめられれば、ちょっとしたことにもなぐさめられる。(15)

人間の精神や身体は、正しい中庸をいつも目指すが、すぐに極端へと振れる。快楽が放蕩になり、節制が禁欲となり、休息は怠惰を導く。かくて、われわれの状態は「不安定」である。

人間の状態。

不安定、倦怠、不安。[16]

これまでに見たように、パスカルにとって、人間は、過去・現在・未来からなる時間のなかで、つねに中間である現在に定められた存在である。だが人間は、その運命づけられた位置から逃れようとし、過去の回想と未来への配慮に身をやつしている。一方で、人間は、正しい判断のために身体上・精神上の中庸の状態を必要とする。そればかりではなく、ときには適切な場所、適切な時期が要求される。だが、そのような一点に身を定めることは人間には不可能である。日本語でいう位置的な意味での中間も、比喩的な意味での中間、すなわち「中庸」も、ともにmilieuという語の意味領域である。[17] こうして、「空しさ」の章に見られる、一見とりたてて独自性の感じられない考察の数々のなかに、実は「中間」という潜在的な主題が込められているように思われるのである。[18] 中庸を求めつつもたどり着けず、中間を与えられつつもそこにはとどまっていられない。こうした人間の矛盾したあり方は、パスカルが人間に認めた「中間」的性格から説明されるであろう。

このように考えると、同じく「空しさ」の章に収められた次の断章も、人間の中間者としてのあり方を示唆しているように思えてくる。


人間の本性は、いつも前に進むとはかぎらない。前進したり後退したりするものだ。

熱病のときには、寒気と熱さを同時に覚える。寒気がしても、熱っぽいときと同じくらいに、病熱の激しさを示している。

時代を経るごとに人間は発明を積み重ねていくが、その進み方も同様である。一般に世界の善意と悪意も同様だ。

〈たいていの場合、貴人は変化を好む。〉(19)

たえざる変化、前進と後退の両方向への運動。こうした主題は、本章冒頭で確認した「中間」の含意と重なり合う。第二段落で語られている、寒気と熱の共存という現象は、まさに偉大と悲惨という、中間者たる人間の両価性と不安定さを暗示しているようだ。

それでは、パスカルは『護教論』で、人間をいかなる点で中間的存在と定め、そのことで何を主張しようとしたのだろうか。「人間の不均衡」という断章に即して具体的に考察していこう。

2. 「人間の不均衡」の断章

「中間」は、『護教論』の「人間を知ることから神への移行」と題された章で、明確な主題として扱われる。なかでも、「人間の不均衡」で始まる、『パンセ』のなかでもっとも長大な断章は、人間が「二つの無限」の中間的存在であるというこの章の中心的な命題を提示している。以下、この断章の記述をもとに、中間に定められた人間の存在論的特徴と、その認識能力の有限的性格について検討してみよう。

(1) 「中間」の存在論——人間の大きさ

人間が中間的存在であるとされるもっとも明らかな根拠は、人間の大きさを、「自然」の事物全体の大きさと比較することから得られる。自然には、極大、極小の「二つの無限」が存在するが、人間の大きさはその中間である。この観察は、自然において無限という驚異が存在するという事実を讃嘆するためというよりは、人間の置かれた位

置の不安定さを強調し、その存在の価値に対する疑問を喚起するためになされている。ここで外界への視線は、自己のあり方への問いと結びついている。

パスカルはまず、宇宙という極大の事物の存在へと読者の注意を向かわせることから始める。

人間よ、さあここで、自然全体を、その高貴な威厳にみちた姿のうちに眺めてみよ。おのれをとりまく卑小な事物から視線をひき離し、宇宙を照らし出す永遠の灯火のごとくにしかと据えられた、あのまばゆい光を見よ。この天体の描く広大な円と比べれば、地球などほんの一点にしか見えないだろう。また、この広大な円周すらも、天空をめぐる幾多の星に取り囲まれた軌道に比べれば、針の先ほどの微細な一点にすぎないことに、驚かされるであろう。これ以上は視線がとどかぬというのなら、想像力をはたらかせてみよう。想像力がその先をどんどん描き出し、しまいには疲れてしまうだろうが、それでも自然のなかには、まだまだ大きな世界が実在するのだ。この目に見える世界の全体も、自然の豊かな胸のなかでは、目に見えぬほどか細い一本の線にすぎない。どんな思索も、自然の全容に迫ることができない。想像が及ぶ空間のさらに向こうにまでいくら想念をふくらませていっても無駄だ。それでたどり着ける空間の大きさは、現実の自然の大きさに比べれば、せいぜいいくつかの原子にすぎない。(20)

「点」「円周」「空間」「線」「原子」といった、幾何学の用語の頻用が印象的である。パスカルはここで、「地球」、「この天体」(太陽)が描く「円」(パスカルはここで天動説を疑っていない)、「天空」、そして「その先」という、大きさの異なる空間を名指し、そのそれぞれが、次に大きな空間に対して「点」の位置しか占めないことを指摘する。地球は太陽の円軌道に対して一点であり、その軌道は天空にくらべると針の先ほどの大きさであり、これら目に見える世界のすべては、「その先」に対して「か細い一本の線」、あるいは「原子」でしかない。点は零次元、線は一

次元、円周は二次元、空間は三次元である。

パスカルの幾何学において、「根は平方に対し、平方は立方に対し、立方は四累乗に対して、計算には入らない。よって、低次の数はいかなる値もないものとして無視することができる。[21]」つまり、n次元の数量は、n＋1次元の数量に対して無である。[22] のちにも見るように、そもそもパスカルにとって、次元の異なる事物は互いに比較の俎上に載せることすら不可能なのである。このとき、n次元の数量からすれば、n＋1次元の数量は「無限」とでも表現するよりほかにない。すると、天空全体の「その先」は「地球」にくらべれば、「無限倍にも無限の[23]」大きさになる。

彼はそのような、文字どおりはかり知れない大きさのもの（「宇宙」univers はその一部でしかない）を指して、「無限」とよぶほかはない。同時に、この無限の空間に囲まれたみずからの発見は、人間のうちに実存的な不安を引き起こさずにはおかない。

このような無限のなかにあって、人間とはいかなるものか。[24]

以上のように無限大の空間のなかに人間を置いたあと、パスカルは次に、極小の事物へと目を転じる。「一匹の壁蝨《ダニ》」である。その小さな壁蝨ですら、脚をもち、血管をもち、血液をもち、体液をもつ。体液はまた一滴一滴に分解しうるだろう。その一滴も多数の「蒸気」（des vapeurs）からなるに違いない。そして、

この最後のものをなおも分解していくならば、人間はそれを思い描くだけで力を使いはたしてしまうだろう。こうして、人間のたどり着く最後のものを、いまのわれわれの議論の対象としよう。人間はおそらく、これこそが自然の極限小と考えることだろう。[25]

壁蝨の体液が発する蒸気ですら、不可分の物質ではなく、より小さな物質の集積であると考えられる。われわれにはそれがどのようなものかはわからないが、その存在を思い描くことは許される。そして、その想像が至り着く最後の粒子が、物質を構成する最小単位として定義され、デモクリトス、エピクロス、ルクレティウスらがその実在を信じた「原子」である。だが、「空間が無限に分割可能であることを信じない幾何学者は存在しない」[26]と考えるパスカルは、物質の本質を「延長」であると規定し、延長は必ず複数の部分に思考の上で分割可能であると考えるデカルト[27]と同様、原子論には与さない。パスカルはかくて、この「原子という圧縮空間」(ce raccourci d'atome)の内側を描き出す。

しかし私は、さらにその内部に、また新たな深淵があることを人間に見せてやりたい。この原子という圧縮空間の内側に、目に見える世界だけでなく、自然のなかで考えつくかぎりの巨大な世界を描き出してみたい。そこにも、無限個の宇宙があり、そのひとつひとつが天空、あまたの惑星、地球を、この目に見える世界と同じ比率で保持しているさまが見えるだろう。そしてその地球には動物がいて、ついには壁蝨がいる。その壁蝨の一匹一匹にはまた、さきほどの壁蝨が示したのと同じものが見つかるだろう。そうして、その次の壁蝨たちのなかにもはてしなく、休みなく同じものを見つけ出していくと、人間は、この驚異にすっかりわれを忘れてしまうことだろう。もうひとつの驚異がその大きさにおいて途方もないものであったのと同じように、こちらはその小ささにおいて途方もないものだ。[28]

パスカルが「原子」のなかに認めるのは、驚くべきことに、さきほど見た無限大の宇宙である。極小のように思えた空間が、われわれにとっての「天空」や「その先」を「同じ割合」で包摂しているのである。あらゆる物質が分割可能であってみれば、このような想像も論理的には可能である。パスカルは、『幾何学的精神について』第一部

「幾何学一般に関する考察」のなかで、このような想像に反論する者たち（シュヴァリエ・ド・メレなど）に、次のように答えている。「もし彼らが、小さな空間が大きな空間と同じだけの部分をもっていることをおかしいと思うのであれば、部分のほうも比例してより小さくなっていることもまた理解するがよい。そして、このような認識に慣れるために、小さなグラスを通して天空を眺め、グラスの各部分に天空の各部分を見ればよい[29]。」

パスカルは再び問う。このような大小二つの「無限」の連鎖としての「自然」のなかで、人間とは何か。いずれの無限の果てをも実際に見ることができない人間は、自己が自然のなかで占める位置も知ることができない。彼が知ることができるのは、自分がこれら二つの無限の「中間」であるということだけである。ここでは人間が、その大きさにおいて中間であることが確認されたにすぎない。だがこの事態は、パスカルにおいて、そのまま人間が占める位置が両極に挟まれた中間であることを表している。

> 結局、自然のなかで、人間とは何者なのだろうか。無限に比べれば無、無に比べれば全体、無と全体との中間。両極端を理解することからは無限に隔てられているため、ものごとの終わりと始まりとは、人間にとってはどうしようもなく、底知れぬ神秘のなかに隠されている。［…］人間は、自分が引き出されてきた源である無をも、自分が呑み込まれていく先である無限をも、等しく見ることができない[30]。

いうまでもなく、位置的な「中間」は決して「中心」ではない。十三世紀からルネサンスまでの西欧思想を支配した、地球と人間を中心に据えるアリストテレス主義的な宇宙観は、パスカルの時代にはすでに崩壊していた[31]。中世からルネサンスの時代、スコラ哲学者たちは、宇宙は閉じた空間であり、地球がその中心にあることを信じていた。地球は同心円状の球体に取り巻かれ、その円に沿って、月や太陽を含むさまざまな星々が回転する。土星が中心から数えて第七番目の円を描き、宇宙の外周には、不動の星々がきらめいている。そして、ミクロコスモス

としての人間の運命は、マクロコスモスとしての宇宙の動きによって規定される。両者の間には、安定的なアナロジーの関係が成立し、宇宙全体を調和と単一的秩序が支配していた。天文学はいまだ占星術と明確に区別されていなかったのである。

十六世紀中庸、コペルニクスが地動説を唱え、プトレマイオスの有限で安定的な宇宙観に衝撃を与える。同時代のモンテーニュがすでに、コペルニクス説が、それ以前の三千年間も疑われなかった天動説と同じ程度に信憑性があると述べている。(32) 十六世紀末、火刑に処されたジョルダーノ・ブルーノは、宇宙が「無限の球体」であり、そこには「中心がいくつもあり」、「限界はどこにもない」と主張した。(33) これにより、中世的な宇宙観は完全に崩壊する。十七世紀になると、ケプラーがいくつもの星を発見し、日蝕の現象と惑星の軌道を解明する。ガリレイはまた、発明されたばかりの天体望遠鏡を用いて、より強靭な数学的根拠をコペルニクス説に与えた。宇宙から生命的要素が追放され、人間は星辰の影響を被らずに生きる自律的存在となる。(34) ミシェル・フーコーの言う「エピステーメー」の転換である。フーコーはその著『言葉と物』のなかで、われわれが思考する際に知らず知らずによりどころとしている枠組みをこうよび、それが、ルネサンス以来の西欧文化のなかで、十六世紀末と十八世紀末の二つの時期に大きな「断絶」を示していると主張した。その第一の断絶が、上で述べた変化に対応している。この変化は、フーコーによれば、「類似」(ressemblance) から「表象」(représentation) というエピステーメーへの移行である。「類似」とは、諸事物や諸現象の間に (ミクロコスモスとマクロコスモスのような) 相似性を発見することでその間に因果関係を想定するような思考の形式である。他方「表象」とは、たとえば「博物学」の方法をひとつの範例として、自然のさまざまな事物の形態的特徴、すなわち可視的な構造を言語によって記述し、その記述間の差異と同一性をたよりに、対象を階層的に分類・配列するような思考形式である。ルネサンス末期、世界が数学的言語で記述されるようになり、「類似」に依存する思考法は衰退したのである。(35)

パスカルはこのような知の傾向の変化と無縁ではいられなかった。次のような言葉で星辰に理性の存在を仮定す

るモンテーニュの観察を、パスカルは受け継がない。「どうしてわれわれは天体に精神も生命も理性もないと考えるのか。そこに動きも感覚もない愚鈍さを認めたとでもいうのか。われわれは服従以外に、それと何の交渉ももたないではないか。」[36]パスカルは、宇宙から「思考」を剥奪することで、それを「沈黙」する無機質な「空間」であると断じる一方、[37]真空に関するさまざまな実験を通して、「自然は真空を嫌悪する」という擬人的な自然観を否定し、「空間」に対するあらゆるアニミズム的見解を排除しつづけた。[38]彼はまた、コペルニクスの地動説には慎重な態度を取るが、ローマによるガリレイ断罪には断固たる反対を唱える。断罪が、「地球が静かにとどまったままでいることを証明するわけではない」からだ。[39]もはや人間は宇宙に保護された存在ではなく、自然と対峙する孤独な存在である。地球は宇宙の中心の位置を失って久しい。「人間の不均衡」の断章では、ジョルダーノ・ブルーノの宇宙観と酷似した観察が述べられたあと、[40]人間が「自然の辺鄙な片隅」に位置づけられている。

それは、中心が至るところにあって、周縁がどこにもないひとつの無限の球体である。［…］

人間よ、自分自身に立ち返り、存在するもの全体にくらべて、自分が何者であるかをとくと考えてみよ。自然のこの辺鄙な片隅にさまようおのれの姿を眺めてみよ。自分が宿るこの小さな土牢――つまり宇宙のことだ――から見て、地球やあまたの王国や都市、そして自分自身の真の価値がどれほどのものかを判断するように努めるのだ。[41]

このようにして、われわれの身体の大きさが二つの無限の中間であるという自覚は、われわれが広大な自然のなかで中間という場所に位置しているという事実をも想起させ、人間に実存的な不安を抱かせることとなる。中心も周縁もない空間のなかでは、自己が占める位置が、全体のどこなのかがわからない。それはどこであっても辺境である。均質で無言のこの空間全体のなかにおいては、あらゆる場所が特権を失う。[42]このとき、自分がほかならぬこ

の場所に生きている理由についての疑問が生じる。

また、自然がもつ無限の時間の持続のなかで、われわれが存在していられる時間は、ほんの一瞬にすぎない。われわれは、空間上の「中間」のみならず、時間上の「中間」を生きている。「自然は永遠に続き、しっかりとその存在を保持しているのに、人間は移り行き、やがて死ぬ。事物はすべてそれぞれに刻一刻と腐敗し、転変していく。人間は通りすぎながらそれらをちらっと眺めるだけである。(43)」自分がほかならぬいま、この時に生きているのはなぜか。

私の人生の短い時間が、それに先立ちまたそれに続く永遠のなかに、〈一日で過ぎて行く客の思い出のように〉呑みこまれ、また、私が占めるこの小さな空間、私の視界全体を含めても小さいことにかわりないこの空間が、私の知らない、また私を知らない空間の無限の広大さのなかに沈められていることを思えば、自分があそこではなくてここにいるのを見いだして、恐れと驚きを抱く。あそこではなくここ、あの時ではなくこの時に私があることにいかなる理由もないからだ。誰が私をここに置いたのか。誰の命令と指図によってこの場所とこの時が私にあてがわれたのか。(44)

無限の空間、永遠の時間のなかで、私がこの場所、この時という一点を占めることの必然性はどこにもない。自分はたまたまここにいるにすぎない。だがこの認識は逆に、ほかならぬこの一点にいることへの不思議さ、「恐れ」とも結びつく。(45) 別の時間でも別の場所でもなく、いまここにこうして自分が生きているのには、なんらかの理由があるのかもしれない。誰かが自分をこの場所に定めたに違いない。そうだとすればそれは、永遠、無限の存在である神でしかありえない。

（2）「中間」の認識論

ここで、これまでに見てきた断章の題名と思われる「人間の不均衡」（Disproportion de l'homme）という表現について考えてみよう。「不均衡」とは、いまや無限であることが明らかになった「自然」と、大きさについても定められた位置についても「中間」的な存在にすぎない人間との間の対立関係を指している。本断章冒頭の削除された箇所には、次のように記されていた。

> 私が人間に望むのは、自然のより大いなる探求にとりかかる前に、自然を一度真摯な態度で心ゆくまでゆっくりと眺めわたし、また自分自身をじっくりと観察し、自然と自分というこの二つの対象がどんな対立を示しているかを理解した上で、はたして自分が自然となんらかの釣り合いをもっているかどうかを判断することである[46]。

上の「釣り合い」proportion が「不均衡」disproportion の対義語であることはいうまでもない。この一節は、人間と自然との間には極端な「不均衡」が存在するという事態の反語的表現である[47]。

フュルティエール『万能辞典』は、「釣り合い」という語を、「二つのことがらが互いにもつ関係、快い調和」、「同じ性質をもつ複数の事物で、それらのすべての部分が、等しい大きさではなくとも、同じだけの増加や同じだけの減少を示すもの同士の間について言われる」と定義している。一方、「不均衡」は、「調和のとれていないこと。きわめて隔たった関係しかもたず、きわめて異なった性質しかもたないもの」である[48]。パスカルの用いる「釣り合い」の語を、同じ性質のもの同士の適合関係であると理解することができるだろう。この関係を決定的に欠く相手を「探求」するのはまったくの無謀である。なぜなら、彼によれば、認識の可能性が成立するためには、主体と客体の間になんらかの「釣り合い」が不可欠だからである。中間者たる人間は、みずからと同質性をもつ「中間」の事

物しか認識しえないのである。

では人間は、ものごとの始まりと終わりを知ることについて、永遠の絶望のなかにある以上、その中間あたりを認識する以外に何ができるだろうか。あらゆるものごとは無から発して無限にまで運ばれていく。誰がこの驚くべき行程についていくことができるだろうか。この驚異の創造主にはそれが理解できる。ほかの何者にもそれはできない。(49)

自然という無限を理解できるのは、それと同質性をもつ神だけだということになる。こうして中間者たるわれわれは、認識能力についても限界を定められている。第三章で見た「感覚」のもつ認識能力の不完全さ(50)は、われわれが中間者であるという事実と関連づけられている。

われわれの知性が認識可能な事物の序列のなかで占めている地位は、われわれの身体が自然の広がりのなかで占めている地位と同じである。

われわれはあらゆる領域において限界づけられ、両極端の中間を占めているが、この状態は、われわれのすべての能力にあてはまる。われわれの感覚は、極端なものは何も知覚できない。あまりに大きな音は耳を聾するし、あまりに明るい光は目をくらませる。遠すぎても近すぎても、ものは見えない。長すぎても短すぎても、話はわからなくなる。真実を知りすぎると、困惑してしまう。［…］第一原理は明白すぎる。あまりの快楽は、かえって不快である。多すぎる和音は音楽を台なしにするし、あまりの親切にはいらいらさせられる。［…］極端な熱さも極端な冷たさも感じない。極端な性質はわれわれには敵となるのに、感知できない。もはやそれを感じられないのに、それによって苦しむのだ。若すぎても老けすぎても精神がはたらかないし、教育があり

すぎてもなさすぎても同様である。要するに、極端なものは、われわれにとって存在しないも同然だ。逆に、極端からすれば、われわれは存在しない。極端がわれわれから逃れるか、われわれが極端から逃れるかのどちらかである。[51]

無限の「極端」は、人間とのあまりの不均衡のために、われわれにとっては存在しないも同然である。それどころか、ふだんわれわれが求めてやまない光も快楽も親切も、少し過剰に与えられれば、逆にわれわれの認識の障害になったり、不快や疲労の原因になったりする。人間の認識や判断には身体的・精神的な中庸が求められるということの観察は、前節で見た「空しさ」のいくつかの断章と、内容の上でも表現の上でも、明らかに呼応している。このような主張は、「ゆえに人間は中庸の徳をもたねばならない」という教訓を説くためになされているわけではないだろう。むしろ、人間はきわめて限られた条件のもとでしか正しく認識できず、ひいてはそのような状態のもとでしか生きられないといった悲観的な事実の確認に主眼が置かれている。中間という地位には、もはやなんら積極的な価値はない。

パスカルはこうして、これまで、極小と極大に挟まれた地位として中間を規定してきたのに対し、中間を極大・極小の「二つの無限」に直接対立させ、その特徴を「有限」へと還元するようになる。つまり、これまで念頭に置かれていた「無」「中間」「無限」という三項の関係を、「有限」と「無限」という二項の関係へと還元し、その対立を強調するのである。

パスカルにとって、「こうした無限から見るならば、すべての有限は相等しい[52]」。われわれは、「無限に比べれば無、無に比べれば全体」、つまり「無と全体との中間[53]」であったが、「無に至るのも、全体にまで至るのと劣らぬ能力が必要である。どちらに対しても、無限の能力が必要なのである。[54]」

一方は他方に依存し、一方は他方へと通ずる。この両極端は、互いに触れ合い、遠ざかることによってかえって結びつき、神において、ただ神においてのみ出会う。[55]

結局、極大と極小の「無限」は、神を直接指示している。これに対立する「有限」とはここで、人間のあり方のもっとも端的な表現である。「二つの無限」と「中間」との対立は、「無限」と「有限」との対立へと転換されたのち、神と人間との対立へと帰着する。そして、上で見たとおり、どのような「有限」も「無限」とくらべれば「無」と同じである。この二者の差異は、より大きい数とより小さい数の間にあるような相対的な差異とはまったく異なり、絶対的で解消不可能な差異である。有限と無限とでは、「次元」が違い、高次の段階から見ると、低次の数量はすべて無視できるのであった。「賭け」の議論を含む「無限 無」の断章には、次の一節がある。

無限に一を加えても、無限は少しも増えない。無限の長さに一ピエを加えても同じことである。有限は、無限の前では消滅し、純然たる無になってしまう。われわれの精神も、神の前では同様である。われわれの正義も、神の正義の前ではそうだ。[56]

このように考えると、その断章の冒頭句、「無限 無」は、そのまま神と人間を表していると言えるだろう。[57] この断章では、賭けになぞらえられた信仰の必要性の議論に入る前に、人間には神を認識することが不可能であることが述べられる。

もし神が存在するとしても、それは無限に理解できないものである。というのも、神は部分も限界ももたないので、われわれとはいかなる関係もないからだ。だから、われわれは神がどういうものかも、神が存在する

かどうかも知ることができない。だとすれば、一体誰があえてこの問題を解こうとするだろうか。それは、神と何の関係ももたないわれわれではない。(58)

さきほど確認したように、「人間の不均衡」の断章において、中間的存在である人間は、無限の大きさをもつ「自然」に対して「釣り合い」をもたないがゆえに、その理解は不可能であると言われていた。上の一節では、人間は神に対していかなる「関係」をももたないために、その認識にたどり着くことができないと述べられる。フュルティエールの辞典では、「関係」(rapport)という語は、「二つの事物が互いにもつ類似性、類縁性」と説明されていて、(59)「釣り合い」とほとんど同義語であることがわかる。(60)パスカルの認識論においては、認識する主体とその客体の間には、類似性や適合性が存在していなければならないのである。「人間の不均衡」と「賭け」の二つの断章の内容からすれば、ここでの類似性は、大きさや延長の有無といった、存在論的な同質性を指すと考えられる。こうしてパスカルにおいては、人間の身体の大きさによる中間的地位から、直接その認識能力の有限性が導き出されるのである。

このような推論の正当性は、現代のわれわれにとって自明のものではないが、パスカルはそれについて、幾何学的な真理に対するのとほとんど同様の確信を抱いていたと推察される。アルノーとニコルによる『ポール＝ロワイヤル論理学』では、「無限を理解することができないことは、有限の精神の本性に属する」という命題は、「大きな真理に供する原理となりうる」「重要な公理」のひとつに数えられている。(61)そしてパスカルにとって、「公理」とは、あまりにも明らかに真であるために論証が不要であるような命題を意味していた。(62)

実際、「類似性」を含意する「関係」という語は、パスカルの認識論においてきわめて重要な役割を果たしている。「人間の不均衡」の断章では、この点がことさらに強調されているように見受けられる。

たとえば、人間は、自分の知っているすべてのものと関係がある。自分を置く場所、生存する時間、生きるための運動、自分をつくっている元素、自分を養う熱や食物、呼吸する空気を必要とする。人間は光を見、物体を感じ、ついにはすべてのものと結びつく。よって、人間を知るためには、その生存になぜ空気が必要かを知らなければならない。空気とは何かを知るためには、なぜ空気が人間の生命とこのような関係をもつのかを知らねばならない。(63)

ものごとを知るためには、それと関係することがらを知ることから始めなければならない。このような「関係」の連鎖をたどれば、必ず目的の事物の認識にたどり着くことができる。だが、逆に言えば、自分とあらゆる関係を絶たれた事物を知る手がかりは何もないことになる。ルネサンス期にはまだ、マクロコスモスの動静から、それに対応するミクロコスモスとしての人間のあり方を知るような、いわば万物照応の観念が認められた。十六世紀末の詩人デュ・バルタスは、次のように書いていた。

われわれのなかに、火、空気、大地、波が見える。
つまり、人間は世界の縮図にほかならない。
この縮図をこそ、もうひとつの宇宙の上に、
私の詩を書くこの筆で、描き出してみせる。(64)

モンテーニュにもまだこうした思想のなごりがうかがえる。

この大きな世界は、われわれが自分を正しい方法で知るために、自分を映して見なければならない鏡である。(65)

この思想はもはやパスカルには不在である。有限者たる自分と、無限なる自然との間には、いかなる調和も類似も存在しない。自己に「関係」のある「部分」の探求を重ねても、決して「全体」への認識には至り着くことはない。「どうして部分が全体を知るなどということが可能だろうか。[66]」よって、神を知ることは人間には永遠に不可能である。パスカルによる「中間」の認識論からは、このような悲観的な思想を読みとることができるだろう。

(3)　身体と精神の混成──人間の構成上の地位

パスカルにおいて、人間の身体の大きさが自然のなかでもつ中間の地位が、同時にその認識能力の限界をも定めていることを見た。だが、彼において、認識能力は、認識する主体の構成にも依存している。もし人間が純粋に物質的な存在であるとしたら、ものごとをまったく知ることはできないだろう。だが、われわれは中間に位置づけられ、自分と関係のあることがらについては知っているのだから精神をもつことはたしかである。よって、われわれは物質と精神の両方からなると考えられる。しかしまた、このような異なった種類の組成をもつ人間は、純粋に物質的な事物を認識することはない。

さらに、ものごとの認識にあたって、われわれの無力を決定的なものにしているのは、ものごとがそれ自体においては単一であるのに対して、われわれが、互いに対立し、類を異にする（de divers genres）二つの性質、すなわち魂と身体からできているということである。われわれのなかで思考する部分は、精神的なもの以外ではありえない。また、われわれが単に身体的な存在にすぎないと主張するとすれば、われわれはますますものごとの認識から遠ざかることになる。物質が自分自身を認識するということほどおかしなことはないのだから。物質がいかにしてみずからを認識するのかなど、われわれには知りようもない。[67]

同じく、われわれは純粋に精神的な対象をも認識しえない。「身体は重さの原因となり、われわれを地面に縛りつけているが、この身体をもつわれわれが、いかにして精神的な実質を、はっきりと知ることができるというのか[68]。」主体を構成する実質と対象のそれとが異なれば、前者は後者を認識できないという命題もまた、パスカルにおいてはひとつの公理であるようだ。この命題は証明されず、直感（自然的直感）によって真とされている。

しかしこの直感はここでも、彼の確信に深く基づいている。『パンセ』の諸断章は、それぞれひとつずつ取りあげると、とりとめもない思索や根拠のない断言と見えないこともないが、使われている語彙や、語られる内容のうえで関連のある他の断章と対照して考察してみると、それぞれの主張がきわめて精緻で一貫した思索の結果にほかならないことが理解できる。身体と精神の両方をもつ主体が、どちらか単一の実質だけからなる対象を認識することは絶対に不可能だという命題は、「三つの秩序」の断章の内容からも正しく導き出せる。

第一章でも見たように、「身体」「精神」「慈愛」の「三つの秩序」の間には、それぞれ無限の距離がある。「身体から精神への無限の距離は、精神から慈愛への、無限倍にも無限の距離を象徴している。なぜなら、慈愛は超自然であるから[69]。」ここでの「秩序」(ordre) とは、それぞれに固有の原則や目的をそなえた、他とは独立した自律的な領域のことであり、「三つの秩序」が世界のすべての事物や人間の分類を可能にしている。これらは緻密で数学的な階層構造をなしており、上位の秩序から見れば、下位の秩序においていかに優れた価値をもった人間も無に等しい。「この世の偉大のあらゆる光は、精神の探求にたずさわる人々にはいかなる輝きもない[70]」し、「すべての物体を合わせたもの、すべての精神とそれが生み出したものを合わせたものも、わずかな慈愛の動きにも値しない[71]」のである。これらは「類 (genre) を異にする三つの秩序[72]」なのである。パスカルにおいて「類を異にする」という表現は、このような存在論的な差異について用いられている。前頁に引用した「人間の不均衡」の断章の一節でも、魂と身体について同様の表現が用いられていたことに注意したい[73]。かくて、「無限」と「有限」の間においてそうであったのと同様、「精神」と「身体」とは、まったく「関係」がない[74]とされる。先に見たように、「関係」とは主

体が客体を認識する条件を表す語であった。

とすれば、このようにいかなる関係をも断たれた二つの秩序を混同して語ることは、許しがたい領域侵犯である。パスカルによれば、この点で「哲学者たち」は大きな誤りを犯している。

こうして、ほとんどすべての哲学者たちが、ものごとの観念を混同し、物質的なものを精神的に、精神的なものを物質的に語るようになった。つまり、彼らは大胆にも、物体が下に向かうとか、中心を目指すとか、破壊を逃れようとするとか、真空を恐れるとか、物体にも好みや共感や反発があると言うが、これらはすべて精神にしか属さないことがらである。また、精神について語る際にも、彼らは精神がひとつの場所にあるとみなしたり、ひとつの場所から他の場所へと動くと言ったりするが、これらは物体にしか属さないことがらである。(75)

本来別の秩序に属する者同士が覇権を争い、他を支配しようとするさまを、パスカルは「圧政」（tyrannie）とよんで断罪する。(76)強い者が美しい者をわがものとしようとすること、力によって学者の意見を左右しようともくろむことがそれである。

この考えは、上の秩序混同にも適用される。物質的なものにあたかも精神がそなわっているかのように語るのは、力の強い者（「身体の秩序」）が学識に優れた者（「精神の秩序」）の上に君臨しようとするのと同様、愚かであさましく、それゆえ不当な「圧政」である。この主張は、秩序間の自律性という幾何学的公理を発展させていわば演繹的に得られた確信の表現であるばかりでなく、観察と実験という、パスカル自身がその創始者のひとりに数え上げられる近代科学の方法に基づいて帰納的に導き出した結果に結びついた信念の現れでもある。スコラの哲学者や、その思想を継承するパスカルと同時代の哲学者たちは、アリストテレスの権威に基づいて「自然は真空を嫌悪する」ゆえに真空は存在しないと結論した。これに対してパスカルは、メルセンヌ神父からトリチェリの実験につ

いての報告を耳にしたのを受け、液体を満たしたガラス管を同じ液体を入れた水槽に逆さに立てたときにガラス管上部にできる空間の原因を探る実験を、自身でくり返した。その上で彼は、この空間を真空と断ずる根拠はないことを実証し、旧来の臆見に反論したのであった。彼は言う。「自然は真空に対していかなる嫌悪の念ももっていない。自然は真空を避けるためにいかなる努力もしていない。真空に対する恐怖のせいだとされてきたすべての現象は、空気の重さと圧力から生じてきたのである。これが唯一正しい原因であるのに、人々は、それを知らなかったために、真空への恐怖という想像上の原因をでっち上げ、その理由としたのだ。[77]」

先にも見たように、こうしてパスカルは、「類似」のエピステーメーによって特徴づけられるルネサンスの思想のあり方を決定的に放棄する。ミシェル・フーコーは、「類似」という知の枠組みを構成する第四の要素として、自然界の諸事物間の「共感」と「反感」というはたらきを挙げている[78]が、そんなはたらきは、身体と精神が別の秩序に属すると考えるパスカルにとって、まったく根拠のない想像の産物なのであった。

だが、このような想像的思考の傾向がまさに、人間の矛盾したあり方を示す証拠ともなっている。人間が事物の単一なあり方を受け入れず、見つめる対象に身体と精神という二つの秩序が混在していると思いこんで自己の誤りに気づかないのは、自分自身がその混在を容認する存在であるからにほかならない。「われわれは［…］自分が見つめる単一なものすべてに、自己の複合的なあり方を刻印してしまう[79]。」パスカルにおいて、ここで再び、認識する主体のあり方が、その認識のあり方を決定している。

身体と精神の混成である人間は、物質をも精神をも正しく理解することはできない。言いかえれば、身体と精神の「中間」である人間は、その両極を知ることはできない。中間はここで、矛盾と対立のトポスともなる。両極の中間であることは、実のところ、同時に両極の性格を併せもつことでもある。ところで、身体と精神という、秩序の異なる実質を二つながらにそなえる存在とは何か。人間は人間にとって、解明できぬ謎として立ちはだかる。

これこそが、われわれにとってもっとも理解が困難な代物である。人間は人間にとって、自然のなかでもっとも奇妙なものである。人間は、身体がどんなものか、ましてや精神がどんなものかを考えることもできない。さらに、いかにして身体が精神と結びつくのかということ以上に、わけのわからないことはない。これこそ人間にとっての難問の極みである。だが、まさにそれが自分の姿なのだ。(80)

パスカルは、人間の存在を自然という無限の存在と比較することから始めて、その生存の場所および時間を全宇宙空間および永遠のなかの「中間」と価値づけ、その認識能力がきわめて限定されたものにとどまっていることを発見し、この有限者たる人間が、無限者たる神を知ることは絶対に不可能であることを示した。だがその後、彼は、身体と精神という秩序を異にする実質の混成である人間は矛盾の極みであり、それこそが自分自身にとってもっとも大きな謎であることを悟る。身体の大きさについて言われた中間（有限）が、「無限」との対比において無であったのと同様、認識能力における中間（有限）も、最終的には無へと帰着する。自分自身が何者かを知らない存在が、他の事物を理解することなどありえないのである。かくて、人間の倨傲は愚かしい態度となる。

傲れる者よ、おのれがいかに矛盾に満ちたものかを知れ。へりくだれ、無力な理性よ。黙れ、愚かな本性よ。人間が人間を無限に超えたものだと知るがよい。そして、自分の知らぬおのれの真の状態を、主から聞かされるがよい。(81)

パスカルはここでも、無知と対極にある存在として、神のことを念頭に置いている。

「人間の不均衡」の断章は、人間を、存在論的な中間、認識論的な中間、二つの秩序の混成としての中間へと位

置づける。しかしこれらの中間は、それぞれ無限の両極との対比において導き出されていることから、結局のところすべて無という地位と同等の意味をもつことになった。無とは、空間・時間のなかでは一点、認識においては無知、価値に関しては矛盾を表している。そして、このそれぞれの要素に明確に対置させられているのは、つねに神の存在のあり方、すなわち、無限、永遠、全能、秩序である。

では、『護教論』において、このように徹底的に神から遠ざけられた人間は、どのようにふるまう必要があるとされるのか。次にこのことを考察しよう。

3．中間者のモラル

(1) 「中間」にとどまること

人間が、空間・時間上で占める位置、およびその認識能力の点から「中間」と価値づけられ、さらには身体と精神という異なる実質の「中間」とみなされるとき、「両極端」は、理解不可能なものであると同時に、われわれの生存さえも脅かしかねない危険なものでもある。本章第一節で見たように、パスカルにとって、人間は身体・精神の中庸の状態においてのみ、正しい判断と正しい感覚を維持することができるのである。このような認識を前提とするかぎり、人間がこの「中間」にとどまってじっと静かにしていることは、ひとつの知恵である。「人間の不均衡」の断章には、まさにそのように説く一節がある。中間が価値の上でいかに低いものとされたところで、自己の限界を正しくわきまえ、多くを望まぬ習慣を身につけることは、実践的な道徳に適った正しい生き方ではあるまいか。ものごとを少しばかりよけいに理解しようと、少しばかり長生きしようと、無限から絶望的に引き離された有限的存在である人間にとっては、しょせんどれほどの価値もないのだから、と。

だから、安定や落ち着きなど求めないでおこう。われわれの理性はいつも、見かけの不安定さによって失望させられる。二つの無限の間に有限をしっかりと固定しておくことなど、何をもってしても不可能なのだ。二つの無限は、有限を包みこみながら、それを避けているのだから。

以上のことが理解できれば、私は、人はみな、自然によって置かれた状態に、安らかに（en repos）とどまっていられるだろうと思う。

われわれの分として与えられたこの中間が、両極からはつねに隔たっている以上、誰かがものごとの知識を少しばかりよけいに蓄えたところで、いったい何になるだろう。その人が本当によりよく理解していて、少しだけだがより高い位置からものごとをとらえていたとしても、極端から無限に遠いことにかわりはない。また、十年くらいよけいに生きたところで、われわれの一生の時間が、永遠にくらべて取るに足らぬものであることにかわりはあるまい。[82]

しかし、それにしても、この一節の調子は、同じ断章に一貫して認められる悲観的な色彩とはかなり異質に見えないだろうか。[83] 断章の冒頭では、人間はまだ自分が無限大の自然のなかで中間を占める存在であることも、その状況の悲劇性についても知らない。このことを前提に、パスカルは読者に、まず人間が自然のなかで中間に位置することを意識させ、この事実から導き出される人間の卑小さ、移ろいやすさ、その認識能力の小ささ、その存在の不可解さを論証し、そうした人間のあり方が、神の存在と徹底的な対立を示していることを知らせようとしていた。断章の主題は、このように、人間の悲劇的な現状についての警告にある。それに対して、上の一節では、その現状を肯定することが推奨されている。そもそも現状が望ましいならば、何のためにその現状の悲劇性を訴える必要があったのか。

また、この一節は、次の点からも断章全体の論旨と少なからず矛盾を来している。パスカルはたしかに、人間の

判断や感覚には、さまざまな中庸の条件が必要であるとしている。だが、前節でも見たように、この考察は読者に、人間が中間を脱しては生存できないという、むしろ消極的な事実に意識を向けさせるために行われたのではなかったか。しかも、「空しさ」の諸断章では、人間は中庸を目指しても、正しい中庸を獲得することができないことが示唆されていた。人間は中間（milieu）をさまようが、中庸（juste milieu）や中心（centre）にはとどまっていられないのである。すると、はたして中間は、上で言われるように「安らか」な位置なのか。人間は好むと好まざるとにかかわらず、「安定や落ち着き」を求めてどちらかの極端へと漂流する存在ではなかったか。

次の断章でもまた、中間が肯定されている。

> ピュロン主義。
>
> 極端に才知にまさる者は、極端に才知を欠く者と同様に、常軌を逸していると非難される。中ほど（médiocrité）ほどよいものはない。大多数がそう思っていて、いずれの極端の方向であれ、中ほどを外れた者に容赦なくかみつく。私は中ほどに固執しはしないが、中ほどに位置していることに満足している。反対に、下方の極端にいるのはごめんだ。下方だからというのではなく、極端だからである。だから、上方の極端に置かれるのも、同様にごめんである。中間（milieu）を脱することは、人間性から脱することである。
>
> 人間の魂の偉大さは、中間にとどまるすべを知ることにある。中間を脱することが偉大だというのは大まちがいで、中間から寸毫《すんごう》も抜け出さないことが偉大なのだ[84]。

極端に愚鈍なのも困るが、天才も狂気と紙一重である。多数者の見解のとおり、才能は「中ほど」が望ましい。この主張が、「ピュロン主義」（もしくは「ピュロン主義者[85]」）と関連づけられて発せられている。パスカルがモンテーニュに倣ってピュロン主義の立場のひとつとして認める「不動心《アタラクシア》」と「たえざる判断中止[86]」、すなわち、いかなる

場合にも賛否のいずれかを決定しない姿勢が、与えられた「中ほど」の境遇に満足すべしとする上の断章の内容に結びつくと推察される(87)。ところが、パスカルにとっては、ギリシアの哲学者ピュロンのような懐疑主義は、その反対の独断主義と同様、与することのできない意見である(88)。よって、上の引用で推奨される現実主義的な道徳が、そのままパスカルが考える道徳に適ったものであると判断することはできない。

また、この断章が『エセー』の読書に啓発されて書かれたことは明らかである。モンテーニュはたとえば、「レーモン・スボンの弁護」の章を捧げる相手の女性（マルグリット・ド・ヴァロワと目されている）に対して、次のように書いている。

われわれはここで、学問の境界とその最後の柵を揺さぶっています。学問においても、徳におけるのと同様に、極端（l'extrémité）は悪徳なのです。どうぞあなたは普通の道にとどまってください。あまりに鋭く利口すぎるのは、少しもためになりません。［…］私はあなたに、意見や弁論においても、品行その他何ごとにおいても同様に、節度と中庸を守り、新奇と奇矯を避けられるようにご忠言いたします(89)。

パスカルは、モンテーニュのこのような穏健主義を受け入れたのであろうか。少なくとも次のような発言からは、そうとは思えない。「彼の死に関するまったく異教的な見解は見すごせない。［…］モンテーニュは、その全著作を通じて、臆病で安楽な死に方しか考えていないのだ(90)。」

さらに言えば、「中間を脱することは、人間性から脱することである」との命題は、「人間の不均衡」の断章の内容を一言で要約したものであると言えるだろう。だが、中間がたえず神の無限との対比で論じられていたこの断章の内容からすれば、中間にとどまることは、神との接近を完全にあきらめることを暗示しないだろうか。パスカルはたしかに中間という地位によって人間性を規定し、神と人間との絶対的な隔絶を示した。しかしこのことは、信

者はもとより、神を信じることを知らない読者にもむしろ自明のことであるか、または関心を引かれないことがらであろう。パスカルはこの絶望的な事態を、彼らにただ追認させたかっただけなのだろうか。

（2）「移行」の意味

「人間の不均衡」の断章が、『護教論』の「人間の認識から神への移行」（Transition de la connaissance de l'homme à Dieu）と題された章に収められていたことをあらためて想起しよう。少なくとも、「移行」という運動を示唆する語と、中間に「とどまる」ことを推奨する主張とは、明らかに矛盾する。『護教論』が神への信仰の必要性を訴えることを最大の目的としていて、このなかで人間のあり方と神の存在との絶対的な差異がくり返し説かれていることを考えれば、人間があくまでも人間性のうちに閉じこもればよいという主張は、ひどく倒錯的なものに思えてくる。人間は、みずからの中間的地位を脱して、なんらかのかたちで神へと接近する可能性を探る必要があるはずである。このような意図が「移行」の語に込められていると考えられないだろうか。

L・ティルアンは、この章題「人間の認識から神への移行」の「人間の認識」を、「人間を知ること」ではなく「人間が保持している認識」であること（つまり、connaissance de l'homme の l'homme を動詞 connaître の目的語ではなく主語と解する）、また、「神への移行」は（Ph・セリエらの伝統的な見解のように）「神の認識への移行」を意味するのではなく、神に向かう運動を直接的に表現していることを、説得的に論証している。その上で彼は、章題全体をおよそ次のように解釈する。すなわち「世界（自然）や自己を知ることができない人間の無力な認識のあり方を自覚させた上で、そのような人間と対極的な存在としての神を意識させ、瞑想させること」であると。要するに、「人間の無知（ignorance）から神への移行」である。[91] 正当な見解だと思われる。

事実、この「人間の認識から神への移行」の章には、次のような一節が認められる。

私は人間の盲目と悲惨を目の当たりにしている。また、全宇宙が沈黙しているさまと、人間が一切の光を与えられずに孤独のうちに投げ出されているさまを眺めている。人間はまるで、誰が自分をそこに置いたのか、自分はそこに何をしにきたのか、自分は死後どうなるのかを知らぬまま、今後も何も知ることができない状態で、宇宙の片隅をさまよっているようだ。私はこうして、恐怖で背筋が寒くなる。あたかも、眠っている間に不気味な無人島に連行され、目覚めると（自分がどこにいるのか）わからない上に、そこから脱出するすべもない人のように。そして同時に、かくも悲惨な状態にありながら、人はどうして絶望にとらわれずにいられるのかと、驚きあきれてしまう。私のまわりには、そのような人々がいる。彼らに、私が知らぬことをご存じなのかと尋ねる。いや、知らぬと答える。それでもこの哀れな迷い人《びと》たちは、まわりを見わたし、何か楽しげなことを見つけると、それに没頭し、執着するのだ。私はそんなものに執着できず、この目に見えているもののほかに、きっと何かが存在するだろうと考えて、神が自分のしるしを残さなかったかどうかを探求してきたのである。(92)

卑小な自己、みずからがこの場所に存在することの不可解さ、ものごとを知ることへの絶望、孤独。これらはすべて、「人間の不均衡」の断章で見たように、人間の「中間」の地位から導き出される不安そのものである。「私」のかたわらには、そのような境遇の悲惨さを認識せず、その境遇の枠内で享受できるかりそめの快楽に甘んずる人々がいる。彼らはいわば、「中間」に満足、ひいては執着する人間たちである。彼らのあり方に共感を覚えない「私」という人物は、ここではっきりと神の探求の必要性を口にする。人間の境遇を認識するにつれ、神の加護への欲求を強く感じるのである。まさにこれこそが、「人間の認識から神への移行」が表す事態ではないだろうか。

パスカルにとって、そもそも「信仰」は、神を認識するひとつの手段である。「無限　無」の断章の導入部には、次のように書かれている。

> よってわれわれは、有限の存在と性質とを知っている。なぜならわれわれは有限であるし、有限と同じく延長をもつからである。
>
> われわれは無限の存在を知るが、その性質は知らない。なぜなら無限はわれわれと同じく延長をもつが、われわれのようには限界をもたないからである。
>
> しかし、われわれは神の存在も性質も知らない。なぜなら神には延長も限界もないからである。
>
> だが、われわれは信仰によって神の存在を知る。栄光によって神の性質を知るだろう。
>
> ところで、先に示したように、われわれはある事物の存在を、その性質を知らずに知ることはできるのである。[93]

人間の認識の限界が、身体と精神の混成というその存在のあり方によって決定されていることは、「人間の不均衡」の断章によってすでに確認した。ここでもやはり、有限者としての人間が、自己とは存在論的に異質な対象を認識することができないことが述べられる。ここでは人間が「有限」(fini)であるとされているが、その内実である「延長」(étendue)と「限界」(borne)をもつという性質もまた、「中間」者としての人間に与えうる規定である。先に見たように、そのような人間は、無限者たる神といかなる「関係」ももたないのであり、パスカルの幾何学的公理からして、それを知ることはないだろう。しかし、人間にはまだ「信仰」という手段が残されているのであり、これによっては、少なくとも神の「存在」については知ることができる。上の「栄光」(gloire)とは、いうまでもなく、キリスト者として生を全うし、神の恩寵を授かることができれば得られるかもしれない至福直観のことである。信仰ののちに来るべき栄光という超自然の状態にあっては、神の存在ばかりでなく、その性質を明確に知ることさえも可能だ、というのである。

だとすれば、「中間」の現状に安んじようとする者は、「信仰」という手段を知らない人間か、あるいは知っていながらその手段の実践に興味を示さない人間、要するに神なき人間にほかならない。この状態を推奨することは、護教論者パスカルの意図と明白に矛盾を来している。信仰とはまさに、「中間」を脱すること、あるいはそれを希求することである。中間に安息を見いだすべしとの、「人間の不均衡」において発せられる勧告は、否定されるべき世俗的な常識、すなわちパスカルのアイロニーではないだろうか。

　パスカルの文体をつぶさに考察したL・シュジーニは、アイロニー的論述を、「語り手が聞き手と反対のことではないにせよ、聞き手と異なったことを言っているにもかかわらず、語り手が聞き手と同じことを言っているという幻想を抱かせる行為」と定義している。彼は続けてこう論じる。まさに「他人と同じように語らねばならないが、他人と同じように思考してはならない[94]」と説くパスカルは、『パンセ』のなかでしばしばアイロニーの手法を活用している。それによってパスカルは、読者の視点を否定するわけではなく、それをキリスト者の視点へと統合し、その新たな視点を相手に共有させることを目的としている、と。シュジーニが言うように、パスカルのアイロニーは「真理に至る方法であるのみならず、説得のための特権的な方法でもある[95]」。

(3)「中間」を脱すること

　ところで、この勧告は、「私」の名において発せられていた。

> 以上のことが理解できれば、私は、人はみな、自然によって置かれた状態に、安らかにとどまっていられるだろうと思う[96]。

　この「私」は、はたして誰か。『パンセ』において「私」の帰属する先は、護教論者であるとはかぎらない。不信

仰者、護教論者の対話者、神までもが、「私」として登場している。いや、さらにいえば、パスカルは本作品をサロモン・ド・テュルティという変名で発表しようとしていたという事実を考えれば、護教論者を思わせる「私」ですら、パスカル本人であるとみなすことには慎重でなければならない。ましてや、ピエール・ニコルの証言によれば、パスカルは、「紳士たる者、自分の名を名乗るのは避けるべきだし、さらには、〈私は〉とか〈私を〉といった言葉を用いることさえ差し控えるべきだと主張していた[97]」のである。塩川徹也は、このような事実から、『護教論』がひとつの虚構として構想され、不信仰者が回心へと至るシュミレーションの道程を描くことになっていたのではないかと推測している[98]。

とすれば、上の一節での「私」を護教論者ではなく、パスカルでもないと想像することは可能である。この「私」は、先ほど引用した一節（一五一頁）で、悲惨な境遇を知らずに身近な快楽に甘んじるとされていた「哀れな迷い人」にむしろ近いのではないか。別の断章では、このような人々がより強い調子で批判されている。それによると、この世の生はつかの間のものにすぎないのに対して、死の状態は永遠に続く。この永遠の死の状態が、永遠の不幸という恐ろしい悲惨にほかならないかもしれないのに、人々は、こうした問題について探求することを怠り、一瞬の幸福に身をやつしている。次は、それに続く一節である。

> 彼らは、このことがら［永遠の悲惨に陥る危険］自体が真理なのか虚偽なのかも、その証拠が強いのか弱いのかも知らない。その証拠が目の前にあるのに、それを見つめることを拒む。そして、このような無知のなかにあって彼らは、もしその不幸［永遠に続く悲惨な来世のこと］が存在する場合には、そこに陥るのにうってつけの生き方をわざわざ選んで、死に臨んでそれがどんなものか味わってみることを期待しているのである。それでいてその状態にすっかり満足し、それを公言し、さらにはそれを得意がる始末なのだ。［…］
>
> この無知なる状態に、こんなふうに安らいでいられるとは（Ce repos dans cette ignorance）、不可解きわまる

ことである。そのように生涯を送る連中には、それがいかに途方もなく馬鹿げたことかを、自覚させてやらねばならない。そうすれば、自分の愚かさをまざまざと見つめることになり、困惑してしまうだろう(99)。

自分に運命づけられたつかの間の生と無知の状態がもたらす不幸に無頓着なばかりか、その境遇を愚かにも「安らいで」受け入れる人々。これは中間の現状に満足し、そこにとどまることで「安らぎ」を求める者の姿に重なるだろう。中間の道徳を説く「私」は、少なくとも自己のありようを真摯に見つめ、そこから脱する可能性を求める者ではない。

もうひとつ、この「私」がパスカルとは反対の意向をもつ人物であることを示唆する事実がある。以下に見る断章(100)は、不信仰者を思わせる人物と、護教論者を思わせる人物が対話をする構造になっている。その不信仰者は、まず、次のように述べる。

私は、誰がいったい私をこの世に置いたのか、この世が何であるか、私自身が何であるかを知らない。私は、すべてのことについて、恐ろしい無知のなかにいる。私は、私の身体、私の感覚、私の魂、そして私のうちのまさにこの部分、すなわち私のいま言っていることを考え、すべてのことと自分自身とについて反省し、しかも他のことについてと同様に自分自身をも知らないこの部分、これらのものが何であるかを知らない。私は、自分が閉じ込められている宇宙の恐ろしい空間を見る。そして自分がこの巨大な広がりの片隅につながれているのを見るが、なぜほかのところでなくここに置かれているか、また私が生きるべく与えられたこのわずかな時間が、なぜそれ以前にあった永遠のすべてと、それ以後に来る永遠のすべてのなかのほかの一点ではなく、この点に割り当てられたのかということを知らない。
あたりは見わたすかぎり無限が広がっている。私はあまたの無限に取り囲まれているのだが、そこで私はひ

とつぶの原子のようであり、一瞬後には消え去って決してよみがえることのない闇のようである。[101]

護教論者の対話者であるこの「私」という人物は、「中間」という言葉自体は使わないが、無限の空間と時間のなかで自分が占める位置が一点でしかないことを知り、「人間の不均衡」で描き出された中間者の悲惨な境遇を理解しているようである。この人物は、続けて述べる。

私は、自分がどこから来たのかも、どこに行くのかも知らない。私が知っているのはただ、この世を離れれば、永遠に無のなかに落ちてしまうか、永遠に怒れる神の手のなかに抱かれるかのいずれかだということだけである。だが、この二つの状態のうち、いずれが自分に与えられるのかは知らない。これが私の、きわめて無力で不安定な現状である。[102]

しかし、このような悲劇的な認識から、彼は突如いわば開き直り、この無知と不安定の状態を甘んじて受け入れ、一瞬の生を「のんびりと」まっとうしたいという意思を告げる。

このことから、私はこう結論する。生涯のすべての日々を、やがて自分の身に何が起こるかなど考えずに過ごすことだと。私の疑問について、ひょっとするとなんらかの光を見いだすことができるのかもしれないが、そのために骨を折りたくはないし、その光を求めるための一歩を踏み出したくもない。しかるのちに、このような心配で頭を悩ませている連中を鼻で笑ってやりながら、何の予測も何の恐れもなく、あの大事件に挑んでみたい。そして、未来の永遠の状態がどんなものかについてはよくわからないままで、ふんわりと死まで運ばれてみたいものだ。[103]

この発言をふまえて、護教論者は、仮想的対話者であるその人物に、「宗教の敵」との非難を浴びせかける。

こんなふうに語る者と、誰が友だちになりたいと考えるだろうか。この者に、誰があえて重大事をうち明けようと思うだろうか。心配ごとがあったとき、誰がこの者に助けを求めるだろうか。［…］実際、これほど理性を逸脱した連中が敵だというのは、宗教にとっては光栄なことだ。（彼らの言うことに一理はあるとしても、これは真理というよりはむしろ絶望の材料になる。）彼らの反対など宗教にはまったく害にもならないのであり、それどころか、かえって宗教の正しさを確立するのに役立つというものだ。[104]

この断章に登場する不信仰者は、人間の置かれた状況の悲劇性を知りながら、あえてその状態を忘れようとする点で倒錯的である。そしてこの不信仰者の態度は、「人間の不均衡」の断章で、自然の無限と自己の認識の限界を知りつつも中間にとどまる道徳を説く「私」の姿に重なるのである。

以上から、もはや中間には、本来の意味での「安らぎ」はない。パスカルにとって、「安らかにとどまる」場所は、神にほかならない。パスカルは、中間を脱することをこそ究極のモラルとして提示しているのではないだろうか。

キリスト者の神は、自分こそが唯一の善であることを魂に感じさせる神である。魂の安らぎ（repos）は神自身のなかにのみあり、魂の喜びは神を愛することのほかにないと、感じさせてくれる神である。[105]

塩川徹也は、パスカルにおいて二つの異なった「休息」（repos）を認めることができると指摘している。第一は、「気晴らし」（divertissement）を目的とする休息である。それは、たえず新たに「倦怠」（ennui）を生み出し、運動や騒ぎへとかり立てる。第二は、神のうちにあり、真の平穏の原因となる休息である。その上で塩川は、これら二

つの休息は、アウグスティヌス『告白』第一一巻に現れる「分散」（*distentio*）と「緊張」（*intentio*）という二つの時間のあり方に対応していると説く。「分散」とは「放心」ないしは「注意散漫」さらには「気晴らし」のことであり、精神を過去にも未来にも分散させる生き方である。他方、「緊張」とは、精神の安定的な集中であり、過去も未来も自己のうちへと集め、抱え込むことで、精神の現在に集中する時間をつくりだす生き方である。アウグスティヌスによれば、後者の生き方によって人間は、神を「未来も過去も知らない、えも言われぬ喜びのうちに見いだす」という。「その喜びは不変であり、つねに現前しているからだ」と。(106)

この読解に即して言えば、「中間」の現状に満足する者は、実際には不安定な運動の状態を逃れられず、たえず「分散」の状態に置かれている。自分の過去も、死後の運命も知らぬ「安らぎ」は、いずれは死を迎えるという自己の悲惨な境遇から単にこのときだけ目をそらすことによって得られるかりそめのものであり、すぐに不安と恐怖に転じるのである。中間者であることを自覚した人間の義務は、そこに休息することではない。それは、神のもとでの真の休息――「緊張」による休息――を目指して、探求を重ねることである。

このように、パスカルにとって、「中間」は休息のトポスではなく、運動と探求のトポスである。それは、神に近づくためにいずれ抜け出すべき状態にほかならない。だが、そのことを知るためにはまず、「中間」というあらゆる人間が置かれた現状を、悲劇的なものであると自覚する必要がある。護教論者パスカルの目的は、不信仰者にこの自覚を促すことにある。(107)

このように考えると、パスカルの考える信仰とは、中間の悲劇性の認識そのものと言えるのではないか。次章で見るように、パスカルは「キリスト者」を、神を知らず悲しみだけをもつ「世の人々」と、神とともにあり完全なる喜びを享受する「至福者」との「中間」にあると位置づけている。信仰はこのように、悲しみと喜びが入り交じった状態、その「中間」の状態なのである。

神を知りながらみずからの悲惨を知らなければ、傲慢になる。
みずからの悲惨を知りながら神を知らなければ、絶望に陥る。
イエス＝キリストを知ることはその中間の状態である。なぜならそこにわれわれは、神とみずからの悲惨の双方を見いだすからである。(108)

われわれの本性は運動にある。完全な休息は死である。(109)

＊

「空しさ」の章に収められた、一見中庸の徳を説いているかに思われる諸断章も、実は、人間は極端な条件では生存できないという事実を告げている。パスカルにとって、人間は身体の大きさの上でも、認識能力の上でも、中間に位置づけられた存在である。人間はまた、異なる「秩序」に属する身体と精神という二つの実質の混成、すなわち中間である。中間は無限に比して無に等しく、無限はすなわち神であることから、人間は神といかなる「釣り合い」も「関係」もない。こうして中間は人間にとって絶望的な状態となる。人間はこれを受け入れられないはずである。そもそも中間は不安定な場所であり、その場所に安らぎはない。人間はたえざる運動を余儀なくされているのである。パスカルによれば、この運動は、神の栄光を得ることによってのみ終局を迎える。中間の地位の悲劇性を知り、そこからの離脱を心から求めることが、護教論者が説くべき究極のモラルである。

ところで、パスカルにとって、第二章の末尾でも見たように、このような精神の緊張状態こそが信仰の状態ではなかったか。信の有無を分かつのは、このような意識のあり方にほかならない。そしてこのとき、信仰者はまた、現在の不幸と将来得られるかもしれない幸福の混合した状態、すなわち両者の「中間」にある。この意味で中間は、

人間にとって正しい位置となる。無限大と無限小、瞬間と永遠、無知と全知、物質と精神、獣と神、悲惨と救済――さまざまな両極の中間は、矛盾と運動のトポスであるという自覚を経て、逆説的な正当性を得るのである。救済を求めてやまぬ信仰者の不安と、神に見棄てられるかもしれないという恐怖は、そのまま将来の真の「休息」へとたどり着くための必要条件であり、そのかぎりにおいて、疑う信仰者はすでに希望を得ているのである。パスカルは記している。

> 恐れているならば、恐れるな。恐れていないならば、恐れよ。[110]
>
> 気に病むな。私を見つけていなければ、おまえは私を探したりはしないだろう。[111]

パスカルは、自然学と形而上学の知識と表現を駆使して人間を二つの無限の「中間」に定めたが[112]、そうして独自で一貫性のある神学的レトリックを創造したのである[113]。

次章では、病と死および人間の身体の生成に関するパスカルの考察をもとに、彼の考える「信仰」の条件について再び詳しく検討してみよう。その際あらためて、キリスト者の定められた「中間」の位置づけについても考えることになる。

第五章

病と死

1. パスカルの病気

パスカルが生涯にわたり、次々に襲いかかる病気を乗り越えて偉大な仕事を残したことは、いくぶんかの「聖人伝的」な誇張とともにわれわれに伝わっている(1)。実際には彼はどのような闘病体験を経たのだろうか。まずはJ・メナールの詳しい考証(2)に従って、パスカルの病気を年次的にたどってみよう。

メナールが第一に尊重するのは、当人の身近にもっとも長い間いた、姉ジルベルトの証言(3)である。彼は、ジルベルトの記述を手がかりに、パスカルの発病を次の四つの時期に認めている。

第一に、一六四一年から一六四六年の間。一六四一年、一八才のとき、パスカルは初めて大きな苦しみに見舞われる。姉は原因を「精神を長い間集中的に使いすぎたこと」に見ている。パスカルは苦しみつつも、翌年には計算機を発明する。ジルベルトは、弟のそうした無理な知的努力の反動が一六四四年から一六四五年にかけて現れると見る。この間、パスカルは休息と活動とをくり返す。読書への熱中が一六四六年のいわゆる「第一の回心」をもたらし、真空に関する研究がそのあとに続く(4)。

第二に、一六四七年春から翌年の終わりごろにかけて。真空に関する一連の実験のあとである。一六四七年春の発病はパスカルにとって最初の重病を招く。彼は液体の食事しか取ることができず、しかもそれを一滴ずつしか呑み込むことができなかった(5)。その後しばらくの小康状態を迎え、医者はパスカルに、「精神のいかなる使用」をも禁じ、「気晴らしの機会」を見つけるように助言する。この時期は、パスカルが妹のジャクリーヌとともにクレルモンからパリにもどる時期、いわゆる「世俗」の時期に当たる。一六四七年九月二五日のジャクリーヌから姉への手紙には、パスカルの病気のために不成功に終わったデカルトとの面会の模様が記されている。この大病から回復

したあと、パスカルはもっとも多産な十年あまりを過ごす。ジルベルトの証言とは異なり、[6]一六五四年一一月の回心後数年間、パスカルは比較的健康の優良な時期を過ごし、活発な研究および著作活動を行う。一六五五年から一六五九年初頭にかけては、『プロヴァンシアル』や『パンセ』、多数の小品および『A・デトンヴィルの手紙』の執筆時期に当たる。

病気の第三の時期は、一六五九年三月から一六六〇年八月の間である。ジルベルトは、一六五九年初頭の危機以後、パスカルの最期に至る数年間について、「書くことも読むこともできず、弟は何もせずにいることを余儀なくされ、ときおり散歩に出かけることができる程度だった」[7]と語る。しかし、実際は、デュ・ガ（サン＝ジル）やスリューズ、ブリュネッティの書簡類から、一六六〇年初頭には、パスカルがやや健康を取りもどすことが知られる。[8]ただし、この快復は完全なものではなく、彼は、クレルモンとトゥールーズとの間で会おうというフェルマからの誘いを断る。その後一六六〇年八月、パリにもどり、パスカルは活動を再開する。メナールは、このときから一六六二年初夏まで続くこの多産な時期を、パスカルの「最後の奮起」とよんでいる。[9]

そして、パスカルの病気が激しくなる第四の時期は、彼が亡くなる一六六二年の夏、六月末から八月半ばにかけてである。パスカル最晩年の健康状態については明確な証言は見当たらないが、一六六一年六月にジャクリーヌがアントワーヌ・アルノーに宛てた手紙は、兄の健康不良を示唆している。[10]マルグリット・ペリエの伝えるところによると、「彼の死の二か月くらい前に」、ポール＝ロワイヤルで行われた「信仰宣明文」の問題についての会議で、パスカルは気絶したまましばらく意識がもどらなかったという。[11]一六六二年一月には、彼は手が使えず、いくつかの文書を周囲の者に書き取らせている。最後の数か月の激しい闘病は、こうしたいくつかの徴候がもたらした結果であった。[12]

このようにたえず病気に苛《さいな》まれていたパスカルは、人間の身体にどのような視線を向けるのだろうか。

2. 病の象徴的意味と身体の神学的価値

パスカルにおいて、「病」は何を意味していたか。フュルティエール『万能辞典』では、病気は何よりもまず「身体に及ぶ、健康を害する不調」[13]と説明されている。現に、パスカルの病の原因は、当時の優れた医学者によって「黒胆汁（humeur mélancolique）による内臓膨張」と診断され、頻繁に瀉血が施されたり、複雑な組成の下剤が投与されたりした[14]。当時の医学的見地において病気の原因と考えられていた、四種の体液間の量的不均衡[15]が、彼の症例にも適用されていたのであった。彼の死後には解剖が行われ、彼を夭折に追いやった病気の正体が、内臓の状態から考察された[16]。次のような記録が残されている。

［パスカルの］遺体を開いてみたところ、生気のない胃と肝臓、壊疽状態の腸が見つかったが、これが疝痛の原因なのか、あるいはその結果なのかははっきりと判断できなかった。だが、頭部を開いてみると、もっと特徴的な現象が判明した。頭蓋骨には「ラムダ状縫合」以外に一切の縫合線が見あたらなかったが、これこそがおそらく、故人が生涯悩まされた激しい痛みの原因であると思われた。［…］[17]

当時の医学はすでに魔術からは遠く、経験科学的な方法を身につけつつあった[18]。姪のマルグリットが目を涙嚢瘻《るいのうろう》に冒されたとき、パスカルはその治癒を願って義兄に彼女の外科手術の必要性を説いたりもしている[19]。彼の闘病の激しさからするに、自分の病気の治療法が科学的に正しいかどうかの判断がまったく関心に上らなかったとは考えにくい。にもかかわらず、パスカルの著作を通じて、病気という主題が医学的・生理学的見地から問題にされること

は皆無であった。

『パンセ』において病が問題となるのは、まずは人間の認識の障害としてである。パスカルによれば、病は判断や感覚を損ない、「想像力」とならんで「もうひとつの誤謬の原理」となるし[20]、われわれから「知識を奪ってしまう」[21]。また、病は人間が生きているかぎりいつでも突然襲ってくる危険がある。人間は気晴らしに興じることで幸せを求めたとしても、「病がやってくる」ことでそんな活動も中断せざるをえない[22]。こうして、「われわれは真理も幸福も享受することができない」[23]。以上のことが述べられたいくつかの断章では、病は人間の空しさや不安定さを説明するための素材のひとつにすぎない。ここでは著者による事実の観察だけが提示され、病とは何かは問題にされず、病がなぜそのような結果をもたらすのかといった分析も行われない。

パスカルにとって病とは何かを問うためには、彼がこの語に認めた象徴的意味を考察する必要がある。それはどのようなものか。

> あなたがたの主な病は、神からあなたがたを遠ざける傲慢と、あなたがたを地に執着させる邪欲であり、哲学者たちは、これらの病のうちの少なくともひとつを維持したのにほかならない[24]。
>
> 人間の主な病は、自己が知りえないことがらに対する飽くなき好奇心である[25]。

『パンセ』において、人間の「主な病」とは、「邪欲」(concupiscence)、「好奇心」(curiosité)、「傲慢」(orgueil)である。第一章で見たように、これらは使徒ヨハネによって定式化された人間の三つの邪欲(concupiscences)、すなわち、「感覚欲」(*libido sentiendi*)、「知識欲」(*libido sciendi*)、「支配欲」(*libido dominandi*)に対応するものである。これら三つの邪欲は、「三つの秩序」を構成する「肉」(chair)、「精神」(esprit)、「意志」(volonté)の三要素にそ

れぞれ関連づけられている。


肉の欲、目の欲、傲慢、云々。

ものごとには三つの秩序がある。肉、精神、意志である。

肉的な者（les charnels）とは、富者や王である。彼らは身体（corps）を目的としている。

好奇な者（les curieux）や学者（les savants）。彼らは精神を目的としている。

賢者（les sages）。彼らは正義を目的としている。

神はすべてを支配し、すべては神のもとに服さなければならない。

肉のことがらにおいては、もっぱら邪欲が支配する。

精神的なことがらにおいては、もっぱら好奇心が。

そして、知恵においては、もっぱら傲慢が支配している。(26)


J・メナールの的確な分析によると、肉、精神、意志は、人間を人間学的観点、存在論的観点、価値論的観点から見て区分したときに全体を覆う仕組みになっている。まず、これら三つは人間を物質的に構成する要素である（人間学的観点）。次に、これら三要素は、物質（広がり）、思考、運動のそれぞれの原理に還元される固有の領域を示す（存在論的観点）。最後に、人間はこの三要素が示すものを目的として追求する。すなわち、物質的豊かさ、精神的豊かさ、意志の示す豊かさ（つまりは慈愛 charité）である（価値論的観点）(27)。このように、三つの邪欲は肉、精神、意志という、人間の存在全体を覆う三原理に原因と目的をもつと理解されるのであるが、次に述べることから、これら邪欲が特権的に関連づけられるのは、（物質という意味まで含めた）「肉」（身体）の秩序であることが明らかである。

第一に、上の引用において「肉のことがらにおいては、もっぱら邪欲が支配する」と言われるように、狭義の邪欲は肉に関する欲望そのものを意味する。パスカルにおいて、「肉」chair という語が「邪欲」の提喩として用いられることがある（それと対立する語が「慈愛」すなわち神への愛の提喩としての「霊」esprit である）。

第二に、第一章でも見たが、上の引用において「肉的な者」として「富者や王」が挙げられ、別の断章でも、「肉において偉大な人々」として、「富者」のほかに「王」や「将軍」が数えられていること[28]からすると、肉（身体）の秩序は、性欲や食欲といった明らかに感覚に起因する欲望よりもむしろ、物質的なものには限らない対象への所有欲によって特徴づけられていることがわかる。これは、「傲慢」な者がとらわれる権力欲や支配欲にほかならない。つまり、パスカルにおいては、肉（身体）の領域は、意志の領域をも広く浸食している[29]。

第三に、第三章で述べたことだが[30]、パスカルにおいて、邪欲の発生は「感覚」が「理性」を支配するという事態によって説明されている。「感覚が理性から独立し、しばしば理性の主人となることで、人間を快楽の追求に駆り立てた[31]。」感覚は「身体の秩序」の、理性は「精神の秩序」の、それぞれ主導的な原理である。人間において、「三つの秩序」の厳格な序列は転倒している。人間は、いまや獣と等しい地位にある。このことは、理性の判断が感覚によってさまたげられることと同時に、精神の欲望が肉体の欲望によって導かれることを意味する[32]。

以上から、パスカルにとっては、原罪以後の人間において、意志も精神も身体の原理の支配下にある。パスカルは、肉の欲である感覚欲だけではなく、意志の欲としての支配欲、精神の欲としての知識欲もが、人間が身体をもつことに根本的な原因があると考えているようだ。

このような発想はパスカルにおいて独自なものと言ってよいだろう。パスカルはここでも、伝統的な神学概念を利用しながら、それを自由に解釈し、大胆に単純化している。

まず、アウグスティヌスにおいて、「支配欲」と「感覚欲」とは截然と区別されていて、感覚欲は、文字どおり感覚を起源とする欲望のみを指示する。『告白』によれば、その対象はたとえば、「目に心地よい光の輝き」「甘美

な旋律」「マンナや蜂蜜」そして「肉の抱擁」である。(33)

次に、伝統的に見て、すべての邪欲が身体と結びつくわけではない。G・フェレロルの説明によれば、「好奇心」は、「目の欲」（目は身体器官である）でありながら、知覚された印象を、肉体的快楽の対象ではなく、（生に無益な）学問の対象とする。また、「傲慢」はもともと、身体をもたないサタン（悪魔）または堕天使の欲望である。(34)

このような神学の伝統とは一線を画しながら、パスカルは邪欲一般を、身体に起因する「病」とみなしているのである。

それでは、このような「病」はいかにして治癒されるか。パスカルによれば、それを癒すのは医者ではなく、(35)神でありイエス＝キリストである。

魂をとらえて離さない自己愛と邪欲は、神には我慢ならないものである。その神は、魂にはみずからを滅ぼしてしまう自己愛の土台があるということと、それを治癒できるのは神だけであるということを、魂に感じさせてくれる。(36)

神は、魂のなかに神への愛をさまたげ、みずからを滅ぼすに至る自己愛が巣食うのを感じさせ、その病を治すことができる。邪欲とは、ピエール・ド・ベリュルの表現に従えば、「神によって与えられた虚無、神に敵対する虚無」である。(37)神は、みずから与えたこの病をみずから取り除こうとする。また、イエス＝キリストは人間たちに、「彼らが自己を愛していること、彼らが奴隷であり、盲目であり、病人であり、不幸であり、罪人であることを告げ知らせたのにほかならない。」彼らは、みずからを憎み、「十字架の悲惨と死によって」イエス＝キリストに従うことで癒されるだろう。(38)傲慢、好奇心、邪欲をもつかぎり、人間は神ともイエス＝キリストとも「いかなる関係ももたない」。にもかかわらず、イエス＝キリストは人間の罪を背負い、みずからあらゆる災厄を引き受けた。人間は彼

の被った苦難のおかげでその病を癒されるのである。[39]

それにしても、さまざまな邪欲にとらわれている自分を「病」だと判断し、その回復を願う視点はどこから生ずるのだろうか。人間は誰でも幸せになりたいと願う。「幸福になりたいとのみ願い、そう願わないのは不可能だ。」そうなるためには不死になるしかないが、そんなことは不可能なので、人間は死を考えないことにした。[40] 次章で詳述するように、これがパスカルによって「気晴らし」とよばれる状況である。しかし、永遠の幸福が存在するかどうかという問題には無関心のまま、気晴らしに興ずる人間は、みずからを不幸とは意識しえない。そもそも、神から目をそらされ、死後の魂が存在するのかどうかに考え及ばない人間には、この世の生以外に幸福はないし、たとえそれが幸福でないとしても、その状態に甘んずるほかはない。人間はみずからに与えられた地上の生の枠内で幸福を求めるべく運命づけられている。だからこそ人間たちは、等しく幸福を求めて戦地に赴きもするし、首を吊ったりする者もいる。[41] 名誉を求めるあまり、平和よりもむしろ死を愛する者もいるほどだ。[42]「どんな国の、どんな時代の、どんな年齢の、どんな身分の人々」がみずからの状況を嘆いても、[43] これらの人々がみずからの不幸の原因をみずからの「病」、すなわち神への愛からの隔絶であると考える理由はない。これらの人々にはみずからの「病」を意識し、いわんや治療することなど不可能である。邪欲にとらわれるみずからの境遇を不幸の源泉と捉える「病」の意識はどこから生じるのであろうか。

パスカルにおいて、それについては、身体の病気が重要な意味をもっている。彼は、小品『病の善用を神に求める祈り』(一六六〇年秋ごろ執筆)[44] のなかで、神に向かってこう問いかける。

あなたは、私があなたにお仕えするために、私に健康を与えてくださったのに、私はそれをまったく世俗的なことに利用してしまいました。あなたは私を正してくださるために、今度は病を私にお送りになりました。私がそれに耐えきれずに、あなたを怒らせるために病を使ったりすることをお許しにならないでください。[45]

彼がこれまでの世俗への愛着、すなわち邪欲に溺れていたことを自覚するのは、病気に冒されたときである。病気は神が彼を「正す」（corriger）ために与えたものであると理解することで、彼はこれまでの自分が健康を悪用していたことを反省し、「病の善用」（bon usage des maladies）を希求することができる。身体の病は「魂の病」（maux de l'âme）に対する処罰となることで、その象徴となるのである。

身体の病は、魂の病全体の象徴と罰にほかならないことを、私によく知らしめてください。[46]

魂の病の記号たる身体の病[47]は、同時に魂の病に対して「薬」（remède）ともなる。[48]身体の苦痛によって、これまで無自覚であった魂の病の存在を知らされ、その治癒を神に願うことができるからである。魂の病とは、邪欲にとらわれて神に目を向けられない状態である前に、その状態を不幸であると自覚できない状態、すなわち、「こうした無感覚、魂に自分自身の惨めさをまったく感じさせないようにしてしまったこの上ない弱さ」なのである。[49]

身体の病気はまた、「一種の死」である。この機会に病人は、自分の肉体がいずれは死を迎え、魂がこの世で愛していたものから引き離されてしまうという事実を想起する。神は病人に「あの恐ろしい日をあらかじめ味わわせ」るのである。[50]病人はこうして、「変わりやすい」自分とはまったく逆に、つねに「同じままである」[51]神を享受することだけを幸福と考えるようになる。これが「回心」の始まりである。[52]

主よ、私がこの病気のなかにいて、一種の死のなかにいると思えるようにしてください。世俗から離れ、私が執着するすべてのものごとを断たれて、ただひとりあなたのみ前にいて、あなたの憐れみによって私の回心（la conversion de mon cœur）を願うことができるようにしてください。[53]

このようにして、身体の病気はあらためて信仰への入口になる。いまや病人は、健康を損なう以前の自分が「大きな財産、輝かしい評判、くじけぬ健康を享受している人々は幸いである」[54]と考えていたことを、神に告白し反省する。宗教が名指す「病」としての邪欲は、こうして、身体の病を経てはじめて「病」あるいは「苦しみ」と自覚される。魂の病はその象徴たる身体の病によって存在を与えられる。回心の必要性の自覚はまさにこの時点で生じる。教義上はもっとも低く価値づけられた身体が、魂の象徴となることで、その「回心」を導く可能性を与えられる。「病の善用」とは、身体を通じた魂の状態の把握とその改善への希求にほかならない[55]。

このとき、身体と魂は、複雑な相関関係をなしている。神を愛することへの無関心、地上の幸福への執着としての邪欲は、「身体の秩序」（「肉の秩序」）への関与がその根底に前提されていることはすでに見た。邪欲は身体の欲望であるかぎりにおいて「病」とよばれたのであった。それに対し、身体の病は、そうした欲望の放棄をうながすことで、魂の病の治癒を可能にする。身体の病には「善用」が可能である。魂は身体の欲望をはらむべく運命づけられており、身体は魂の治療を請け負う可能性を付与されている。魂の病、すなわち身体の欲望は、精神的なものに対する身体的な原理の支配の肯定である。これを悪だと感じ、治癒を求めるのに、身体の病が重要な役割を果たす。身体は、「病」の原因となりつつ、その治癒のきっかけともなる。

身体の病（魂の治療を担う）	=	シニフィアン
魂の病（身体の欲望に起因）		シニフィエ

やや場ちがいな喩えかもしれないが、身体の病（maux du corps）をシニフィアン、魂の病（maux de l'âme）をシニフィエとみなすことも可能だろう。ただし、両者を一対のものと見るためには、神の介入、つまりは恩寵という

第三の要素が必要である。身体の病たるシニフィアンが魂の邪欲たるシニフィエを象徴しているという連関は、誰にでも自明のものではないからである（フランス語を知らない者にとっては、/chien/という音が「犬」という概念のシニフィアンであることがわからないように）。病人は、シニフィアンとシニフィエとの本来は恣意的な結合を、必然的なものと説得されることを望みながら神に祈る。このような神の介入がなければ、身体の病も、新しい罪の機会につながりかねない。[56] したがって、記号の成立は、徹底的に個人的な出来事にとどまる。魂の病と身体の病との象徴的な関係は、普遍的に了解されている事態ではない。この事態を意識化し、ついで「病を善用」することは、あくまでも神に祈ることによってのみ可能になる。

とすれば、先（一七一頁）の「主よ」で始まる引用文中に登場する「回心」を願う「私」、すなわちパスカルは、「回心」以前の段階にありながら、もはや不信仰者ではない。「身体の病」と「魂の病」のこのような象徴的連関を自覚する者（正確には、その自覚をもちたいと願う者）は、すでに信の内側にいる。ここでの「回心」とは、おのれの信仰に対する不十分さの意識、神へのより強い帰依の希求である。第二章でも見たとおり、パスカルにとって、信仰を決定づける状態とは、まさにこのような精神の緊張状態の維持、「たえず魂を清新に保つこと」（cette nouveauté continuelle d'esprit）への希求にある。[57] 彼は祈る。「私の苦しみを、私の救いと回心の機会にしてください[58]。」病はこうして、キリスト者の状態を規定する。このような信者はどこに至り着くのだろうか。

3. 死への態度とキリスト者の位置

パスカルにおいて病は、魂の病の存在を象徴的に示すことで、病人に神へのより強い帰依を希求させる意義をもつものであった。身体の経験は回心にとって重要な役割を担う。しかし、このような経験を経た病者にとって、回

心の契機を与えてくれた身体はもはや、快復が望ましいものではありえない。いまや彼には、再び健康な身体を得れば、この世の快楽を享受し、より大きな罪を犯してしまう状態にもどるであろうことが自覚されているからである。したがって、病者が望むのは、身体のさらなる衰弱であり、果ては死である。ジルベルトの報告によると、パスカルは激しい苦しみにもかかわらず、快気を望むのではなく、むしろそれを恐れていた。彼にとっては、「病気によってこそ人は、人間がいつもそうでなければならないように、苦しみに耐え、感覚のあらゆる幸福と快楽から逃れていられるし、生きているかぎりたえずはたらきつづける情念からもまったく免れていられ、野心を離れ、貪欲にもならず、いつも死を待ち望むようになる」のである。[59] 邪欲が身体から生じると自覚し、その身体の不調が魂の罪から逃れさせてくれていると理解する者にとって、もはや死は忌避すべきものでない。死は病の延長であり、完成である。病を経験した信者の至り着くところは、死にほかならない。

パスカルは父の死に際して姉夫妻に宛てた手紙（一六五一年一〇月一七日付）のなかで、「父の死を喜んではならないキリスト教徒はひとりもいない[60]」と述べ、死に対する教義上の考察を整理している。[61] 死はいかにして祝福すべきものとなるか。

第一の根拠は、まさにそれが魂を不浄な身体から解き放つという事実である。

> われわれには、次のことを知っているというすばらしい恵みが与えられています。すなわち、死がまさしく罪に対する罰であり、罪を償うために人間に課されたもの、つまり、罪を浄化するために人間にとって必要なものだということ、また、これこそが、聖人ですらもそれがなければこの世で生きられない肢体の邪欲から、魂を解放しうる唯一のものだということです。[62]

人間の身体の不浄さは、ここでもまた原罪の教義を根拠に説明される。人間が罪を犯して身体と魂は互いに敵対す

るものとなった。「聖なる身体から聖なる魂を分離するものであったとき、死を憎むのは正しいことでしたが、不浄なる身体から聖なる魂を分かつとき、死を愛することが正しいのです。」身体を消滅させることで、そこから罪を犯す自由を根こそぎ奪う死は、したがって「不浄な生」の終焉である。[63] 死は生の無化としてあるのではなく、むしろその完成としての意味を帯びる。[64]

死が祝福すべきものとなる第二の理由は、それがイエス=キリストにも起こったという事実である。「われわれは、イエス=キリストのうちに起こったことが、そのあらゆる手足にも起こらなければならないことを承知しています。[65]」第一章でも見たように、パスカルは後年、『パンセ』において、パウロの、「手足」（membres）と「からだ（全体）」（corps）をそれぞれ信者とイエス=キリスト（あるいは教会）の暗喩としてとらえる見方を敷衍する。[66]

手足であるということは、からだ全体の精神によってのみ、また全体のためにのみ、生命と存在と運動とをもつことである。手足が分離して、それが属している全体をもはや顧みないならば、それは滅びゆき死にゆく存在にすぎない。[67]

手足は全体から分離すれば死滅するほかはない。ここでの「死」は、いまわれわれが問題にしている肉体の死ではなく、死後の魂の生命をも含んだ、いわば永遠の死を意味するだろう。信者はイエス=キリストのためにのみ、イエス=キリストによってのみ生きるのである。こうして、パスカルにおいて、身体の死を受け入れることはイエス=キリストの生涯を受け入れることにほかならない。「人間はイエス=キリストを通じてのみ生と死がいかなるものであるかを知る［…］。[68]」これは全体から課せられた手足の使命であり、なんら恐れるべきことではない。それどころか、「イエス=キリストのうちにおいては、死は［…］愛すべきもの、神聖なものであり、信徒の喜びとなります。イエス=キリストにおいては一切が甘美であり、死までがそうなのです。[69]」

死はイエス＝キリストにおいて犠牲の完成を意味したゆえに、それは人間についても同様である。人間が捧げた犠牲が必ずしも神によって受け入れられるとはかぎらないが、それでも人間は、みずからを無にすることによって神に敬意を払う必要がある。[70] イエス＝キリストに倣い、生涯にわたって継続される犠牲は、肉体の死において完成するのである。

こうして死は、不浄な身体との訣別と、キリストに倣う生涯の犠牲の完成を意味するという点で、喜びをもって迎え入れるべきものとなる。身体を脱した魂は、悪徳からも地上的な愛からも逃れ、栄光の生命を授かることになる。パスカルは父の死に際して、信仰に篤かった故人の生前の姿をほめたたえ、その死後の幸福について説得することで、悲しみに暮れる周りの人々を慰めたのだった。妹ジャクリーヌを失ったときにも、パスカルは悲しむ姉ジルベルトを叱正したという。その際彼は、「私たちにも、このようによき死をお与えくださいますように」と祈るばかりであったと伝えられている。[71] それから数か月後、みずからの病を魂の病の象徴と理解した彼は、それだけ強く神に対する帰依を決意し、神が与える死をいまかいまかと待ち受けるようになる。[72]

しかしながら、死がこれほど待ち遠しいものだからといって、身体の生涯と重なるこの世での生命それ自体が、無意味でうとましいものと考えられているわけではないのは当然のことである。それでは、身体のもつ生命は、宗教の教える救済にとってどのような意義を付与されているのだろうか。

パスカルが、死とともに始まる魂の至福の状態を待ちこがれつつも、身体をともなった地上の生を尊重する理由は何よりも、イエス＝キリストの受苦が肉体をもつことに起因しており、信者はキリストの不幸を模倣する必要があるという点にある。そもそも、父の死の機会にパスカルが必要と認めたキリストの犠牲に倣うには、身体をもつことが不可欠となる。

この平和は、身体が破壊されるときにはじめて完全なものとなります。そういうわけで死は望むべきものとな

るのですが、それにもかかわらず、われわれのために生と死とを耐え忍ばれたかたへの愛のため、喜んで生の苦しみに耐えなければなりません。(73)

イエス＝キリストは人類が犯した罪全体を、みずからの苦しみによって贖《あがな》うために身体をもつに至った。パスカルは問いかける。「主よ、あなたはあなたの死の苦しみを愛されました。神よ、人類の救いのために誰にもまして苦しむためにこそ、あなたは人間になられたのです。(74)」身体はたしかに、信仰をもたない人間にとっては、苦しみの原因となるどころか、悦楽を享受する道具ともなりうるが、身体の病を経て自分の魂にも病が宿っていることを意識した信者にとっては、二重の意味で身体が苦しみの起源となることが理解される。すなわち、身体の痛みと、それが知らせる罪の存在による良心の苦しみである。ここに至って、信者はこうした苦しみが、イエス＝キリストが愛するにふさわしいものであることを願い、イエス＝キリストが体験した痛みと共通のものであることを願う。(75)イエス＝キリストの苦しみを感じることこそが信者の使命であり、救済への方途にほかならないからである。イエス＝キリストは、身体の苦しみを経ることではじめて、身体の死を乗り越え、栄光の生命を与えられた。救い主は「死によって死に勝利した(76)」のである。

したがって、身体をもつことの苦しみそのものが、イエス＝キリストの生涯とのアナロジーを介して、救済への過程のなかでの必然的な一契機として位置づけられる。苦しみを経ること自体が、キリスト教徒としての存在意義を示しているのである。

この事実に簡潔な表現を与えているのが、パスカルによる「人間の三状態の理論(77)」である。それはたとえば、「ロアネーズ嬢への手紙」（一六五六年一二月初め）のなかの次の一節にうかがえる。

イエス＝キリストによれば、畑のなかに宝を見つけた者は、喜びのあまり、それを買うためにすべての持ち物

を売ってしまいます。[78] 世の人々はこのような喜びを決してもつことはないと、イエス＝キリスト自身も言っておられます。世はこれを与えることも取り上げることもできないからです。至福者はいかなる悲しみもまじえずにこの喜びをもっています。世の人々はこの喜びをもつことなく、悲しみだけをもっています。そしてキリスト者は、この喜びをもちますが、そこには、ほかの快楽を追い求めたことによる悲しみと、たえずわれわれを駆り立てるこうしたほかの快楽に惹きつけられて、この喜びを失ってしまうのではないかという恐れが入り混じっているのです。[79]

「キリスト者」が、悲しみしかもたない「世の人」(les gens du monde) と、悲しみを一切含まない純粋な喜びの状態にある「至福者」(les bienheureux) との中間に位置づけられている。キリスト者は、至福への期待という喜びを一方ではもちながら、他方で、これまでに没頭した邪悪な悦楽を悔やむ悲しみ、さらに、これからもまだほかの悦楽に惑わされるかもしれないという恐れが入り混じった状態、つまり、罪と恩寵の両方が混交した状態にあるとされる。こうした価値の上での中間の状態は、キリスト者の宿命的な状態なのであり、[80] みずからそれを抜けだそうと望むことは空しいばかりか、むしろそうした両義的な状態にとどまることこそが正当なのである。

同趣旨の文章が、『病の善用を神に求める祈り』のなかにも見つかる。ここでは、人間の三状態が、上の「世の人／キリスト者／至福者」に代わって「ユダヤ人・異教徒／キリスト者／聖人」となっているだけで、キリスト者が慰めと苦しみとが混ざり合った中間の状態に置かれている点は共通している。

主よ、私がキリスト者として苦しむことができるように、どうかあなたの慰めを私の苦しみに混ぜ合わせてください。主よ、苦悩を取り除いてくださいとお願いするのではありません。それは聖人の得るご褒美です。また、あなたの御霊《みたま》の慰めを一切与えられぬまま、自然の苦悩のなかに見棄ててくださいとお願いするのでも

ありません。それはユダヤ人や異教徒にふさわしい不幸です[81]。

重要なのは、この作品中でパスカルが、「ユダヤ人・異教徒／キリスト者／聖人」の三状態の間に、時間的な生成の観点を導入している点である。そうして彼は、あらためて身体の生涯を、至福にたどり着くために必要な一段階として明確に位置づける。

> 私が、慰めのない状態で苦しみを感じることがありませんように。そうではなくて、私の苦しみとあなたからの慰めを、同時に感じることができますように。そうすればついに、まったく苦しみのない状態で、あなたからの慰めだけを感じることができるようになるのですから。［…］あなたは私を第一の段階から抜け出させてくださいました。私が第三の段階に至り着くことができるように、第二の段階を通らせてください。主よ、これこそが私の求める恩寵です[82]。

苦しみのない純粋な喜びに満ちた「第三の段階」には、無償では到達しえない。そのためには、邪欲をもつことで罪を犯してしまう自己の宿命を自覚し、そのことを苦しみ、魂の「病」の治癒を衷心より願う必要がある。この「第二の段階」を経験するためにはまた、自分の抱く被造物への逃れられない愛着を罪だと自覚する回心の契機が先立たねばならない。回心を経ない「第一の段階」は、ユダヤ人または異教徒の状態にすぎないのである。

さて、こうした救済への時間軸に沿ったプログラムの進行が、身体の状態の変容によって画されていることは、いまや明らかであろう。身体の病が、魂の病の存在の象徴となることで、回心の契機を与えうることは、これまでに見てきたとおりである。パスカルは、身体の病によって、それまでの健康の状態を地上的な欲望に捧げてきたことを知る。彼は病気を経てはじめて、「健康をよいものと見なしていたことを告白」し、病気の理由を「健康を利

用することで、世の多くの悦楽に、よりはばかりなく身をゆだねることができ、そのいまわしい快楽をよりよく味わうことができたから」であると理解する[83]。第一段階の異教徒の状態において、身体は健康なのであり、病こそが第二段階への移行を画している。まさに「病気はキリスト者の普段の状態[84]」なのである。そして、第三段階への移行を画するのは、いうまでもなく死である。病に苦しむ者は、身体の犠牲を経た身体の神への奉献、すなわち身体の死によって、至福者が享受する純粋な喜びの状態へと到達することができるのである。

したがって、パスカルが死を称揚するとしても、それまでの生が否定されるわけではない。死して神によって義とされるためには、苦しみの段階を経る必要がある。そして、そのような生は、身体の存在によってはじめて可能となる。宗教において、不浄な身体は決して軽視されているのではない。身体は、時間によって変容を受けるその属性自体によって、救済への過程を進行させる役割を果たしつつ、信者に自己の置かれた状況を知らしめる。異教徒／キリスト者／至福者の三項からなる「人間の三状態」は、価値において明確な序列をなす異なった意識の状態を示すと同時に、身体の状態の時間的な変容の段階を示していると言える。パスカルにおいて、健康・病・死という、人間の身体がたどる経験は、そのまま宗教の教える救済の進展にとって不可欠な契機となっているのである。パスカルが考えるキリスト教の道徳は、人間が変わりゆく身体をもつという事実に基づいて成り立っている。

＊

激しい病に生涯を通じて悩まされたパスカルは、その著作において、病を医学的な見地から問題にしたことはない。彼の関心は、病の原因や治療法ではなく、人間が病に冒されざるをえないという事実の意味と、そのような人間に課された生き方にあった。宗教に解答を求めた彼は、病を魂の罪の象徴と認める。このとき、もはや病の治癒は求められず、むしろ身体の死が待ち望まれることになる。身体に宿る病に神からのはたらきかけを見るものに

とって、身体は不浄なものでしかなかった。

しかし、キリスト者にとって病の状態は、神から運命づけられたものである。それゆえ、彼にとってはそれを耐え忍ぶことが義務となる。キリスト者が定められているのは、みずからの魂の汚れを知ることによる苦しみと、それによって魂を神へと向け変えることで得られる喜びの入り混じった、「中間」の状態である。一方で罪をどうしても逃れえない自己の置かれた状況への絶望と、他方でその状況からの脱出への希求と神へのたえざる祈り――このような対極的な二運動が、キリスト者の置かれた「中間」を規定している。このとき、身体が二重の意味でキリスト者の要請となることが見て取れる。すなわち、罪を犯す身体と、その罪を知らせるべく病める身体である。キリスト者の身体は、魂の罪の原因となり、かつ病むことができなければならないのであり、身体はそのかぎりで信仰にとって不可欠なものとなる。パスカルにおいて、身体はこのような逆説的な重要性を示している。

ここで、キリスト者を正しい中間の地位に定めているのは身体である。病める身体が彼に、自分が救済に至る過程の途中にあることを意識させる。そして彼は、まさにそこが中間であるという事実によって、はるかな先に到達点の存在を予見することができる。「中間」にあるとは、両端から隔絶していることであると同時に、その両端に部分的に関与していることでもある。パスカルは、人間が病み、死にゆく身体にほかならないという現実の悲痛な肯定によって、救済の可能性をかいま見るのである(85)。

第四章では、人間が身体をもつことによって定められた「中間」が、その人間の宿命的な悲惨を象徴し、運動と矛盾という根本的な悲劇性をはらむ地位であることを見た。本章では、その「中間」が、病める身体という桎梏を背負い、呻吟しながら神を探求するキリスト者の状態のもっとも端的な表現であることが明らかになった。次章では、パスカルにとって、なぜ人間は誰もがそのような探求に身を乗り出す必要があるのかを考えてみよう。そのためにはまず、彼の考える「人間の尊厳」とは何かを明らかにしなければならない。

第六章

人間の尊厳

次は、『パンセ』のなかで、おそらくもっともよく知られた一節だろう。

　人間は一本の葦にすぎない。自然のなかでもっとも弱いものである。だがそれは考える葦である。これをおしつぶすのに、宇宙全体が武装するにはおよばない。ひとつの蒸気、一滴の水があれば殺すことができる。だが、たとえ宇宙が人間をおしつぶしたとしても、人間は彼を殺す当のものよりもずっと気高い。なぜなら彼は自分が死ぬことを知っており、宇宙が彼に対してもつ優位を知っているからだ。宇宙はそんなことをまったく知らない。(1)

人間は「考える葦」であり、人間が人間たるゆえんはその「思考」の行使にある。これは一見したところ、人間の究極の幸福を知性による観照的な生活に認めるアリストテレスや、人間の理性を真理探究のための万能の道具とみなすデカルトの主張と軌を一にした、少し気の利いた人間への讃辞ととらえられるかもしれない。現に、上の一節の続きには、「だから、われわれの尊厳のすべては思考にある」(2)との一文が置かれている。

だが、なぜ思考が人間の「尊厳」(dignité)となるのか、ここでの「思考」とは何について考えることなのか、また、それを考えることで人間はどうなるのか、といった疑問に、この一節は答えてくれない。この点が明らかになったとき、この断章に対する上のような楽観的な印象は一変する。以下では、この「人間の尊厳」に関する議論を、「気晴らし」と「賭け」という『パンセ』の主要な主題に関する論述と照らし合わせて検討することで、パスカルの真意を汲み取ってみよう。

1.「思考」と「気晴らし」

まず、パスカルが「人間の尊厳は思考にある」と言うとき、これが規範的な命題であって、事実確認的な命題ではないことに注意しよう。(3) 同じ断章（S231-L200）で彼は、「よく考えることに努めよう。これこそが道徳の原理である」と表明している。実のところ、人間の尊厳は「思考」そのものにあるのではない。「考える葦」と題された別の断章にはこうある。

> 私が自分の尊厳を求めなければならないのは、決して空間によってではなく、私の思考の規制によってである。私は、多くの土地を所有したところでなんら優位をもつことにはならない。宇宙は私を空間によって包みこみ、一点のように飲みこむ。私は宇宙を思考によって包みこむ。(4)

「思考の規制（règlement）」とは、思考を正しく導くこと、思考を正しい秩序に従わせることである。(5) パスカルは、あくまでも思考の能力の正しい行使を、「道徳」あるいは義務として求めているのである。(6) ここでは、人間がそのような義務を怠っているという認識が示唆されている。(7) 人間の思考は、規制がなければどこまでも逸脱していくものなのだ。なお、「土地の所有」とは世俗的な権力一般への執着を意味するだろう。その執着を成功裏に実現した者が、「富者」や「王」などの「肉的な者」である。(8) 本書でくり返し見てきたように、パスカルは、他者に対して優位に立ちたいという欲望――「支配欲」――を厳しく断罪している。「よく考えること」とは、少なくともそのような欲望の満足のための方策を考えることではない。

一方、パスカルにとって人間が「偉大」なのは、「自分が悲惨であることを知っている」[9]からであり、「気高い」のは、「自分が死ぬことを知っている」[10]からである。人間にとって悲惨なこととは、自分がいつか死んでしまうという事実にほかならない。[11]人間の尊厳とはしたがって、早晩訪れるみずからの死に思いを致し、その後のみずからの行く末について考えることにある。次の一節はこのことを説いていると言えるだろう。

人間は明らかに、考えるためにつくられている。それは彼の尊厳のすべてであり、彼の長所のすべてだ。そして、彼の義務のすべては、正しく考えること（penser comme il faut）である。そこで、考えの順序は、自分から、自分の創造主、自分の目的から始めることである。[12]

パスカルにおいて、自分の悲惨さを知ることとは、自分がいずれこの世から消えてしまうことを前提に、いまあるべき「自分」について考えることであり、将来の「自分の目的」（原語の sa fin は「自分の終わり」、すなわち「自分の死」という意味にも解しうる）について考えることでもある。[13]ここで同時に「自分の創造主」、つまり神が挙げられているのは、その存否が「自分の目的」（「自分の終わり」）に直接関連することになるからだ。――この点についてはのちに明らかになるだろう。

「だが」とパスカルは続ける。

人々は何を考えているだろうか。そんなことは決して考えない。踊ること、リュートを弾くこと、詩をつくること、輪取り遊び[14]をすることなどなど、あるいは、戦うこと、王になることを考えている。王であるとはいかなることか、人間であるとはいかなることかは考えずに。[15]

人間はまったくものを考えていないのではない。それどころか、踊り、演奏、詩作、遊技、戦闘、昇進をうまく行うためであれば、ときに寝食を忘れて思考をはたらかせる。しかしこれは、人間にとって正しい思考のあり方ではない。人間の義務は、自分が死すべき存在であるという悲惨な運命を自覚することである。これを怠ることで、人間はその「尊厳」を失っている。

いや、というよりも、むしろ人間は、みずからの悲惨さから目をそらすためにこそ、さまざまな活動に身をやつしている。「われわれは弱く、いずれ死んでしまうという生来の不幸のなかにいるのであり、そのような状態はあまりにも悲惨であるために、そのことについて正面から考えてしまうと、何もわれわれを慰めることができない」[16]からだ。これがパスカルの考える「気晴らし」(divertissement)の状態である。自分が悲惨な存在であると知ることとは悲惨ではなく、人間の偉大さの証である。反対に、そのことを忘れること、すなわち「気晴らし」が、「われわれの悲惨の最たるもの」となる。

> われわれの悲惨を和らげてくれる唯一のものは気晴らしである。しかしそれこそがわれわれの悲惨の最たるものである。なぜならこれこそが、われわれが自分について考えることをさまたげ、われわれを知らず知らずのうちに滅ぼしてしまうからだ。[17]

それにしても、なぜ「自分について」、つまり自分の不幸な運命について考えることをさまたげる「気晴らし」が、人間の悲惨の根源となるのか。また、そもそも、なぜ自分の悲惨について思考することが人間の「尊厳」あるいは義務となるのか。人間はみずからの悲惨の自覚によって「気晴らし」以上の幸福が得られるのか。だとすればそれはいかなる種類の幸福なのか。以下では、これらの問いについて考えよう。

2.「気晴らし」の倒錯性

最初に、なぜ「気晴らし」は人間にとって悲惨なのか。

その理由は第一に、個々の気晴らしにおいて、その手段と目的とが転倒してしまっている点にある。人は「賭けごと、女性たちとの会話、戦争、偉業」に熱中するが、「そこに実際に幸福があるというわけでもなければ、真の至福が賭けごとにおいて得られるお金や、追いかける兎にあると人が考えているというわけでもない。誰かがくれるとしたら、そんなものはほしくないだろうからだ。[18]」われわれはさまざまな活動を、なんらかの目的をもって行っている。それを達成するための努力や苦労の先に幸福が待っていると思いこんでいる。にもかかわらず、そのような未来の幸福を保証している対象がいますぐ無条件で与えられることを望まない。「人は獲物よりも狩りのほうを好む。[19]」パスカルによればそれは、獲物そのものは、忍び寄る死からわれわれの目をそらすことができないからだ。気晴らしにおいて真に求められているのは、目的ではなく手段、未来の幸福ではなく現在の楽しみである。しかも人間は、このことを自覚していない。その証拠に、賞金そのものに無関心な者でも、賞金のないゲームになど真剣に取り組まない。「つまり、彼が求めているのは楽しみだけではないことになる。活気のない、情熱のない楽しみなら、彼は飽きてしまう。[20]」気晴らしは手段を目的化する倒錯であるが、そのような手段を正当化する目的が不在であれば、気晴らしは存立しえない。虚構の目的が真の目的たる資格をもってはじめて、手段が目的となる。気晴らしは二重の倒錯である。

気晴らしが悲惨である第二の理由は、それが人間を「騒ぎ」のはてしない連続に追いやる点にある。人は、いま取り組んでいる活動の目的が果たせたら、休息が待っていると信じ込んでいる。だが実際は、その活動自体が真の

目的であったために、それを終えてしまうと、新たな――虚構の――目標を立てることで、また別の仕事に着手せざるをえなくなる。「人はさまざまな障害と闘いながら休息を求める。だが障害を乗り越えたとたんに、休息は、それが生みだす倦怠によって耐えがたくなってしまう。休息から抜け出して、騒ぎを求めなければならなくなるのだ。」[21] このような循環を生み出しているのは、人間の欲望の「満たされない性質」[22] (la nature insatiable de la cupidité) である。広い家に住む者がより豪華な屋敷を望み、恵まれた地位にある者がさらに上の役職を目指すというように、欲望は満たされるとまた別のより獲得が困難な対象を求め、そのつど肥大化する。それにつれて「騒ぎ」つまり苦労もまた大きくなっていく。パスカルは、人間の野心がいかに理不尽で空しいかをもっとも端的に表す人物として、エペイロスの王ピュロスを想定している。[23] ピュロスは、家臣のキュネアスに、まずはイタリア、次にガリアとスペイン、さらにはアフリカを征服して徐々に領地を広げ、世界を支配下に治めてからゆっくりと休むと語った。キュネアスは「なにもそんなに苦労せずとも、ただちに休まれてはどうか」と忠言したと伝えられる。

そして、パスカルが気晴らしを人間の不幸の根源として断罪する第三の理由は、彼がその根本的な原因を、人間の自己愛に認めている点にある。「人はいったい何が目的でこんなことをするのだ、とあなたは言うかもしれない。それは、翌日友人たちの間で、自分が誰よりもうまく活躍したと自慢するためなのだ。」[24] パスカルによれば、学者が書斎で奮闘するのは、誰にも解けなかった数学の問題を解いたことを仲間に示すためだし、兵士が命を危険にさらしてまでも敵陣に攻め込むのは、あとで戦功を人に誇りたいからにほかならない。気晴らしは、結局のところ他者に対する自己の優越を示す欲望、すなわち自己愛を究極の動因としている。第一章で見たとおり、自己愛は、「支配欲」と同一視される最大の邪欲である。上でも見たように、人間の尊厳を示す「思考」とは、そのようなものを叶えるためのものではない。

それにしても、「気晴らし」がいかに空しく、苦労をともなうものだとしても、人間がそれによって喜びや楽しみを得られるのが事実だとすれば、なぜそれを批判する必要があるのか。パスカル自身も次のように認めている。

「人間というものは、どれほど多くの悲しみに満ちていても、もし誰かが彼をなんらかの気晴らしに引き込むのに成功したとすれば、その間だけは幸せになれるものだ。」[25] たとえつかの間の小さな喜びでも、他人に迷惑や損害を与えないかぎり、それに満足する人を責める理由はないのではないか。実際にパスカルは、仮想的対話者を登場させて、そのように問わせている。「でも、気晴らしによって楽しむことができるのは、幸せなことではないかい。」[26] パスカルはこの疑問に対してこう答えるであろう。そのような喜びは真の幸福ではなく、幻想にすぎない、と。気晴らしによって人は未来の幸福を志向する。だがこのとき人を幸福にしているのは、得られるかもしれない目的ではなく、現在の苦悩——目的に到達しようとする努力——である。気晴らしにおける真の目的は「騒ぎ」にほかならない。さらに、仮にその（見かけの）目的がかなえられたとしても、人はただちに倦怠にとらわれて不幸になる。気晴らしにおいて、実のところ、現在にも未来にも幸福はないのだ。

パスカルの「気晴らし」は、人間のほとんどありとあらゆる文化的営みを包括する概念であり、これを否定してしまうことは、人類の文化全体の否定につながりかねない。人間の尊厳がみずからの悲惨さの自覚にあると言うとき、彼はこのような根本的な問いかけを行っている。

3. 死を考えること

先に、パスカルにとって死を考えることとは、自分の死後の運命について考えることであると述べた。次の一節から、このことをもう少し詳しく見ておきたい。死を考えることを放棄し、気晴らしを正当化する仮想的対話者の心情を綴った文章である。大部分は第四章でも引いたが、あえて再掲する。

私は、自分がいずれ死ぬことだけはよく承知している。だが私の知らない最たるものは、まさに私が避けることのできないこの死そのものである。

私は、自分がどこから来たのかも、どこに行くのかも知らない。私が知っているのはただ、この世を離れれば、永遠に無のなかに落ちてしまうか、永遠に怒れる神の手のなかに抱かれるかのいずれかだということだけである。だが、この二つの状態のうちのいずれが自分に与えられるのかは知らない。これが私の、きわめて無力で不安定な現状である。このことから、私はこう結論する。生涯のすべての日々を、やがて自分の身に何が起こるかなど考えずに過ごすことだと。私の疑問について、ひょっとするとなんらかの光を見いだすことができるのかもしれないが、そのために骨を折りたくはないし、その光を求めるための一歩を踏み出したくもない。しかるのちに、このような心配で頭を悩ませている連中を鼻で笑ってやりながら、何の予測も何の恐れもなく、あの大事件に挑んでみたい。そして、未来の永遠の状態がどんなものかについてはよくわからないままで、ふんわりと死まで運ばれてみたいものだ。[27]

パスカルは「こんなふうに語る者と、誰が友だちになりたいと考えるだろうか。[…] 心配ごとがあったとき、誰がこの者に助けを求めるだろうか[28]」と憤る。それは、この対話者が、やがて死んでしまうというみずからの置かれた悲惨な状態を知りながら、それに目をつぶって「のんびりと」死を迎えると宣言しているからにほかならない。この人物は、人間の尊厳としての「思考」の義務を怠っているのである。

とすれば、この対話者が放棄しようとしていることが、パスカルにとって「正しい思考」となる。それは、死後に自分が、「永遠に無のなかに落ちてしまう」のか、「永遠に怒れる神の手のなかに抱かれる」のか、すなわち、自分はまったくの無に帰すのか、それとも神から永遠の生命を与えられるのかという問いについて考えることである。この「怒れる神」という表現によってパスカルは、人間の肉体の死後に魂の永遠の生命が存在するとしても、

厳しい神の裁定によって、その生命が幸福なものとなる場合（天国に召される場合）と、悲惨なものとなる場合（地獄に落とされる場合）が考えられるということを示唆しているのであろう。パスカルの立場からすれば、「人間の尊厳」とはもちろん、死後の永遠の生を幸福なものとするためにどのようにこの地上の生を生きるべきかを考えることである。

この問いに対する答えはすぐには得られないし、解決の手がかりも見つかっていない。この問題に取り組んでいる人はたくさんいるが、正解にたどり着いた者はおそらくいない。しかし、それでもなお、少なくとも「探求の一歩を踏み出すこと」、これこそが人間の尊厳であり、義務である。パスカルにおいて「死を考える」とは、そのような原理的に解決不可能な問いに取り組むことにほかならない。

「死を考えること」（メメント・モリ）については、モンテーニュが次のように語っている。

> 誰もが行ったり来たり、駆け回ったり踊ったりして、死についてはすっかり耳をふさいでいる。まったくけっこうなことだ。だが、死が自分自身に、自分の妻、子ども、友人に、不意に、いかなる抵抗もできないままに襲いかかってきたときには、どれほどの苦悩、叫び、悔恨、絶望に苛《さいな》まれることだろうか。［…］死に対しては、もっと早くから備えておかなければならない。［…］そして、まずはじめにこの敵からわれわれに対する最大の武器を奪うために、普通とは正反対の方法をとろう。その敵からよそよそしさを取り除き、それと親しくつき合い、慣れよう。何よりもしばしば死を念頭に置こう。(29)

死は不意に近親者に襲いかかり、われわれを苦悩と絶望に陥れる。だがもっと恐ろしいのは、死がいずれ自分自身にも訪れるということだ。モンテーニュにおけるメメント・モリの目的は、何よりもまず、この死に想念の上で慣れ、それを実際に迎える際に味わう恐怖を軽減することにある。人生で最大の不幸は、まちがいなく自分が死ぬこ

とである。だが、この不幸をくり返し念頭に置くことであらかじめ親しみ、それほどの一大事ではないと思い込むことは可能である。「もしも、不幸がわれわれの判断だけを通して入ってくるものであれば、これを軽蔑して幸福に転ずることは、われわれにもできるように思われるからである。[30]」このような「死の軽視」は、「われわれの生にやわらかな平穏を授け、純粋で甘美なる味わいを与える手段[31]」である。この世の最大の不幸と思い込んでいた「生命を失うことが、不幸ではないと納得した者には、人生にいかなる不幸もない[32]」からである。

モンテーニュにとって「死を考えること」とは、このように、あくまでも現世をより安楽に過ごすための実践的な知恵である。少なくともこのとき彼は、パスカルとは異なり、死後の自分の命運を問題にしていない。彼はここで、肉体の死は自己の存在を決定的に無に帰すと考えているようだ。彼は言う。

青春が死ぬということは本質的に、本当の意味で、衰弱した生命が完全に死ぬことよりも、また老年が死ぬことよりも、はるかにつらいことである。なぜなら、悪い存在から無の存在へ飛び降りることは、楽しくはなやかな存在から苦しくつらい存在へ飛び降りることほどには強く響かないからである。[33]

青春が善（＋）で老年が悪（－）、そして死が無（0）になることなのだから、真に耐えがたいのは死よりもむしろ老いであるはずだ、という。ここでモンテーニュが想定しているのは、「生－老－死－無」というライフサイクルである。パスカルのメメント・モリは、モンテーニュのそれとは似て非なるものだ。それは、死後みずからが無に帰してしまうという前提を疑い、「生－老－死－生」の可能性を探ること、言いかえれば、肉体の死後の魂の生命の可能性を探求することである。

では、そのような意味での「死を考えること」が、なぜ人間の「尊厳」と位置づけられるのだろうか。このことがはたして、人間に「気晴らし」以上の幸福をもたらすのだろうか。また、そうだとすれば、なぜそう言えるのか。

この点について、「賭け」の議論に基づいて考察してみよう。

4.「賭け」

『パンセ』の「無限 無」の断章（S680-L418）で展開される「賭け」についての議論は、完成された論述をなしておらず、それゆえに難解であるが、全体としてのパスカルの主張は、次のように要約することが許されると思われる。

神は存在するか否かのいずれかであるが、どちらが真であるかは絶対に不可知である。これは、コインを投げたときに表が出るか裏が出るかを投げる前から知ることができないのと同じである。そこで「表」を「神あり」、「裏」を「神なし」と置きかえれば、「信仰」はコイン投げの賭博で「表」に賭けることに喩えられる。表、裏が出る確率はそれぞれ二分の一であるが、前者をもっと低く見積もってn分の一、後者を一マイナスn分の一（1－1/n）としてもよい（nは二より大きい数）。ゲームへの参加料は、「ひとつの生命」つまり現世における生涯全体である。表が出た場合、勝者には「無限に幸福な無限の生命[34]」（une infinité de vie infiniment heureuse）が与えられるが、裏が出た場合の勝者への配当はゼロである。ただし、表と裏のいずれにも賭けないという選択は許されない（「だが賭けなければならない。それは随意のものではない。君はもう船に乗り込んでいるのだから[35]」）。このとき、裏を選ぶのは愚か者でしかない。配当が与えられる可能性があるのは表に賭けた者だけであり、しかもその配当は数字に置きかえれば「無限大」（∞）なのだから。以上の説明を表で示すと、次のようになる。

参加料	場合	勝つ運	勝った場合の儲け	負けた場合の儲け	数学的期待値[36]
ひとつの生命（有限なもの）	神あり（表）	$\frac{1}{2}\left(\frac{1}{n}\right)$	∞（「無限に幸福な無限の生命」）	0	∞
	神なし（裏）	$\frac{1}{2}\left(1-\frac{1}{n}\right)$	0	0	0

ここで、なぜこの賭けに参加しないという選択はありえないのか、という点については説明が必要だろう。この問題に関する解釈はいく通りもあるが[37]、ここでは次のように理解しておきたい。死後の生命が神によって与えられるか否かというこのゲームの結果は、現世での生涯のあり方全体に関わっている。そこで、仮に「神あり」にも「神なし」にも賭けないという事態が存在するとして、それは結局、「神なし」に賭けているのと同じことになる[38]。両者はいずれも、信仰が課すさまざまな精神的・身体的規律に従わずに、生涯をみずからの裁量のもとに送ることにほかならないからだ。現時点で神の存在・非在のいずれかに賭けているという自覚のない者も、これまでの人生の時間をすでに宗教と離反した生活に充ててしまっている。賭博への不参加と「神なし」への賭けとを区別するのは、その主体の意志のあり方だけである。不信仰者は、そうと知らずに「神なし」を選んでいることになる。

さて、以上の説明を聞いて、パスカルが勧めるとおり、あなたは素直に「表」に賭けることができるだろうか。このゲームに参加するためには、「ひとつの生命」すなわちみずからの生涯全体を差し出す必要があるという。これを認めれば当然、圧倒的に「神あり」を選ぶ場合が有利になる。だがゲームの実態を考えると、この条件は受容しがたい。すでに述べたことから明らかなように、「表」を期待して送る生涯と、「裏」を期待して送る生涯（より正確には、「表」を期待せずに送る生涯）には、質的な差がある。前者は信仰が求めるおそらくは禁欲的な人生

であり、後者は何ものにもとらわれる必要のないいわば自由な人生である[39]。「表」に賭けることは、自己本意の気ままな生涯に代えて、みずから教義の拘束を受けると決意することにほかならない。つまり、「参加料」が課せられるのは、「表」を選ぶ場合だけである。先に、ゲームへの参加拒否は「裏」に賭けることと同じと述べたが、逆に、「裏」に賭ければ事実上いかなる負担もないのだから、結局ゲームに参加しないのと同じである。

それればかりではない。少なくともパスカルが奉じる教義によれば、「神あり」を選択した者が、みずからの生涯を正しく神にゆだねているつもりでも、そのような生活態度が当の神から見て正しいかどうかはつねに不可知なままでありつづける[40]。実のところ、「神あり」に賭けたとしても、（賭けである以上当然ではあるが）それが救済へとつながり、「無限に幸福な無限の生命」が得られるのかどうかは、この世の生の終わる瞬間までわからないのだ。「表」を選ばなければ配当を得る可能性はないが、「表」を選ばないかぎり参加料を失うこともない。しかも参加料は、かけがえのない自分の一生である。

このように考えると、このゲームはもはやコイン投げとは同一視できない。それはむしろ、きわめて選抜が厳しい試験に似ている。合格すれば輝かしい未来が保証されてはいるが、そのためには、一生涯全体にわたる多大な犠牲と努力が必要となる。もちろんそれでも不合格に終わる可能性もある。はじめからそんな試験に挑まない選択もあるのと同様に、ゲームに参加しない、すなわち「神なし」に賭けることも、愚かな選択として切り捨てるわけにはいかない。

5．来世を望むこと

パスカルの目的は、このゲームに参加すること、すなわち「表」に賭けて生涯を送ることこそが正しい選択であ

ると示すことであった。そのためには、そのことによって死後にもたらされる（かもしれない）恩恵の大きさだけではなく、そのような生涯そのものが、「裏」に賭けて過ごす生涯と比べてより幸福であることを論証する必要もあったはずだ。

実は、「賭け」の断章の末尾には、彼がそのような課題を意識していたことを示唆する一節がある。

> 言っておくが、君はこの世にいる間にその賭けに勝つだろう（vous y gagnerez en cette vie）。そして、君がこの道で一歩を踏み出すごとに、勝利が確実であることと、賭けたものが無に等しいことをはっきりと悟るあまり、ついには、君は確実かつ無限なものに賭けたのであって、そのために何も手放さなかったのだということを知るだろう[41]。

「神あり」に賭ける者は、「この世にいる間に」、つまりゲームの結果を知る前から、すでに勝ちを約束されている、と読める。これは、神ありを選べば、ゲームが進行する過程で、未来において自分が望むとおりの結果が訪れるという確信を徐々に強めていくことになる、ということを意味する。つまり、この一節が意図していることはまさに、「神あり」に賭ける生が、「神なし」に賭ける生よりも幸福である、ということの表明にほかならない。このことをより明確に理解するために、次の文章を見てみよう。

> 次のことを理解するのに、それほど崇高な魂は必要としまい。すなわち、この世に真実で確実な満足などなく、われわれの楽しみはすべてうつろなものであり、われわれの不幸は無限であるということ。そして、一瞬ごとにわれわれに迫ってくる死が、まちがいなくほんのわずかな年月ののちに、われわれを永遠の無か永遠の不幸という冷厳なる必然へと陥れるということである。

［…］この世でもっとも美しい生涯ですら、この結末を逃れられない。これについてよく考えた上で、次のことにはたして疑う余地があるかどうかを答えてほしい。すなわち、この世においては来世を望むこと（l'espérance d'une autre vie）以外に幸福はなく、人はそれに近づくにしたがってのみ幸福であること、そして、その永遠について完全な確信をもっている者にとってはもはや何の不幸も存在しないのと同様に、それについていかなる光ももたぬ者にとっては幸福などまったく存在しないということだ(42)。

この世の享楽はすべて、それ自体ささいなものであると同時に、いまこの瞬間にも訪れる可能性のある死によって消え去ってしまうはかないものにすぎない。にもかかわらず、人間はそのような空しい楽しみに興じて日々を送っている。人間は自己の置かれた本来的に悲惨な状況を幸福であるととりちがえている。人間は瑣末な喜びによって満足し、自分にとって真の幸福とは何かという問題について探究を怠る、二重の意味で愚かな存在である。――先に見たとおり、これが「気晴らし」を告発するパスカルの主張である。

ここでは、そこから一歩進んで、かりそめではない真の幸福とは何かが明確に告げられる。それは、「来世を望むこと」である。「来世」そのものではない。「この世」にあって来世の存否は、どのような手段によっても不可知である。パスカルはその上で、それに「近づく」ことが幸福であると言うのだ。しかも、次に見られるように、この状態は、来世の存在についての「疑い」を排除するものではない。

この疑いのなかにあることは、たしかに大きな不幸である。しかし、この疑いのなかにあるときに、最低限不可欠の義務は、探求するということである。だから、疑いながらも探求しない者は、ひどく不幸であると同時に、ひどく不正である(43)。

疑いの状態にありながらも来世の存在の可能性を探求すること、その可能性に賭けて、それが真実であった場合に備えて日々を送ること、これはまさに、パスカルが提示するゲームに参加し、「神あり」に賭けるという事態ではないか。上で見たように、このゲームでは、コインが投げられて、それが落ちてくるまでの間、指をくわえて見ていることは許されない。コインが「表」を示すことを祈り、そうであったときに永遠かつ至福の生を与えられるに値するような努力を生涯怠らないこと。これが「神あり」に賭けるという実践の内実である。パスカルはそのような生を、すでに幸福であると考えている(44)。

さて、賭けが要請するそのような生のあり方が、彼の言う「人間の尊厳」であり義務であるところの「正しい思考」を意味することは、もはや説明の必要もないだろう。「よく考える」(bien penser) ことは「よく生きる」(bien vivre) ことにほかならない。言いかえれば、「思考を規制すること」(règlement de ma pensée) は、そのまま「生涯を規制すること」(régler sa vie) なのである(45)。死を考えること、すなわち死後の生涯の可能性に希望を抱いて生きることだけが人間の幸せなのであり、それ以外の活動――「気晴らし」――によって得られる喜びなど、ささいなものにすぎない、というわけだ。

実際、「賭け」は「気晴らし」と正反対の構造をもつ(46)。「神あり」に賭けるとは、みずからの悲惨な境遇について真剣に考えること、すなわち、死後の自己の運命について考え、それが幸福であることを願い、そのための努力を惜しまないことである。この努力とは要するに、「情欲の放棄」である。パスカルは、賭けをためらう対話者に、こう助言していた。

> であれば、自分を納得させるために、神の証拠を並べ立てるのではなく、君自身の情欲 (passions) を減らすように努めることだよ(47)。

そのようにあきらめられた欲望は、あの世で永遠かつ無限の幸福が与えられるとの「希望」に比べれば無に等しいと思われるようになり、やがてその希望は確信へと変化していくであろう。ここには、現世的な欲望――感覚欲、知識欲、支配欲――こそが神への愛をさまたげているとの、パスカルの根本的な思想が表れている。「神あり」への賭けとは、神のみを愛することであり、同時に自己への愛着――現世的な欲望はここに究極する――を脱することだ。(48)

気晴らしは、まさにそのような「情欲」を動因としていた。狩りとは、未来において得られる獲物を食したいという欲望、さらにはそのような獲物を仕留めた自分の技術を他者に対して誇りたいという欲望を原因とする気晴らしである。しかしこのとき狩人が楽しみを覚えているのは獲物に至る過程そのもの、すなわち現在の「騒ぎ」である。狩人は苦悩を喜びととりちがえている。また、仮に獲物が得られたとして、その獲物は狩人に満足をもたらさない。彼はすぐに倦怠にとらわれるばかりか、今度はもっと大きな獲物を得たいと願うからだ。こうして、現在を未来の虚構の目的に従属させ、騒ぎ―休息―倦怠の悪循環をもたらす根本的な原因は、人間の欲望の肥大化する本性にある。

このような連鎖を断ち切るためには、欲望そのものを放棄するしかない。このときはじめて、この瞬間がそれ自体として自律的なものとなる。現在が次の瞬間のための備えとしての二次的な位置づけから脱却し、各瞬間がそれぞれかけがえのない意味を有することになる。神ありに賭ける者は、「騒ぎ」という偽りの快楽に惑わされることなく、天国の無時間的幸福を現世においてすでに享受することになる。彼が過ごすすべての瞬間には、この世で唯一の幸福である「来世への希望」が満ちている。「表」に賭ける者が「この世にいる間に勝つ」というのは、この意味においてである。

神ありを選ぶ者は、死後の至福への希望という恩恵によってすでに幸福であり、そのような生の結果としておそらく得られるであろう彼岸の生によって、永遠に幸福を享受する。気晴らしが「瞬間」の享楽によって「永遠」を

犠牲にする行為である上に[49]、その「瞬間」にも実のところ幸福は不在であったのに対し、賭けは各「瞬間」の十全な享受を可能にし、さらに「永遠」をもたらすのである。「無限に幸福な無限の生命」に対する無関心としての気晴らしはこうして、「神なし」への——意図せざる——賭けを意味するだろう。気晴らしとは人間が尊厳を喪失した状態であり、賭けはその尊厳を回復する手段にほかならない。「賭け」——来世に向けられた信——こそが、人間の尊厳を構成する「正しい思考」のあり方となる。

*

「考える葦」としての人間の尊厳は、単に思考をもつこと、あるいは思考をはたらかせることにはなく、それを「規制」すること、すなわち正しく行使することにある。それは、自己の悲惨な状態を自覚し、そこから抜け出す可能性を探求することにほかならない。

人間はしかし、そのような尊厳の状態からはほど遠い状態にある。みずからの死すべき運命から目をそらすために、日々「気晴らし」に興じているからだ。気晴らしはたしかにささやかな幸福を人間に与えてくれる。しかしそれはすぐに倦怠に転じ、真の休息をもたらさない。このようなつかの間の不定な幸福で満足した気になるという事実そのものに人間の悲惨がある。

人間の真の幸福は現世にはなく、彼岸における魂の永遠の救済にのみ存する。死を考えることに人間の尊厳があるというのは、この意味においてにほかならない。だが、来世の探求、すなわち「神あり」に全生涯を賭ける行為は、逆説的なかたちで、現世にも「希望」という幸福をもたらす。探求の行為それ自体がそのような希望を徐々に確信へと変えていくからだ。

人間の尊厳とは結局、情欲を捨て去り、個々の瞬間を来世における永遠の休息を得るための手段として位置づけ

る点にある。人間の尊厳としての「思考」のあり方とは、そのようなひとつの実践（プラクシス）であって、純粋精神のはたらき（テオリア）ではない。それは、パスカルが「精神」よりも「無限の上にも無限に」上位に位置づける「慈愛」を希求する意志、あるいは「心」のはたらきに導かれた行い[50]であると言えるだろう。[51]

第七章

無知

パスカルにおいて無知は、神なき人間の定められた状態である。人間は無知から逃れることを望むが、それが叶えられないゆえに不幸である。

「伝道の書」は、神なき人間が何ごとにも無知であり、不幸から逃れようもないことを示している。望みが叶わないのは、不幸なことだからだ。人間は幸福になりたいと願い、なんらかの真理を確証したいと望む。しかし人間は、知ることもできず、知ることを願わずにもいられない。[1]

無知を自覚する者は不幸である。動物は人間より無知かもしれないが、知りたいと望まないかぎりにおいて、不幸ではない。

なぜ人間は無知なのか。パスカルは主として二つの理由を挙げている。第一は、原罪による人間の堕落である。神は人間を完全無垢な存在として創造した。人間は光と知性に満たされていた。「このとき人間は、目を曇らせる闇のなかにも、死すべき状態のなかにも、自己を苛む悲惨のうちにもなかった。[2]」だが人間は、あるときとてつもない倨傲《きょごう》にとらわれ、神の支配からの独立を企てた。その結果、

私［神］は人間をなすがままに放置し、人間に服従していた生き物どもが刃向かうようにしむけ、その敵となした。そうして今日では、人間は獣に似たものとなり、あまりにも私からかけ離れた状態にあるため、人間のなかには、創造主の混沌とした光がかろうじて残されているにすぎない。それほどまでに、人間のあらゆる知識は、消失と混乱のいずれかの状態にあるのだ。[3]

人間の途方もない欲望に対して神から下された罰が、当初定められた階層秩序の変更（「神／人間／動物」から「神

／人間＝動物」へ）と、人間の知的能力の衰退によって説明されている。このとき残されたのは、自分には「真理」と「善（幸福）」を独力で見いだすことができないという悲劇的な認識のみである。(4) 人間は無知を自覚するという点で、動物よりもむしろ悲惨である。人間は神から隔絶することでもはや神とは何かを知らず、とりわけ、自分が何者であるかがわからなくなる。(5) 人間は自分自身にとって謎の存在となり、自己の現状と運命についてたえず自問することを強いられるだろう。

人間の無知についてパスカルが指摘する第二の原因は、人間が身体をもつという事実に関わる。第四章で見たとおり、彼の考えでは、主体の認識能力は、その主体の存在論的条件によって限界づけられている。(6) パスカルにおいて自然は無限である。いかに広い空間（たとえば「天空をめぐる幾多の星に取り囲まれた軌道」）にもより大きな空間が存在し、いかに小さな生物（たとえば「壁蝨《だに》」）の極小の部位も、より微細な物質に分割できるはずだ。(7) 人間は身体をもつかぎりにおいて、大きさの点でそのような二つの無限の「中間」であり、その置かれた場所も、無限の広さをもつ宇宙の「中間」（「中心」ではない）にある極小の一点である。このとき人間の認識のおよぶ範囲にもおのずと限界が生じる。「われわれの知性が認識可能な事物の序列のなかで占めている地位は、われわれの身体が自然の広がりのなかで占めている地位と同じである。(8)」人間は自然界の多種多様な事物の「中間」をかいま見ることしかできず、「その始まりと終わりを知ることについて、永遠の絶望のなかにある」(9)。人間は他方、身体と精神という異種の実質の混成であるが、この事態がまた、人間の認識能力を著しく小さくしている原因となる。パスカルにおいて、主体が対象を認識する条件は、両者になんらかの「均衡」(proportion) や「類似」(ressemblance) が存在することである。有限が無限を認識できないのと同様、身体と精神からなる存在は、純粋に物質的な対象も、純粋に精神的な対象をも知ることができないのである。

また、『プロヴァンシアル』でも、やや特殊な文脈においてであるが、無知が主題化されている。それは、「第四の手紙」の「無知の罪」(le péché d'ignorance) をめぐる議論に際してである。手紙筆者モンタルトの対話相手であ

るイエズス会の神父の主張はこうだ。

われわれが罪を犯す場合、あらかじめ神から、その行いが悪であることを知らされ、それを避けるように促す霊感を与えられていないかぎりは、その罪の責任を負わされることはない(10)。

つまり、ある行いが罪とされるためには、行為者が事前に神から、その行いが悪であることを知らされている必要がある、ということである。モンタルトとその友人のジャンセニストは、これに対してそれぞれ反論を行う。とりわけ後者は、パウロも無知によって罪を犯したこと、イエスを十字架につけた者どもが、自分たちの行いが悪であることを知っていたわけではないにもかかわらず赦しを必要としたことなど、聖書に基づいた論拠を提示した上で、こう述べる。

神父様、［…］これからはもう、次々と身内の著作家をもち出してきては、正しさの何たるかを知らずに罪を犯すことは不可能だ、とはおっしゃらないでください。そうではなく、聖アウグスティヌスや昔の教父たちに倣い、正しさの何たるかを知らないときには、罪を犯さずにはいられない、と言ってください(11)。

パスカルにとって、道徳が問題になるとき、正邪に関する無知は、罪を犯す可能性を減少させるどころか、むしろ必然的に罪を導く。それが悪であると知らずになされた行為も、罪であることを免れない。無知は罪の条件であり、ひいては、無知そのものが罪なのである。アリストテレスの説明によれば、行為の責任を免除されるのはその行為が無意識になされた場合だけである（弩弓《どきゅう》を見せようとしてつい矢が放たれてしまい人を傷つけた場合や、メロペー『メッセネの王クレスポンテスの妻』のように、敵を殺すつもりが自分の息子を殺してしまった場合など(12)）。人

が自身の行為の正邪を知らない場合も、その行為に意志が介入しているかぎりにおいて、断罪を免れない。

このように、パスカルは人間の無知を、ことあるごとに強調している。『パンセ』においても『プロヴァンシアル』においても、多くの場合「無知」は悲劇的な価値づけを与えられており、やがて解消すべき悲惨な状態とみなされている。とりわけ彼のキリスト教弁証の試みにおいて、このことが、語りかける相手に納得させるべき基本的な認識をなしていることはまちがいない。

とはいえ、パスカルにおいて、人間のあらゆる活動における「無知」が、すべてこのような否定的な価値を負わされているわけではない。人間の知るべき対象は多岐にわたっており、そのそれぞれにおいて一律の態度を適用することは困難だ。それにそもそも、人間の知性が原理的に有限である以上、神のような全知を期待してもしかたがない。人間は、おのれの無知なる現状を認めた上で、どのようにふるまうべきなのか。本章では、この問いについてのパスカルの考えをたどってみよう。

パスカルが言及する人間の無知は、主として次の三つである。すなわち、正義に対する無知、歴史上の出来事や自然の因果関係に関する無知、自己の死後の運命に関する無知だ。これらはそれぞれ、政治、学問、宗教のそれぞれの分野に関わる。そしてこの三分野は、パスカルの「三つの秩序」、すなわち「身体の秩序」「精神の秩序」「慈愛の秩序」のそれぞれに対応している。(13) 以下では、これら三つの無知について、順に考察していこう。

1. 正義の無知

(1) 既存の法を尊重すること

プラトンは理想国家の統治を真の正義を見つめることのできる「愛知者」にゆだねたが、パスカルにおいて、正

義は人間が知りうる対象ではない。パスカルは政治を、人間の無知を前提とした営みであるととらえる。

人間は、みずから統治すべき世界のしくみを、いったい何を基盤にして築き上げようとするのか。各個人の気まぐれだろうか。とんでもない！　では、正義だろうか。いや、人間はそんなものを知らない。もし知っていたら、人間界のすべての原則のなかでもっとも普遍的な次の原則を打ち立てたりしなかっただろう。すなわち、個々人はその国の習慣に従うべし、との原則だ。[14]

各地の習慣が、正義に代わる統治の基盤となっている。その証拠に、法は場所によって異なるし、時間によっても変化する。それらさまざまな実定法も、すべて人類共通の「自然法」には従っているはずだという反論を、パスカルは言下に否定する。「滑稽の極みだが、人間の気まぐれが法をはなはだしく多様化したばかりに、もはやそんな［共通の］法などひとつもないのだ。／盗み、近親相姦、子殺し、親殺し、すべてが有徳な行為に数えられたことがある。[15]」習慣には本来、正義の代わりとなるいかなる資格もない。それでも習慣が法として通用するのは、「それが受け入れられているからという唯一の理由による。[16]」法は正しいから守られるのではなく、守られることによって正しいとみなされるのである。「法が正しいがゆえに従っているという者は、法の本質にではなく、自分が想像する正義に従っているのだ。[17]」法の通用する期間が長ければ長いほど、民衆はその「権威」(autorité) への信頼を高めていく。政治は、人間の正義に対する無知と、法が虚構であることについての無知という、二つの無知によって機能している。

この第二の無知を、パスカルは「愚かさ」(folie) とよんでいる。「王たちの権力は、民衆の理性と愚かさとによって成り立っているが、愚かさのほうにずっと大きく依存している。[18]」つまり、国家の秩序の安定を支えているのは、民衆の無知である。もし民衆が法が無根拠であると知れば、制度の改変、ひいては体制の転覆を求めて為政者への

反乱を企てるだろう。フロンドの乱がその一例である。これによって誰が利益を得たのか。王権は多大な損害を被り、蜂起した民衆は弾圧され、反乱を煽動した貴族たちも破滅に追いやられた。国家全体が著しく疲弊したのだ。国家の法の起源を探求すること、「それは、確実にすべてを台なしにする行いである。」[19] パスカルはこうして、「人々の幸福のためにこそ、しばしば彼らをあざむくべし」と語る「もっとも賢明な立法家」（プラトン）を支持する。[20] 国家の起源は強者による弱者の利益の横領である。[21]「それ［横領］をすぐに終わらせたくないのなら、そのことが正統で、永続的なものであると信じさせることだ。そして、その起源を隠蔽することだ。[22]」

次は、知恵の多寡によって区別された集団のそれぞれが、既存の法に対して取る態度について述べた一節である。

さまざまな段階。民衆（le peuple）は貴族を敬う。生半可な知者（les demi-habiles）は、生まれという優越はその人物によるのではなく偶然によるのだと言って、貴族を軽蔑する。知者（les habiles）は、民衆の考えではなく、裏の考え（la pensée de derrière）に従って、貴族を敬う。知恵よりも熱情にまさる篤信家（les dévots, qui ont plus de zèle que de science）は、貴族が知者たちによって敬われている理由を知りながらも、貴族を軽蔑する。彼らは信心によって与えられた新たな光によって判断するからだ。だが、完全なキリスト者（les chrétiens parfaits）は、さらに別の上位の光によって、貴族を敬う。

こうして、人が光を多く与えられるに従って、意見は正から反へと順に変化する。[23]

民衆は、貴族階級による国家の支配を正当な根拠によるものと信じて、貴族に敬意を抱く。共同体の秩序を善と見るパスカルの立場からすれば、このような民衆の「愚かさ」はむしろ好ましいものとみなされる。事実、民衆と同様、「知者」や「完全なキリスト者」は、既存の法が支配階級の恣意以外の根拠をもたないと知りながら――「裏の考えに従って」――その支配を受け入れている。反対に、「生半可な知者」および「知恵よりも熱情にまさる篤

信家」は、法の恣意性を理由に、貴族による支配に反旗を翻す。これら直情的な反体制の改革者たちの誤りは明白である。普遍的な正義などどこにも存在しない以上、改革後に打ち立てられる別の法制度も、新たな支配者の考える主観的な正義以外の根拠をもたないのだ[24]。

ここで注意すべきは、パスカルが政治の領域において、人々の善意や悪意ではなく、それらのもたらす結果だけを問題にしているという点である。彼が、現行の法の恣意性を民衆に対して隠蔽することを推奨していることはすでに見た。極端に言えば、単に支配者側がおのれの利益を守るという独善的な理由によるものであったとしても、それは許容されるのである。他方、「生半可な知者」と「篤信家」はともに、現体制に不備や不当を認め、衷心からよりよい社会の実現を目指して行動を起こしているのかもしれない[25]。みずからの身の危険を顧みず、過度の抑圧に苦しむ人民の救済だけをひたすらに求めて立ち上がったのかもしれない（実際、暴君の暗殺をなしとげたとたん、刺客に命を奪われた者たちの例は枚挙にいとまがない）。しかしパスカルにとって、そのような自称改革者の善意は、なんら称賛に値しないどころか、唾棄すべき自己愛の発露にすぎない。国家に騒乱をもたらし、ひとつの悪を別の悪に置きかえる結果に終わることは目に見えているからである。パスカルにとって、地上において避けるべき最大の悪は内戦であり[26]、いかなる犠牲を払ってでも維持すべき最高善は平和である[27]。国家の平和をさまたげる行いは、どのような高邁な理想をともなっていても、不正の極みと断じられるのである[28]。

（2）　賢明なる無知

こうしてパスカルにとって、政治の領域において、無知はそれ自体、いかなる瑕疵《かし》でもない。彼によれば、無知には二種類あるという。

世間はものごとを正しく判断する。なぜなら、世間は人間の真の座である自然の無知のなかにあるからだ。知

識には互いに接する両極がある。一方の極は、すべての人間が生まれつき置かれている純粋な自然の無知（ignorance naturelle）である。他方の極は、偉大な魂の持ち主が到達する無知である。彼らは、人間が知りうることのすべてをひととおり見わたしたのちに、自分は何も知らぬことを悟り、出発点となったまさに同じ無知へとまた立ちもどるのである。だがそれは、おのれを知る賢明なる無知（ignorance savante）である。[29]

無知には「自然の無知」と「賢明なる無知」の二つがある。前者は、生まれたての人間すべてが置かれる、いかなる知識をももたない状態。後者は、人間が到達可能な最高の知恵をそなえた無知の状態、だという。この二つの無知は、「互いに接する」ばかりでなく、「同じ無知」でもある。このことは、「人間の知りうることのすべて」が、（神のもつ知恵と比較して）いかにささいなものであるかを示唆している。では、二つの無知の間にある違いとは何か。それは、その無知を自覚しているか否かという一点である。最高の知恵が到達する無知とは、知識を究めながらも、自分が無知であると知っている状態、すなわち、ソクラテスの到達した「無知の知」の状態にほかならない。そしてここには当然、きわめて真摯な謙遜の念がともなっている。謙虚でなければ無知は自覚できないからだ。[30] ここで、「自然の無知」が、先（二一二頁）に引いた「さまざまな段階」で始まる断章における「民衆」の状態に、「賢明なる無知」が、「知者」および「完全なるキリスト者」の状態に、それぞれ対応していることは明らかであろう。知恵の階梯をひとつひとつたどることで人が獲得する「光」とは、みずからの無知に対する確信と、それにともなう謙遜の徳にほかならない。

これとは対照的に、「両極の間にあって、自然の無知から出発し、賢明なる無知へとまだ到達できない者たちは、思い上がった知識（science suffisante）のみかけをまとい、知ったかぶりをする。この連中こそが世間を惑わし、すべてにおいて誤った判断を行う。[31]」彼ら中間者の錯誤は、自身の知恵がいかにささいであるかを知らない点と、わずかな（しかも不確かな）知識のゆえに驕り高ぶる姿勢にある。「生半可な知者」「知恵よりも熱情にまさる篤信

家」が、この中間者に当たることはいうまでもない。

パスカルにとって、政治は純然たる世俗の営みであり、そこに宗教はいかなるかたちでも関与してはならない。このことは、キリスト教の教義が強調している点でもある。[32] パスカルが政治を「身体の秩序」に位置づけ、「慈愛の秩序」との間に無限の懸隔を設けたのもそのためである。先の「篤信家」は、宗教の原理を現世の共同体に及ぼそうと試みた点で誤っているのだ。[33] そのような地上的な営為においてパスカルが尊重するのは、真理を探求する姿勢ではない。むしろ彼は、真理が不在であることを認めて、「おのれを知る無知」、すなわち人間が根本的な無知の状態にあることを自覚することに理想を見ている。だがそれは、人類最高の知恵者にしてようやく到達できる境位にすぎない。凡人はみな、現今の法や制度に不満をもち、いたずらに変革を叫んで国家に損傷を与える。これよりは、現今の法が正義に基づいていると想像して従う、純然たる無知の状態（「愚かさ」の状態）のほうがずっと望ましいのである。

以上の考えは、パスカルが説く君主の倫理の前提をなしている。次に、このことを確認しておこう。

(3)　君主の倫理

パスカルは、『大貴族の身分に関する講話』（以下『講話』とよぶ）で、貴族の子弟である「若君」に対して、将来彼が君主となったときにもつべき心がまえについて語っている。パスカルはその「第一」を、およそ次のような印象深いたとえ話で始める。

ある男が嵐に遭遇し、見知らぬ島に漂着した。その島の住民たちは、ちょうどしばらく前に行方不明になった王を探していたところであった。男はその王と体つきも顔つきもそっくりだったため、住民たちは彼を王であると思い込み、そのように遇した。男ははじめは戸惑ったものの、結局この幸運に身を任せることにした。彼は王としてふるまいながらも、「二重の考え」（une double pensée）によって、自分がいまの境遇にあるのは偶然の結果である

ことを忘れなかった…[34]。

パスカルによれば、若君が公爵の息子という高位にあり、富にも恵まれているのは、この男が島の王になったのに比べてまさるとも劣らぬほど大きな偶然による。富が先祖から若君に相続されるのは、自然法によるのではなく、単に立法者の恣意のおかげにすぎない。また、若君が領地において所持する権限は、偽者の王と同様、自分本来の資質や功績によって得られたものではない。

続くパスカルの助言を引用しよう。

> さきほど話題にした男のように、二重の考えをもつことです。人々に対して、表面的にはご自分の地位にふさわしくふるまえばよいのですが、秘かな、しかしより真実の考えによって、自分はもともと、彼らよりもまったく優れてなどいないということを認めなければなりません。[…]
>
> あなたを敬愛する民衆は、おそらくこの秘密を知らないでしょう。彼らは、貴族の身分が現実の徳性（une grandeur réelle）であると信じ、貴族たちを、ほかの人間とは別種の人間であるとみなしかねないほどなのです。彼らが誤っていると知らせるには及びません。ですが、そうして人からもてはやされることに天狗になり、状況を悪用してはいけません。そしてとりわけ、自分が他人よりもなんらかの優れた資質をもっているのだと思い込むなどして、本当の自分を見失うことがありませんように[35]。

この『講話』には、上で見てきたパスカルの政治をめぐる考えと、そこにおける「無知」の役割に関して、いくつか共通する観点が認められる。

第一に、君主は「二重の考え」をもつべしとする点。「二重の考え」とは、一方で、自分が貴族としての社会的責務を負っているという事実についての認識、他方で、自分にそのような地位が与えられたのはひとえに偶然によ

るものであり、そこに自己の生来の資質はまったく関与していないということの自覚である。この「二重の考え」は、既存の法を根拠づける正義が不在であることを知りながら、その法に従うことを正当とみなす「知者」や「完全なるキリスト者」が抱いていた「裏の考え」を想起させる。「二重の考え」もまた、君主がみずからの統治者の資質に正当な根拠がないことを知りながら、その社会的な責務を遂行することを可能にするのである。

第二は、自己を知ることの重要性を強調している点である。パスカルにとって、上の「二重の考え」を抱く状態とは、つまるところ自己の本来の姿を意識している状態を意味する。自分が民衆よりもなんら優れた資質をもたぬことを知ることが「真実の考え」なのであり、「人からもてはやされることに天狗になること」が「本当の自分を見失うこと」である。高位が自分に与えられたことを当然と受け止め、自分が庶民よりも高貴な人間であると思い込むことは、島に漂着した偽者の王が、自分こそ王座にふさわしいと考えるのと同じように誤っている。自己を知るとは、自分の身のほどを知って謙虚に努めるということである。これは、自分が無知であることを自覚する「賢明なる無知」の境位に通じる。

そして第三に、現行の法体制のなかに「正義」を想像して服従する民衆の錯誤を容認する点である。民衆は、貴族の権威を現実のものとみなし、場合によっては、彼らを「別種の人間」とまで錯覚して畏敬の念を抱いている。その上でパスカルは、あえて民衆に真実を知らせるには及ばないという。これはもちろん、彼らが貴族に対する崇敬を失い、服従をやめ、ひいては反乱を起こす可能性を未然に防ぐためである。『講話』においても、国家の平和を最高善とみなす姿勢は明らかである。

『講話』におけるパスカルの主張はこうして、『パンセ』における彼の政治論を忠実に敷衍したものであると言えるが[36]、ここには一点、『パンセ』では明瞭ではなかった要素が強調されているように思われる。それは、為政者の臣民への愛である。君主が「二重の考え」をもつことは、自己の優越性の否定、驕慢への自戒につながることは、すでに見た。このような謙遜の念は、他者への思いやりを生じさせ、権力の濫用を抑制させる効果をもたらすので

ある。「秘かな考え」は、純粋な哲学的観想ではなく、よりよい統治のための実用的な知恵である。このことは、「第一の講話」の末尾部分に明らかである。

> この忠言は大変重要です。なぜなら、大貴族のあらゆる乱行、あらゆる暴力、あらゆる虚栄は、彼らがみずからを知らぬことに由来するからです。自分が他のすべての人間と対等な存在であると衷心から認め、神から授かった、自分を他人の上に立たせるわずかな特権に見合う性質も自分にはそなわっていないと納得している人ならば、他人に対して横柄にふるまうことなど、まずないでしょう。[37]

臣民が君主に寄せる敬意は、その君主の身分を定める法や習慣という制度の威光にのみ依存するのではなく、むろん君主のもつ人格にも影響される。たとえ国家の平和が大切だと認識していても、暴君に素直に従うのは困難だ。為政者と民衆との関係は相互的なものであり、共同体の秩序が維持されるためには、前者が後者の意志と希望を尊重することは不可欠である。君主の思い上がりによる横暴は、あらゆる秩序を破壊する。[38]

パスカルは「第二の講話」で、臣民が君主に捧げる敬意を、「制度上の敬意」（les respects d’établissement）と「自然の敬意」（les respects naturels）の二つに区別し、前者を秩序への配慮によって生じる儀礼的な敬意、後者を君主の自然本性上の偉大さに向けられる敬意であるとしている。民衆が「自然の敬意」を与えるのは、「魂あるいは身体の実質的な特性」（qualités réelles et effectives de l’âme ou du corps）をそなえた君主に対してのみである。[39] 民衆はそのような内在的な徳を欠いた君主にも「制度上の敬意」を拒んではならないが、「自然の敬意」に従えば、より誠実に奉仕することができるだろう。君主は、臣民との間にそのような関係を築くことができるように、「自然の偉大さ」を身につけるように努めなければならない。謙遜は、自己愛と対置され、キリスト教最大の徳である「慈愛」（charité）につながる徳であり、まぎれもなくそのような自然的な資質のひとつである。[40]

このように見たとき、政治の領域における民衆の「無知」は、あらためてどのように解釈されるだろうか。パスカルは民衆が法の無根拠性を知らずに従うさまを、「愚かさ」と形容したが、この愚かさは国家の平和を維持するために積極的な役割を果たしていた。だが、それだけではない。この国家の平和の状態において幸福を得るのは、まさにその成員である民衆自身である。民衆がこの「愚かさ」の状態を脱して「生半可な知識」を得たとたん、制度に対する反乱が内戦へと発展し、やがては国家全体が崩壊へと向かう。そうしてその成員も滅び去っていく。こう考えると、パスカルが若君に、民衆を無知の状態にとどめておくように助言するのは、その当の民衆の幸福と安全を保証するためであると理解することができる。為政者は、臣民を愛すればこそ、彼らに真実を告げないほうが賢明なのである。パスカルは『パンセ』にこう記している。「慈愛を犠牲にしてまで真理を維持しようとするのもまた、誤った信心（un faux zèle）である。」[41]

人間の正義に対する無知は、共同体の保全、ならびにその成員の幸福の障害にはならない。むしろ中途半端な知恵こそが、平和をさまたげるきっかけになりかねない。だが、民衆の「愚かさ」だけに支えられた平和は、脆弱なものにとどまる。国家の安寧のためには、為政者こそが自己の本来の卑小さと無知を知り、臣民を「慈愛」をもって遇しなければならない。このときはじめて臣民は、君主に「自然な敬意」を捧げるのである。

次に、「精神の秩序」における人間の無知について見ていこう。

2. 学問的真理の無知

(1) 権威の学と理性の学

第三章でも概略を示したとおり、『真空論序言』は学問全体の二分類を提示している。[42] ひとつは、「ただ著者たち

が書いていることを探求するだけの分野」。たとえば「歴史、地理、法学、言語［原文空白］そしてとりわけ神学」がそれだ。これらは、「ただ記憶にのみ依存し、純粋に歴史的であって、著者たちが書いたことがらを知ることのみを目的とする。」したがって、過去に書かれた書物の全体に含まれている以上の知識は得られない。「われわれを教えることができるのはひとえに権威（autorité）のみである。」(43)これらの学問をここで仮に〈権威の学〉とよぼう。(44)

他方、「感覚（les sens）と推論（le raisonnement）に従う分野」がある。「幾何学、算数、音楽、自然学、医学、建築」がそれだ。ここにおいて権威は無用であり、理性のみが隠された真理を探究することができる。これらの学は、「増強されることで完全へと近づくさだめ」なのであり、「われわれはそれらを、古代人から受け取ったときよりも完成された状態で、後代の人々に手渡すであろう。」(45)これらの学をここで〈理性の学〉とよぶ。

さて、〈権威の学〉〈理性の学〉両者のあり方のいずれもが、人間の認識の有限性を明らかにしている。言いかえれば、学問という営為が、人間の根本的な無知を前提にして成り立っていることがわかる。どういうことか。

まず、〈権威の学〉においては、われわれが獲得しうる知識の範囲を、既存の書物が画している。その典型は歴史学である。たとえば、古代においてある国に起こった出来事について知るためには、それについて書かれた書物や資料を参照する以外に方法はない。だが、そのようにして得られた知識が真実かどうかについては、決定的な判断は不可能である。その著者が嘘をついたり勘ちがいしている可能性があるし、書かれていること自体が伝聞に基づいている場合もあるからだ。後者の場合、新たにその伝聞情報の信憑性を疑う余地が生じる。複数の資料の間で相互に矛盾する記述が見つかることもあるだろう。その場合、いずれの著者の権威がより正当かという判断を求められるが、この判断も確実ではありえない。判断に際して、著者の誠実さや教養の高さ、記述の詳細さなどの周辺的な要素を考慮に入れるが、そのような手がかりそのものが当てになるとは限らない。いかにも信憑性が高く見える人物をこそ怪しむという判断にも、つねに一理はある（モンテーニュは、「単純で無教養な男」の証言を信頼すると言っている）(46)。しかしそもそも、あたりまえの話であるが、人間の認識能力は有限なのであって、いかに有能

な著者にとっても、あるひとつの事件についてですら、網羅性の観点からも、客観性の観点からも、およそ完全な報告など不可能である。こうして、過去の出来事についての知識はすべて、原理上、蓋然的なものにとどまる。[47]

パスカルが〈権威の学〉のなかで特別視する「神学」についてはどうか。パスカルの立場からすれば、神学が依拠する「聖書と教父たち」という権威は絶対であり無謬である。「そこでは権威が真理と不可分であり、権威を通してのみ真理を知りうる。[48]」つまり、聖書と教父の著作に書かれてあることだけが真理であって、そこに書かれていないことはすべて誤り、ということになる。しかし、ことはそれほど単純ではない。聖書を絶対の権威と認めて服従している者同士の間でも、そこに書かれたことがらをめぐって、異なる解釈が生じることがあるからだ。たとえば、聖体のなかには実際にキリストの血と肉とが臨在しているのか、それともそれはキリストの血と肉の象徴にすぎないのかという問いは、同じ一節の解釈から生じた問いであるが[49]、そのいずれが正しいかは、その著者以外には答えられない。著者に直接尋ねることができない以上、その判断には別の権威（カトリックにとっては教皇）に従うほかないが、この新たな権威はもはや絶対ではないのである。また、聖書に書かれたことは、字義的に解釈された場合に、かえって著者の意図を曲解することにつながる場合もある。パスカルにとっては、旧約聖書のユダヤ人による解釈がまさにそれであった。本書第二章で詳述したように、彼によれば、ユダヤの民は、聖典を虚心坦懐に読んだばかりに、それが約束する富が物質的なものであると勘ちがいし、到来したキリストを本人であると理解できなかった。キリストは物質的な富ではなく霊的な幸福をもたらしたからである[50]。このように、書物に書かれたことがそのまま著者の意図を伝えているわけではないという事実は、聖書についても――というより、聖書においてとりわけ――該当するのであり、神学における真理も、人間の力では確定できないはずだ。要するに、〈権威の学〉のすべてにおいて、人間の知識は有限なままにとどまる。

次に、〈理性の学〉である。パスカルは、人間と動物の根本的な違いを、前者が「理性」をもち、後者が「本能」しかもたないという点に認め、「［人間の］推論（raisonnement）の結果はたえず増加するのに対して、動物の本能

の結果は、つねに同じ状態にとどまる[51]」と語る。[52] 蜜蜂の巣の形は見事な六角形をなしているが、その技術は蜜蜂が学習して得たものではなく、彼らの本能の必要に応えて自然が与えたものにすぎない。これによって本能の欲求が完全に満たされている以上、もはや彼らの知識は増えることがない。だから巣の形は千年前もいまも変わらないのだ。「自然は動物たちを、限られた完全性の秩序（un ordre de perfection bornée）のなかに維持することのみを目的としている」のであり、「自然は［…］動物たちに、そこに何もつけ加えることを許さない。[53]」これに対して、「無限を目指すように定められた人間」（l'homme, qui n'est produit que pour l'infinité）は、自然によって与えられた知識は限られていても、生涯の間にみずから学び、知識を蓄積していく。自分自身の経験のみならず、過去の人々が蓄えた経験に書物を通じて触れることで、自分のものとすることもできる。推論をはたらかせ、実験を行うことによって、みずから新しい発見を行うことも可能である。しかもこのような進歩は、人類全体についても言える。とりわけ〈理性の学〉においては、古代人が与えてくれた知識がわれわれにとっての踏み台の役割を果たしてくれたおかげで、われわれが彼らよりも知識において優越していることは明白だからだ。「それゆえ人間のもつ特権によって、個々の人間が日に日に学問において先へと進むだけでなく、人間全体としても、宇宙が老いるに従って、たえず学問において進歩していく。[54]」

動物の知識が一定で、個体においても種においても増大することがないのは、彼らにおいて、必要とされている知識と所有している知識が完全に一致しているからだ。[55] 彼らは生得的な（「自然」が与えた）知識以上のものを求めない。蟻は空を飛ぶための知識を欲しないし、鳥は泳ぐための技術を得ようとしない。彼らは無知であるが、おのれが無知であることを知らない。現状を不幸と感じないかぎり、無知であることの自覚は生じない。一方、人間の知識が無限に増大する可能性をもつのは、彼らが無限の知識欲をもつからだ。人間は知識欲によって諸学問と諸技術を発展させることで、みずからの自然状態を脱した。とりわけ二〇世紀以降、工学と医学をはじめとする自然科学（〈理性の学〉）の分化と発展、およびそれに関連する技術の進歩の速度はすさまじく、いまや人類自身が、そ

の恩恵とともにその弊害の大きさを見失ってしまっているほどである。だが、学問がたえず進歩するということは、人間にはつねに獲得すべき知識が存在するということであり、つまりは、人間の知恵がいつまでも有限の状態にとどまることを意味する。そして、パスカルにとって有限は、いかに大きな量であったとしても、無限と比べれば無と同じである。「われわれの分として与えられたこの中間が、両極からはつねに隔たっている以上、誰かがものごとの知識を少しばかりよけいに蓄えたところで、いったい何になるだろう。その人が本当によりよく理解していて、少しだけだがより高い位置からものごとをとらえていたとしても、極端から無限に遠いことにかわりはない。[56]」人間は全知を求めつづけるかぎりにおいて、永遠に無知でありつづける。言いかえれば、学問のたえざる発展を支えているのは、自己の無知を自覚し、それを改善したいという欲求にほかならない。人間の知識も動物の知識も、有限であるという点で根本的な差異はない。違いはみずからの無知を意識し、それを不満と感じるか否かという点だけだ。

〈理性の学〉は、発見された知識がつねに更新される可能性があるという点からも、人間の知恵の有限性を示す。『真空論序言』においてパスカルは、古代人の誤りが「その推理の力の不足よりも、むしろ幸運な経験の不足」を原因としていると語る。彼によれば、望遠鏡の発明によって無数の小さな星が見えるようになったことから、「銀河の白色の真の原因」が解明され、「月下界の球層の外」にも生成変化があることが一般に認められるようになった。また、これまで真空を出現させる実験が知られていなかった以上、古代人には「自然は真空を嫌悪する」と語る権利があったのだ。「彼らが、自然はまったく真空を許容しないと判断したとき、その自然とは、ただ彼らが知っている状態における自然のことのみを言おうとしていたのである。」パスカルはここで、古代人の見解が現代の知見によって修正され、自分たちが真理にたどり着いたと主張しようとしているが、これが行きすぎであることは明らかである。現時点での結論も、その後の実験や観察によって覆される可能性があるからだ。パスカル自身がこう語っている。「その証拠が、論証によらず、経験によっているあらゆる分野においては、すべての部分、あるいは

すべての異なった場合を包括的に列挙するのでなければ、どんな普遍的な断定もできない[57]」と。『パンセ』のある断章では、「明日も日が昇る」「われわれは死ぬ」という命題すらも「証明」されたわけではなく、習慣によって信じられているだけであるとされている[58]。いかなる命題にも、未来永劫ひとつも反証が現れないという保証はない。こと〈理性の学〉に関して、この「包括的な列挙」が不可能である以上、すべての命題は暫定的な真理にとどまるのである。学問は人間の知識への飢えによって成り立つが、無知なる状況は永遠に根本的な解消を見ない。

(2) 知恵と謙遜

〈権威の学〉の対象となることがらにおいて、著者の証言の信憑性と、その証言の解釈の正当性は確証できない。また〈理性の学〉において、現在のいかなる知見もつねに更新される可能性がある。

いや、第三章ですでに検討したように、そもそももっと根本的に、人間のあらゆる認識の基礎となる「第一原理」や「原始語」の観念といった自然的諸原理も、純粋な虚妄でないという確実な証拠はない。それは、(信仰や啓示といった神秘的な根拠が与えられないかぎり) 人間が独力で真理であると確証できるものではなく、単にわれわれが習慣的に真理であるとみなしているにすぎない。パスカルは人間において、感覚の介入を排除した純粋精神による明証的な認識の可能性を認めないのである[59]。

以上から、学問において人間がなすあらゆる発見は永遠に「真実らしい」ものにとどまる。このときパスカルにとって、政治の分野において、正義の探究をあきらめ、立法者の恣意によって打ち立てられた規則に従うことが賢明であったように、学問の分野においても、民衆の謬説に満足することは正しい選択となる。

あることがらの真実を知らないとき、人間の精神を固定する共通の誤りがあるのはよいことだ。たとえば、季節の移り変わりや、さまざまな病気の進展を月のせいだと考えるような誤りである。なぜなら、人間の主な

病は、自己が知りえないことがらに対する飽くなき好奇心だからだ。だから、人間にとって、こうした無益な好奇心よりは、誤解のなかにいるほうがまだましなのだ。[60]

好奇心（curiosité）は、キリスト教の三邪欲のひとつである「目の欲」（concupiscence des yeux）あるいは「知識欲」（*libido sciendi*）と同一視される。[61] 好奇心の罪深さは、人間が宇宙全体の真理を探り当てることが永遠にない以上、決して満たされることがないという点にある。だが、それだけではない。人間の好奇心は、それによって知りえたことを他人に伝えて誇りたいという欲望によって支えられている。このとき好奇心は、最大の邪欲である「支配欲」（*libido dominandi*）、あるいは「傲慢」（orgueil）に変貌する。

傲慢。

好奇心はたいていの場合、うぬぼれにほかならない。人が何かを知りたがるのは、それについて人に語って聞かせるためである。さもなければ、誰も航海などしないだろう。人に何も語らず、単に見る楽しみのためだけで、人に伝える希望がまったくないならば。[62]

人間はいくら知識を蓄えたところで、全知からは無限に隔たった状態にとどまる。また、そのような知識のひとつひとつは永遠不変の真理ではありえない。であれば、そのような知恵を誇ることにいかなる正当な理由もない。そのような者は、法律の無根拠性を知っていることを誇りたいばかりに民衆にそのことを告げ、国家に悪弊をおよぼす「生半可な知者」に似ている。学問の分野においては、「哲学者」とよばれる人々が彼らに相当する。

哲学者たち。

　彼らは、神だけが愛と畏敬に値すると信じながら、みずからが人々の愛と畏敬の対象になりたいと望んだ。しかも、おのれの堕落を知らないのだ。[63]

哲学者は、みずからの無知を知らぬどころか、おのれを神に等しい存在とみなす思い上がりに陥っている。それでいて、無益なことがらの探究にばかり時間を費やし[64]、肝心な問題については語らない[65]。哲学は、気晴らしと割り切るならよいが、まじめに取り組むに値しない。パスカルは言う。「彼ら［プラトンとアリストテレス］が法律や政治の著作に興じていたときには、ふざけていたのだ。それは彼らの生涯で、もっとも哲学者らしくなく、もっともまじめではない部分であった。もっとも哲学者らしい部分とは、単純に、平穏に生きることであった[66]。」ここで「哲学」は、知恵の探求という常識的な意味から、そのような知恵を軽んじること、知性のはたらきとは無縁な活動――瞑想、労働――に専心することという反対の意味へと変化している。『パンセ』の有名な次の一節は、この文脈のなかで理解することもできる。「哲学を軽蔑することこそ、真に哲学することである[67]。」

　ただしここで注意すべきは、パスカルが考えるあるべき知性のありかたが、まったくの無知の状態、すなわち動物の置かれた「自然なる無知」とは異なるという点だ。パスカルは、知識を蓄えた状態に甘んじ、そのことで他人に優越しようとする欲望を罪とみなすが、知恵を探求する行為そのものを否定しているわけではない。彼が模範としているのは、その名こそ出さないが、最高の知恵者でありながら、おのれの無知を自覚するソクラテスではないか[68]。人間の到達しうるかぎりの知恵をもち、あらゆる学問に通暁しながらも、そのような営みの空しさを悟る姿勢は、政治の分野において、「裏の考え」をもって民衆の愚かさを肯定する「知者」に通じる。

　比類のない知恵と賢慮を湛えながら、みずからを無知で卑小な存在と位置づけること、そしてもっとも光を欠いた「民衆」の「愚かさ」を、秩序の平穏という理想に照らして称賛すること。これが、パスカルの考える真の君主と真の哲学者に共通する条件である。このような「賢明なる無知」の状態を「自然なる無知」の状態と分つのは、

「謙遜」という契機の有無である。学問的知識はすべて蓋然的に真であるにすぎず、学問という営みは気晴らし以上の有用性をもたない。学問は、のちにその空しさを悟るためにのみ真剣に取り組まれるに値する。謙遜とは、前人未到の高みに立つものにしてはじめて真に可能な徳だからである。そしてまた、謙遜とは傲慢という罪の対極にある状態であり、先にパスカルの貴族の子弟に対する助言によって見たとおり、自己の優越（したがって自己愛）ではなく他者への愛（慈愛）を可能にするだろう。言うまでもなく、「慈愛」とは富や権力、知性の優越を無限に超越した、キリスト教においてもっとも重要な徳である。パスカルが、知恵と謙遜の両立、「賢明さ」（sagesse）と「愚かさ」（folie）との共存を、宗教そのものに内在する特質と認めているのは、そのためである。

奇蹟。神聖無垢で完璧、賢明かつ多数の証人。殉教者。ダビデをはじめとする即位した王たちおよび王族イザヤ。――これらすべてにおいて偉大であり、加えて知識において偉大であるこの宗教は、あらゆる奇蹟とあらゆる知恵とを披露した上で、それらすべてをどうでもよいものとみなして、こう語る。自分には知恵も賢《さか》しさ（signe）もない、あるのはただ十字架と愚かさだけだ、と。(69)

政治（「身体の秩序」）および学問（「精神の秩序」）においてあるべき知恵のかたちとされた「賢明なる無知」はこうして、宗教（「慈愛の秩序」）における人間の道徳に深く関係している。(70)では、自己の死後の運命という、宗教の問題に関する無知に対して、人間はどのようにふるまうべきなのか。次にこの点について見よう。

3. 自己の運命に関する無知[71]

(1) 気晴らしにふける人間

第六章で見たとおり、パスカルにとって人間の「悲惨」は、自分がいつか死んでしまうことにあり、人間の「偉大」は、「自分が悲惨であることを知っている」点にある。[72] 彼が「われわれの尊厳のすべては思考にある」と言うとき、その「思考」とは、早晩訪れる自分の死に思いを致すこと、さらには、その後のみずからの行く末について考えることである。パスカルはこの自己の死を、人間の無知を構成する最大のものとみなしている。「私の知らない最たるものは、まさに私が避けることのできないこの死そのものである。[73]」

人間はこの最大の無知の解消の努力を怠り、「踊ること、リュートをひくこと、詩をつくること、輪取り遊びをすることなどなど、あるいは、戦うこと、王になることを考えている。[74]」これがパスカルの考える「気晴らし」(divertissement) の状態である。彼は、おのれの悲惨から目をそらそうとするこの状態をこそ「悲惨の極み」(la plus grande de nos misères) と位置づける。「なぜならこれこそが、われわれが自分について考えることをさまたげ、われわれを知らず知らずのうちに滅ぼしてしまうからだ。[75]」

「われわれを知らず知らずのうちに滅ぼしてしまう」とはどういうことか。また、なぜそれが問題なのか。パスカルの説明を聞こう。

この世で生きる時間は一瞬にすぎず、死の状態は、それがどんなものであるにせよ、永遠であるということ。したがって、この永遠の状態がどうあるかによって、われわれのすべての行動と思考とは、まったく別の道を

とらなければならないこと。そして、われわれの究極の目的であるはずのこの一点によっておのれの歩みを律しないかぎり、ただの一歩も良識と分別をもって踏み出すことはできないこと。以上のことに、疑いの余地などない(76)。

気晴らしとは、将来の幸福を棚上げにして、いまこのときの快楽を追求する生き方である。ところで、肉体をともなうこの世の生涯はせいぜい百数十年であるのに対して、肉体をともなわない魂だけの生があるとしたら、その状態は永遠に続くかもしれない。もしそのような彼岸の生が存在するのなら、それを幸福なものとするために、此岸での生をどのように送るべきかを知ることに努めなければならない。同時に、これを怠ることで、永遠の悲惨に苦しむような結果になることは、なんとしても避けなければならない。みずからの死から目をそらし、狩り、賭けごと、社交、戦争、学問などに夢中になっている人間はみな、無限の至福を、それと比較すれば一瞬で終わるはかない幸福のために犠牲にしているか、取るに足らないいまここにある快楽に溺れるあまり、知らず知らず永遠の劫罰へと近づいているかのいずれかである。

そこで、あらゆる人間が関心をもたざるをえないこの問題について手がかりを与えてくれるのが宗教、とりわけ、神が存在し、教えに従って正しい生をこの世で送った者には魂の永遠の生が約束されている、と説くキリスト教である。であればまず、ことの順序として、この宗教が提示するみずからの証拠を検討し、その教えが真実なのかでたらめなのかを考えてみることから始めるのが当然のことではないか…。

以上がパスカルの主張である。自己の運命に関する無知は、もっぱら宗教に解決がゆだねられる事態なのだ。にもかかわらず、彼が見いだす現状はこうである。

彼ら［人間たち］は、その証拠が目の前にあるのに、それを見つめることを拒む。そして、このような無知の

なかにあって彼らは、もしその不幸［永遠に続く悲惨な来世のこと］が存在する場合には、そこに陥るのにうってつけの生き方をわざわざ選んで、死に臨んでそれがどんなものか味わってみることを期待しているのである。それでいてその状態にすっかり満足し、それを公言し、さらにはそれを得意がる始末なのだ。(77)

気晴らしに興ずる人間たちは、自己の死後の運命という問題そのものを知らないか、知っていてあえて関心を向けようとしない。彼らは「無知のなかに安住している」状態にある。彼らはおのれの「愚かさ」(folie) を知らないのである。(78)

(2) パスカルの仮想的対話者

第四章で見たように、セリエ版で「神の探求へと誘う手紙」と題された章に含まれる断章 S681-L427 に登場するパスカルの仮想的対話者は、まずは自分が知らないものをいくつも数え上げる。(79) この人物が抱いているのは、自分をなす身体や魂について、自分の置かれた場所と時間についての問いである。彼は、自己にまつわるもっとも根本的なことがらさえも知らないことを自覚している。このような疑問は、宗教の提起する問いへと発展していく。

私は、自分がどこから来たのかも、どこに行くのかも知らない。私が知っているのはただ、この世を離れれば、永遠に無のなかに落ちてしまうか、永遠に怒れる神の手のなかに抱かれるかのいずれかだということだけである。だが、この二つの状態のうち、いずれが自分に与えられるのかは知らない。これが私の、きわめて無力で不安定な現状である。(80)

この対話者は、来世の存否という問題について明確に意識している。また、彼の発言には、もし来世が存在する場

合、自分が与る永遠の生が幸福なものとなるのか、悲惨なものとなるのかが、「怒れる神」の意思にゆだねられるということも示唆されている。この人物は、自分がこの大切な問題について「恐ろしい無知」のなかにあること、そしてその問題を探求する必要があることは理解している。

ここまでを見ると、この仮想的対話者は、いずれ迎える死について意識しているという点で、「気晴らし」にふける人々とは明らかに一線を画している。しかし、彼はここで突如として開き直り、問題解決への努力を放棄することを宣言する。「このことから、私はこう結論する。生涯のすべての日々を、やがて自分の身に何が起こるかなど考えずに過ごすことだと[81]。」

この人物は、みずからの行為が自己の運命から気をそらすためになされていることすら意識しないような、純然たる無知の状態とは異なり、自己が無知であることを知っている。政治における無知の知は、「裏の考え」によって民衆の無知に発するふるまいを肯定し、結果的に国家の平和の維持に貢献する賢慮につながっていた。また、学問における無知の知も、無益な好奇心を抑制し、自己の分際をわきまえることで謙遜な姿勢を保つものとして、望ましい状態であるとみなされていた。これに対して、ここでのパスカルの対話者は、自己の運命に関する真理については知ることができないという認識そのものを誇り、苦心してそのような真理を探求する人を小馬鹿にする。彼岸の生が悲惨なものとなる可能性を知りながら、わざと「ふんわりと死まで運ばれてみたい[82]」と語るのは、罪と知りながら罪を犯す確信犯のふるまいにほかならず、それだけいっそう始末が悪い。このような態度にはさらに、強がりによって人から称賛を得ようとする倒錯した自愛心すら疑われる。この人物は、謙遜を心得る「賢明なる無知」の状態とはほど遠い。むしろ、知ったかぶりをする「生半可な知者」に近いと言えるだろう[83]。

(3)　心を尽くして求めること

では、自己の死とその後の運命に関する「無知」の状況において、正しい態度は何だろうか。それは、疑いのな

かにあってもなお探求すること、である。

この疑いのなかにあることは、たしかに大きな不幸である。しかし、この疑いのなかにあるときに、最低限不可欠の義務は、探求するということである。だから、疑いながらも探求しない者は、ひどく不幸であると同時に、ひどく不正である。[84]

ここで「疑い」とは、来世の存在についての疑い、あるいは「魂の不死」についての疑いのことである。いずれであっても、デカルトにとってとは異なり[85]、それらはパスカルにとっては論証によって解決可能な問題ではない。彼は言う。「私はここで、神の存在、三位一体、霊の不死など、すべてこの種のことがらを、自然的な理由によって証明しようとは企てない。それは単に、頑迷な無神論者を説得しうる手段を自然界に見いだすだけの力が私にないと思うからではない。そのような知識は、イエス＝キリストなしには無益で不毛だからである。[86]」ここでパスカルが求めている義務は、理性によっては原理的に解決不可能な問いを前にして、それでもなお解決のために努力することにほかならない。では、そのような探求はいかにして可能なのか。

それは、直前の引用文によって示唆されているように、信仰によってである。パスカルが言いたいのは、「来世の存在」および「魂の不死」という命題は信の対象であって、それらに対する「疑い」は、それらを真とみなす宗教の権威への信頼によってしか晴れることはない、ということである。こうして、自己の死後の運命の探求という課題は、神の探求へと帰着する。

そして、正しい（raisonnables）と言いうるのは、神を知っているために心を尽くして神に仕えている人々と、神を知らないために心を尽くして神を求めている人々の二種類しかいないということを、認めてもらいたい。[87]

自己の運命に関する無知という状態は、解決せずともこの世の生になんら支障をきたさない。それどころか、いまこの瞬間の楽しみに集中するためには、自分が死ぬという必然から目をそらすほうが得策だ。そうして人間のある者は無意識のうちに、ある者は意図的に、みずからの運命について考えるという「人間の尊厳」を放棄して、日々をさまざまな活動で満たしている。パスカルはこのさまを「気晴らし」とよんで断罪している。彼にとって「気晴らし」は、自分を知らず知らずのうちに永遠の不幸へと導く恐ろしい倒錯である。もし魂が永遠に不死であり、肉体の死後の彼岸の生が此岸における行いに応じて決まるとするならば、ささいな快楽を求めて犯した罪によって、永遠の劫罰に定められる可能性もあるからだ。したがって、自己の運命に関する無知については、絶対に放置してはならない。正しいのは、いかなる手がかりもないがしろにせず、真理を求めつづける、という態度である。この探求はしかし、科学的真理の探求のように、理性と感覚を用いて行われる性質のものではない。魂の不死、彼岸の存在、さらには神の存在という命題の真理性は、それを説く宗教の権威に対する信によってしか確証しえないからだ。結局のところ、自己の運命に関する問いは、「心を尽くして神を求める」ことによってしか解決しないし、人間の義務もこの点にある。宗教に関わる真理の探究に関しては、「無知のなかの安住[88]」は許されないのである。

三種類の人々しかいない。第一に、神を見いだしたのでこれに仕えている人々。第二に、神を見いだしていないので、これを求めることに専心している人々。第三は、神を見いだしてもおらず、求めもせずに生きている人々。最初の人々は、正しくかつ幸福である（raisonnables et heureux）。最後の人々は、愚かでかつ不幸である（fous et malheureux）。中間の人々は、不幸だが正しい（malheureux et raisonnables）[89]。

「正しくかつ幸福な」人々、「不幸だが正しい」人々、「愚かでかつ不幸な」人々。パスカルはここで、第一の人々と第二の人々の間の距離よりも、第二の人々と第三の人々の間の距離を決定的なものとみなしているのは明らかで

ある。後者の隔たりがまさに、「求める」という行為の有無を画しているからだ。彼がより大きな価値を認めているのは、「幸福であること」ではなく「正しいこと」であり、彼にとって避けなければならないのは、「不幸である」よりもむしろ「愚かである」ことである。

だが、この「正しいこと」とはどのような意味だろうか。原語の raisonnable は、「理性に照らして正しい」「理に適っている」ということだ。「愚かだ」の原語 fou は逆に、「合理性を欠いた」「無謀だ」「軽率だ」を意味する。自己の死後の運命に関する無知を解消しようと努力すること、ひいては神を心から求めることが、いかにして「理に適った」態度と言えるのだろうか。

(4) 「神あり」への賭けと地上の生

これについては、パスカルの「賭け」に関する議論が手がかりになる。われわれは第六章において、この議論の解釈から出発して、パスカルの考えをおよそ次のように理解しておいた(90)。

パスカルは「神を信じること」を、コイン投げのゲームで「表」に賭けることに喩え、しきりに「表」を選ぶことの利得を説く。

だが、「裏」(神なし)を選ぶことは、いわば自由気ままな人生を送ることに等しく、実際上、賭け金である「ひとつの生命」の支払いを免除されている。これはゲームに参加しないことと同じである。

したがって、このゲームはコイン投げの賭博よりも、むしろ選抜がきわめて厳しい試験に似ている。試験に挑まないという選択がありうるように、ゲームに参加しないこと、すなわち「裏」を選ぶことにも一理はある。

しかし、パスカルはその上で、「君はこの世にいる間にその賭けに勝つだろう」と語り、「表」を選ぶ生涯が、その勝利の結果を見る前にすでに、いやむしろ、その結果いかんにかかわらず、「裏」を選んで生きるよりも

幸福であることを示唆する。

パスカルにとって、「表」に賭けることとは、神が存在することを願い、実際にそうであった場合に、来世で永遠の幸福を享受するにふさわしい生活を送ることである。彼によれば、そのような生を選ぶ者は、「来世の希望」（espérance d'une autre vie）という、この世で人間に許された最大の幸福を得ている。

このように考えると、上でパスカルが、「神を求めることに専心している人々」を「正しい」（「理に適っている」）と評価していた理由が理解できるであろう。パスカルからすれば、そのような人々は、いわば損得を冷静に勘定した上で、より利得が大きい選択をしていることになるのであり、逆に、「神を求めずに生きる人々」は、「気晴らし」によって得られるささいな快楽を幸福と勘ちがいしているうちに、将来の永遠の悲惨に近づいているかもしれないことをもって「愚か」（「無謀だ」）と形容されるのである。後者は「瞬間」のために「永遠」を犠牲にしているのだ。

また、パスカルは「神を見いだしていないので、これを求めることに専心している人々」を「正しい」とともに「不幸」とも形容していたが、これまで見てきたことからすると、その不幸は一時的なものであることは明らかだ。「求める」という姿勢を継続するうちに、やがてみずからの行為を正しいと確信し、疑いを希望へと転ずることにつながるのだから。上でも述べたが、神を「求めない」ことから「求める」までの距離に比べれば、「求める」ことから「見いだす」までは、紙一重の距離しかない。

以上により、パスカルが、政治や学問における無知とは異なり、人間の自己の運命に対する無知に関しては決して放置を許さなかった理由が明らかになったと思われる。この問いについては、手がかりを見いだそうと徹底的に探求する者だけが「正しく」、そして「幸福である」と言えるのである。

ところで、先ほど、神を熱心に求める人々が、より大きな利益を得られる可能性を追求しているがゆえに「正し

い」(「理に適っている」)と説明したが、このように言うことによって、その人々の求める利得が、富や名誉や権力といった、現世的な価値に適ったものであると想像するのはまちがっているだろう。彼らは、宗教の教義に忠実な生活を選び、宗教が説く価値をよきものとして理解しているはずである。その場合、もし彼らが、自分が来世で得られるであろう「無限に幸福な無限の生命」(une infinité de vie infiniment heureuse)[91]が、地上的な快楽に満ちたものであると考えているとすれば、大きな誤りを犯していることになる。[92]そのとき彼らは、ある意味では、「気晴らし」に興ずる者たち、すなわち「神を見いだしてもおらず、求めもせずに生きている人々」よりももっと罪深い存在になってしまう。

では、神を求める人々が期待する幸福、言いかえれば、神が彼らに約束する幸福とは、いったいどのようなものか。これについては、もちろんはっきりしたことはわからない。モンテーニュがちょうどこの問いについて、次のように答えている。「われわれはあの崇高で神聖な約束の偉大さを、いくらかは理解できても、正しく理解することはできない。それを正しく思い描くには、それを想像できないもの、表現しがたいもの、理解できないもの、われわれのあわれな経験が知っている約束とはまったく別のもの、と考えなければならない。[93]」だが、パスカルがこの来世の神的な幸福をどのようなものと考えていたのかについては、次の一節によって示唆されているように思われる。

ところで、こちらの選択を行うことで、君にどんな不利益が生じるというのだ。君は忠実で、正直で、つつましくて、感謝を忘れず、親切で、友として誠実で、真摯な人間になるだろう(Vous serez fidèle, honnête, humble, reconnaissant, bienfaisant, ami sincère, véritable)。実のところ、君はもはや、有害な快楽や、栄誉や、逸楽からは遠く離れることになるだろう。だが、ほかのものを得ないというわけではないのだよ。[94]

この文章は、「賭け」に関する議論の一部であり、「こちらの選択」とは、「神あり」への賭けを意味する。宗教への帰依により、人は「有害な快楽」から遠ざかるかわりに、「忠実」「正直」「誠実」「つつましさ」などの徳を得るという。パスカルはこれらを、「来世への希望」とともに現世において得られる「幸福」を構成する要素であると考えているのである。これらはすべて、他者との関係において問題になる徳である。自己の利益や優越性を無視し、他者の感情と幸福への奉仕を可能にする徳、要するに「謙虚」(humilité) と「慈愛」(charité) へと通じる徳である。[95] 同様のことは、別の断章のなかの次の一節からも理解できる。

私は清貧 (pauvreté) を愛する。彼［キリスト］が愛したからだ。私は富を愛する。それによって不幸な人々を助ける手段を得られるからだ。私は誰に対しても忠実を守る。［…］私はあらゆる人々に対して公正で、真摯で、誠実で、忠実であろうと努める (J'essaye d'être juste, véritable, sincère et fidèle à tous les hommes)。そして私は、神が私をしっかりと結びつけてくれた人々に、真の友情を抱いている。[96]

もはや説明の要はないだろう。パスカルにとって、「神を求める」ことによって得られる最大の成果は、公正さ、忠実さ、誠実さといった、他者への愛を示す資質である。そして彼は、そのような資質をもつことがそのまま、現世における幸福にほかならないと考えているのである。そしてまた、「神あり」を選んだ人々が賭けに勝って手にする来世の幸福もまた、そのような「慈愛」がもたらす何かであるに違いない。

自己の死後の運命を知ることに努めること、その答えを宗教に求めること。このことが結局、利己的な情欲を捨て、他者や、自己が他者とともに築いている共同体の益になるために生きる姿勢を育む。パスカルにとって重要なのは、死後の永遠の至福よりもむしろ、現世のこの清貧な生活のほうではないだろうか。「この世においては来世を望むこと以外に幸福はない」と語るとき、彼が訴えようとしているのは、来世の存在そのものではなく、それを

信じ願うことによって得られるいま、こ、こでの生の充実、身体をともなった生命の幸福である。パスカルにとって回心とは、神への帰依であると同時に、倨傲ではなく謙遜を、強欲ではなく無欲を、自己愛ではなく慈愛を、より幸福な状態であるとみなすようになる変化のことなのである。(97)

＊

「三つの秩序」「三つの邪欲」に加えて、パスカルは人間のなかに「三つの無知」を認めていると言える。

第一に、正義の無知である。この無知は、共同体の秩序と平和が維持されるかぎりにおいて許容される。その意味で、既成の法や政体に根拠がないことを指摘し、それらの改革を叫ぶ姿勢は非難の対象となる。最悪の場合、内戦を引き起こす危険があるからだ。真の知者は、人間が正義を知りえないことを自覚しながら、「裏の考え」に従って、そのことを知らぬ民衆の錯誤を維持するように努める。また、正しき為政者は、自己の地位が偶然の賜物であることを知りながら、「二重の考え」をもって、臣民の幸福の実現というおのれの義務に没頭する。このとき両者は、「無知の知」に基づく謙遜の念と、他者に対する慈愛の情をそなえている。

第二は、学問的真理の無知である。あらゆる学問の発展は、人間の知識欲を原因としている。動物の知識に進歩がないのは、動物が現状に不満を覚えないからだ。だが、身体という桎梏をもつ人間の知恵は原理的に有限であり、しかも個々の知識はつねに更新される可能性がある。人間の知はすべて暫定的な真理にとどまる。人間はわずかな知識を誇るのではなく、自己の根本的な無知を知り、謙虚に努めなければならない。だが、その境位に至るのは、最高の知者のみである。知恵と謙遜とは、同じひとつの徳である。ちょうどキリスト教が「賢明」にして「愚か」であるように。

そして第三に、自己の死後の運命に関する無知だ。人間の生の時間は、死後の永遠に比べれば一瞬にすぎない。

よってその短い生涯は、幸福な来世を迎えるための準備に費やされなければならない。しかるに人間は、おのれの死から目をそらすために、空しい享楽に没頭している。人間の現世の幸福は、来世への希望と、それに近づいているとの確信にある。それを得るためには、「神あり」を信じ、死後に至福を与えられるにふさわしい生を送るしかない。その過程で、利己的な欲望を解脱し、つつましく、正直で、他者に親切な人間になるだろう。そしてそのような変化が、すでにして「神あり」への賭けの恩恵なのである。

以上から、何が言えるだろうか。政治と学問において、生半可な知者がささいな知恵を誇り、最高の賢者はおのれの無知を自覚する。宗教においては、真理の探究を怠る者が「愚か」であるとされ、心を尽くして求める者だけが「正しい」とされる。このように、それぞれの領域において、人間に求められるふるまいは異なるが、最終目的は同じである。それは、利己的な欲望を抑制し、他者の幸いを望むこと、そして、そのような他者と自分がつくる共同体の平和を願うこと、すなわち「慈愛」(charité) である。

おわりに

パスカルの護教論において、身体の役割は両義的である。身体は人間の邪欲の起源であり、人間を真理の認識から遠ざけている。また、身体をもつことによって地上の微細な一点をしか占めず、有限な生命しか与えられていない人間は、無限で永遠な神とはいかなる関係もない。しかしパスカルにおいて、まさにそのような事実によって、神への信が必要とされるのであり、また信は身体の存在を要請する。どういうことか。

第一に、信は理性によって論証されることがらを対象としない。神と神が説く教えへの信が必要とされるのは、身体によって原初のはたらきを妨げられた人間の不完全な理性には、それが真理であると判断する能力がないからである。

第二に、信は少なくともその初期の段階において、身体的な実践という形態をとる。すでに信をもつ他者のふるまいの模倣である。このふるまいをくり返すにしたがって、主体は信の対象が理性に適った存在であるかどうかという誤った問いを放棄し、同時にその対象に衷心からの崇敬を捧げるようになる。

そして第三に、神への信は、肉体の死後の霊的な生への希求でありながら、此岸における人間の幸福ともなる。魂の至福という人間の究極目的は、はたしてそれが自分に与えられるだろうかという疑問と、それを晴らすための努力をともなってはじめて実現する。疑いは救済への正当な過程として位置づけられる。そしてその疑いは、身体をもち、自己愛と邪欲から完全には逃れられない人間に課された宿命的な試練である。この試練を受け入れ、生涯探究を怠らない者は、すでに幸福であるとパスカルは言う。この者は短い生の帰結として、天上での新たな無限の生命が得られるかもしれないという「希望」を得ているからだ。信はそれが未来においてもたらすものの大きさによってではなく、それが主体に与えられる可能性によって価値をもつ。信の恩恵とは信そのものにほかならない。

以下に、本書で見てきた内容を、章ごとに簡単にまとめておこう。

パスカルにおいて、信とは神への愛、すなわち「慈愛」にほかならない。宗教におけるこの最大の掟は、自己愛という人間の本来的な邪欲の放棄によってしか遵守できない。だがこれは至難の業である。なぜなら人間は自己愛を、他者に対してのみならず自己に対しても隠しているからだ。人は他人に親切にふるまうとき、相手の好意を得たいという自己中心的な欲望によって行動しているとは思いもしない。人間は現世の共同体で平和を築くこともあるが、それを支えているのは邪欲にほかならず、すぐに破綻するだろう。永遠なのは、慈愛によって結ばれる共同体だけである。

パスカルにとって、信仰において習慣が果たす役割は重要である。宗教の「証拠」は、くり返し眺められることで精神を傾けるし、宗教の定める儀礼的行為の反復は、信心を芽生えさせるきっかけになる。しかし他方、習慣による信は、無気力で形式的なものにとどまる可能性があり、迷信と傲慢という罪の源泉ともなりうる。信者はたえず自己の行いの意味について謙虚に自問する義務を負っている。パスカルの「祈り」に関する考察は、このことを明らかに示している。祈りは神の恩寵として人間に与えられるものにほかならない。祈りの持続のためには、自分がはたして次の瞬間も恩寵にあずかる資格があるかどうかを自問しつつ、心を澄んだ状態に保つよう懸命に努めなければならない。パスカルにおいて、信仰を真に特徴づけているのは、このような精神の緊張状態である。

パスカルの sentiment は、次の四つに分類できる。第一に、「宗教的直感」は、神から与えられるものであり、即座に人間の心を傾ける。第二に、「自然的直感」は、あらゆる人間に共通の認識――「第一原理」や原始語の観念――を提供することで、人間の「本能」を構成する。第三に、「身体器官を通じた感覚」は、一方で邪欲の原因となり、他方で事実問題の真理性の基準となる。そして第四に、「繊細の精神」は、「美のモデル」を見きわめ、語り手が聞き手から愛されることを可能にするレトリックとしての「気に入られる術」を実践する。こうして

sentimentは、人間の「動物的生」「文化的生」「宗教的生」の源泉となる。これらは厳格な階層秩序をなし、上位の生は下位の生の否定によってはじめて成立する。パスカルにおけるsentimentは、人間の内在的な認識能力であると同時に、人間にとって超越的な存在へと接近するための唯一の手段である。

パスカルの身体に対する逆説的な価値づけは、『パンセ』のなかに見られる「中間」の主題をめぐる考察によって明らかになる。彼にとって、人間は偉大と悲惨、全知と無知、無限大と無限小、時間の始まりと終わりの中間にあるが、これらすべての原因は、人間が身体と魂という異質な実質からなるという事実にある。「中間」とは結局、無限で全知かつ不変なる神との絶対的に隔絶された人間の状況を象徴的に表す語であり、この場所に「安らかにとどまるべし」との勧告は、パスカルのアイロニーにすぎない。「中間」は不安と矛盾のトポスであり、人間にとっての真の休息は神のもとにしかない。そのような自覚を得た者は、正しい信の入口に立っている。

パスカルにおいて、人間の欲望全体は「慈愛」と「邪欲」に二分される。人間が前者へと向かうのを妨げているのが後者である。邪欲と身体との関連は、パスカルによってとりわけ強く意識されている。邪欲は肉なる存在としての人間が逃れられない悪である。だが、人間がみずからのうちにこの悪の存在を意識し、そこから脱却したいという切実な希望を抱くとき、救済へと至る可能性が開かれる。みずからの魂の汚れを知ることによる苦しみと、それを知ることによって魂を神のほうに向け変えることで得られる喜びの入り混じった状態こそが「信」だからだ。肉体の死後に至福を享受するためには、この段階を経る必要がある。パスカルは自分がこの段階にあることを、身体の病を通じて知る。彼にとって身体の病は、みずからのうちにある魂の悪の存在を知らせる記号であった。彼は肉体の不具合を、むしろ祝福すべきものとして受け入れるに至る。身体への隷従は、現世において魂に課された試練である。

パスカルにとって、人間の尊厳は「よく考えること」すなわち、来たるべきおのれの死と、その後の運命に思いを致すことにある。だが人々は、自分が置かれた悲惨な状況から目をそらすために、かりそめの快楽を求めるのに躍起になっている。これがパスカルの言う「気晴らし」の状態である。そこで彼が提案するのが、神の存在への「賭け」である。だが、彼がこのゲームへの参加を勧める理由は、実のところ、勝者に約束される配当の大きさではない。「神あり」に賭けるとは、神の存在を信じ、神から無限の生命を与えられるに値するような努力を怠らないことである。このような生涯を送る者は、肉体の死後、魂の永遠の生を与えられるかもしれないという「希望」を得ている。そしてこの希望こそが、身体をともなう生涯で得られる最大の幸福にほかならない。希望とは「信」であり、信は身体をもつ人間――「中間」者としての人間――の実践である。

パスカルにとって、人間の「無知」は政治、学問、宗教の三分野に及んでいる。第一に、人間は正義を知らない。法は立法者の恣意によって成り立っているが、民衆はその事実を知らずに法や君主に服従している。だが、このような民衆の盲目状態は、内戦を避け、国家の秩序と安寧を維持するための条件である。第二に、人間は身体をもつことから、おのずと認識能力に限界があり、いかなる分野においても絶対的な真理に到達することはない。中途半端な知恵者は、おのれの無知を自覚できずに倨傲にとらわれる。真の賢者こそ、おのれの分をわきまえ、自然の驚異の前に頭を垂れる。第三に、人間は自己の死後の運命を知らない。だが、人間の義務はまさに、それを知ることに努めることにある。そのためには、神に衷心から帰依し、現世的や欲望を放棄するしかない。このとき人は謙虚で、正直で、他者に対して誠実な生を送るが、そのような生涯こそがすでに、この世で得られる最大の幸福である。政治と学問における無知は有徳であり、宗教における無知は放置できない悪徳であるが、いずれにおいても、最終目的は謙遜と慈愛である。

以上のようなメッセージを、パスカルは、未完の『キリスト教護教論』の読者にのみ宛てていたのだろうか。そうではないだろう。何よりもそれは、自分自身に向けて発せられていたのではないか。というのも、彼は執筆を通じて、決して自分を超越的な立場に置いていないからだ。それどころか彼は、他者に向けて宗教の教義を語り、「支配欲」の悪弊を説くおのれこそが、まさにその欲望の権化であることを、強く認識していた。パスカルは、戦争や遊技や学問など、人間のあらゆる行いが、他者の称賛を求めてなされることを喝破したあとで、こう語る。

こうしたことすべてを指摘するのに血まなこになる連中がいる。それも、自分がもっと賢くなりたいためではなく、単に自分がそのことを知っているのだと見せびらかしたいがためにである。仲間のなかで、もっとも愚かなのはこの連中だ。おのれの愚かさをよく知っているのに、愚かなことをやめないからである［…］。(1)

この文章の筆者が、「もっとも愚かな連中」のひとりであることは明らかである。他人に対して「あなたがたは自分がいずれ死ぬという悲惨な境遇から目をそらすために気晴らしに興じている」と非難する者は、まさにその行いによって、気晴らしを行っている。しかも彼は、おのれの愚かさを知らぬはずはない。ゆえに、そのような非難を真っ先に向けるべき相手は、自分自身なのである。そもそも、どんな著者でも、人間一般を非難するとき、自分自身もその非難を逃れられない。パスカルは自分を、『護教論』の想定される読者と異なった特別な存在として位置づけてはいない。

とすればむしろ、彼は自分自身を、自著の第一の読者と位置づけ、ほかの誰よりもまずみずからを説得し、回心させようと試みていると考えることも許されるのではないだろうか。偽名による執筆、対話形式の導入、神の名による頓呼法の使用は、そのような意図の表れとも考えられる。パスカルは、『護教論』において、語り手としての「私」と、実際の自分とを意図的に区別しているのだ。また、『パンセ』には、信仰に身を捧げている人物と、宗教

にいくぶんかの疑いを抱く人物との対話によって成り立つ断章がいくつも含まれていることを見たが、これを、パスカルにとっての未来の望ましい自己と、現在の自己の対話ととらえることはできないだろうか。本著で彼は、肉体をもつ存在にとってのありうべき生を、来世への希望のもとに、つつましく、謙虚に、他者および共同体の平和のために生きることとした。それは、おそらくパスカル自身が希求してやまなかった生である。『護教論』で彼は、そこに至る道筋を描こうとしたのである。

初出一覧

＊日仏両語の論文がある場合は、双方の出典を挙げる。第一〜第五章のほぼ全部、および第六章の一部は、下記の博士論文に組み込まれている。

Hirotsugu Yamajo, *Pascal et la vie terrestre. Épistémologie, ontologie et axiologie du « corps » dans son apologétique*, Thèse de doctorat soutenue à l'Université Paris-Sorbonne le 16 février 2010（『大阪大学大学院文学研究科紀要』五二巻モノグラフ篇、二〇一二年三月、として公刊済み）.

第一章　愛と邪欲

« L'amour selon Pascal : charité, concupiscence et amour-propre »,『関西学院大学社会学部紀要』一〇三号、二〇〇七年一〇月、一九〜三二頁。

「パスカル『パンセ』における〈愛〉」、『愛を考える―キリスト教の視点から』平林孝裕編著／関西学院大学共同研究「愛の研究」研究プロジェクト編、関西学院大学出版会、二〇〇七年、一一一〜一三七頁。

第二章　習慣と信

« La coutume et la foi chez Pascal », in *Kwansei Gakuin University Humanities Review*, n° 7, 2003, pp. 65-90.

第三章　sentiment ― 直感、感覚、繊細さ

「直感、感覚、繊細さ―パスカルにおける « sentiment »」、『関西学院大学社会学部紀要』一〇四号、二〇〇八年三月、一二一～一三八頁。

« Pascal et le ‘sentiment’ »,『関西学院大学社会学部紀要』一〇五号、二〇〇八年三月、一一三～一三九頁。

第四章　「中間」の両義性

「パスカルにおける〈中間〉の問題」、『関西学院大学社会学部紀要』九一号、二〇〇二年三月、一一三～一三六頁。

« Pascal et le thème du ‘milieu’ », in *Kwansei Gakuin University Humanities Review*, n° 12, 2008, pp. 99–138.

第五章　病と死

「パスカルにおける病と身体」、『年報　地域文化研究』一号、東京大学大学院総合文化研究科地域文化研究専攻、一九九八年三月、二二五～二四四頁。

« La maladie et le corps selon Pascal », in *Kwansei Gakuin University Humanities Review*, n° 6, 2002, pp. 103–120.

第六章　人間の尊厳

「パスカルにおける人間の尊厳」、『人間の光と闇―キリスト教の視点から』向井考史編著／「キリスト教的視点からの人間の尊厳と深淵」研究センター編、関西学院大学出版会、二〇一〇年、一〇五～一二五頁。

« La dignité de l'homme selon Pascal »,『ガリア』五〇号、大阪大学フランス語フランス文学会、二〇一一年三月、一三～二二頁。

第七章　無　知

「パスカルと三つの無知」、『大阪大学大学院文学研究科紀要』五三号、二〇一三年三月、六七〜一〇四頁。

あとがき

本書は、私の博士論文「パスカルと地上の生――『キリスト教護教論』における〈身体〉の認識論、存在論、価値論」（原題：*Pascal et la vie terrestre. Épistémologie, ontologie et axiologie du « corps » dans son apologétique*）[1]の抄訳改訂版である。本論のなかから、パスカル思想の主要テーマを扱う章を選び、本論提出後に新たに発表した論考一篇を加えて本書に収めた。いずれの章も、もとの内容に大幅な変更を施してある。

各章のもとになった論考の初出時期は、一九九八年から二〇一三年に及ぶ（「初出一覧」を参照されたい）。したがって本書は、私のここ十五年間ほどの研究の記録である。

パスカルの著作を手に取ったことがない人でも、『パンセ』のいくつかの文章は目にしたことがあるだろう。「考える葦」や「クレオパトラの鼻」の断章はもとより、次の句などもよく知られている。

心には心なりの理由があり、それは理性には知りえない。[2]

人間の不幸のすべてはただひとつ、部屋にじっとしていられないということから生じる。(3)

人間は天使でも獣でもない。だが不幸なことに、天使のまねをしようとすると、獣になってしまう。(4)

だが、この『パンセ』の大部分が『キリスト教護教論』の草稿をなすと知ると、多くの人は驚くのではないか。ほとんど格言とみなされているこれらの表現が、宗教の語りとどう関係するのか、と。実際、本著が多数の読者を得てきたのは、キリスト教弁証の目的とは独立に楽しめるからではないだろうか。もしこれが「キリスト教」という語をタイトルに含み、断章ではなく、ある程度の長さをもつ複数の節や章からなる「論考」であったとすれば、はたして何世紀も読みつがれてきただろうか。

私はこれまで、『パンセ』のあちこちに散在しているパスカルの思想をつなげて一貫性のある主張を再構成することに取り組んできたが、その際に、どうしても私自身の読み方に都合のよい断章にばかり目が行ったことは否めない。『パンセ』を一から読み返すたびに、すっかり見落としていた文章や語句にぶつかり、解釈の変更を余儀なくされることもあった。それに、パスカルの思想が厳格で悲観的な教義を背景にしているため、どうしてもこれを論じる私の文章も生硬で、しかつめらしいものになりがちであった。だが、『パンセ』には、たとえば次のような、人を食ったような、どこかとぼけた味わいのある文章も数多く含まれている。

オウムはくちばしを、いくら清潔でもたえず拭いている。(5)

鍵《かぎ》の開ける力。鉤《かぎ》の引っ張る力。(6)

川は前進する道であって、人が行きたいところまで運んでくれる。(7)

二つの似た顔は、それぞれはとくにおもしろいわけではないのに、一緒になると、それが似ていることに笑ってしまう。(8)

こうした文章に接するたびに、パスカルの思想を取り出すことは（私が正しく取り出せているかどうかは別にして）、パスカル作品の魅力を伝えることとはまったく異なる作業だと痛感したものだった。下手をすると、もとの魅力を台なしにしているのではないかとすら思えた。

ただ、『パンセ』を読むと、まるでばらばらのジグソーパズルを手渡されたような気になり、組み立てずにはいられなくなるのだ。しかも、完成図は存在せず、ピースはところどころ欠けているため、自分で補うしかない。この作業は、一度取り組むとやめられなくなる。

私が本書で提示したのは、全体のほんの一部のピースを集めたものにすぎない。しかもこの集め方にも、きっと異論があるだろう。私はこれからも、この作業を継続していきたいと考えている。いまはまた、あらためて個々のピースを分析し直すことに取りかかることにしよう。幸い、世界には先達や仲間がたくさんいる。

パスカル研究には長い伝統があり、これまでに膨大な蓄積があるが、まさにここ数年来、大きな飛躍の段階を迎えているように思われる。その兆候はいくつもあるのだが、ここでは二つだけを記しておこう。(9)

ひとつは、二〇一二年一〇月、パリに拠点を置き、世界に二五〇名ほどの会員をもつ学術組織「ポール＝ロワイヤル友の会」主催のパスカル没後三五〇周年記念シンポジウムが、三日間にわたって開催されたことである。(10)そこでは「パスカルの護教論を再読する」というテーマをめぐって、およそ二十もの研究発表が行われた。その論集を

読むと、いかに『パンセ』および『護教論』が、いまもなお多種多様な思索の素材を提供しているかがわかる。執筆者には、フランス人以外の研究者も多数名を連ねている。本が読まれにくくなったこの時代に、三世紀半も前の著作が、かつてないほどの規模で世界の関心を集めていることに驚嘆し、感動を覚える。

もうひとつは、二〇一一年、クレルモン＝フェラン大学のD・デコットとG・プルーストによって、インターネット上のサイト『電子版パスカル「パンセ」』[11]が開設されたことだ。このサイトでは、『パンセ』のひとつひとつの断章について、該当するパスカルの手稿原稿の写真版、その一文字一文字を（抹消された箇所も含めて）パソコン用フォントを使って再構成した図版（執筆時期によって文字を色分けしてある）、ポール＝ロワイヤル版の該当箇所、写本の該当箇所の写真版、詳細な解説と包括的な参考文献リストなどが掲載され、しかも、ネットの特色を生かして、すぐに関連断章のページに飛べるように、縦横無尽にリンクが張りめぐらされている。本サイトは現時点では未完成であるが、今後ますます充実していき、パスカル研究に必要不可欠なツールになるだろう。

大学院生のころ、恩師の支倉崇晴先生に「パスカルについてまだ論じる主題があるのでしょうか」と尋ねたところ、「パスカル研究はこれからです」という答えが返ってきたことを思い出す。それは本当だったし、あれから二十年が経ったいまでも本当だと思う。本書を読んで、ひとりでも多くの人がパスカルに関心をもってくれることを心から願っている。

二〇一三年度の一年間、大阪大学文学部および大学院文学研究科の授業で、本書の内容に即した講義を行った。経済学部や理学部の学生を含めて十五名ほどの学生が聴講し、毎回貴重な質問や講評を寄せてくれた。おかげで、私の論述の不十分な点がいくつも明らかになった。彼らとの対話は、本書を準備する過程で大いに役立った。受講生諸君にお礼を申し上げたい。

また、本書は、「平成二五年度大阪大学教員出版支援制度」の審査・選考の結果、大阪大学未来基金の助成を受

けて刊行に至ったものである。拙論を推薦してくださった同僚の和田章男教授、大阪大学大学院文学研究科および大阪大学出版会の選考委員各位、大阪大学未来基金、そして本書の編集を担当してくださった大阪大学出版会の川上展代さんに、心より感謝申し上げる。

最後に、本書カバーの図像について一言。フランス象徴主義の画家オディロン・ルドンによるデッサンで、「心には心なりの理由があり、それは理性には知りえない」と題されている（一八八七年作、ニューヨーク近代美術館所蔵）。いうまでもなく『パンセ』の有名な一節にちなんでいる。ルドンはパスカルに心酔し、『パンセ』を素材とした連作を計画していたこともあるという。図では、ひとりの男性が右手を胸の中に突っ込んで自分の心臓を触っている。理性にははかり知れない「心の理由」を直接探ろうとしているのであろうか。ルドン研究者である妻の山上紀子から、この印象深い作品の存在を知らされて以来、いつか自著の表紙に載せたいと夢見ていた。力強さと繊細さを兼ねそなえたデザインを考案してくださった藍染伊知郎さんに御礼申し上げる。

二〇一四年九月　山上浩嗣

（本書は、「二〇一一～二〇一三年度科学研究費補助金・基盤研究（C）・課題番号二三五二〇三七七」ならびに「二〇一四～二〇一六年度科学研究費補助金・基盤研究（C）・課題番号二六三七〇三五六」による研究成果の一部である。）

山上浩嗣（やまじょう・ひろつぐ）

大阪大学大学院文学研究科准教授。

1966年大阪府生まれ。京都大学文学部卒業。東京大学大学院総合文化研究科博士課程単位取得退学。パリ・ソルボンヌ大学にて文学博士号取得。

専門はパスカルを中心とするフランス近世文学・思想。

著書に、*Pascal et la vie terrestre. Épistémologie, ontologie et axiologie du « corps » dans son apologétique*（単著、『大阪大学大学院文学研究科紀要』52巻モノグラフ篇、2012年）、『フランス語入門Ⅰ』（共著、放送大学教育振興会、2012年）、『境界域からみる西洋世界』（共著、ミネルヴァ書房、2012年）、『西洋文学―理解と鑑賞』（共著、大阪大学出版会、2011年）など。訳書に、エティエンヌ・ド・ラ・ボエシ『自発的隷従論』（ちくま学芸文庫、2013年）、『ブローデル歴史集成』Ⅰ-Ⅲ（共訳、藤原書店、2004-2007年）など。

パスカルと身体の生

2014年9月30日　初版第1刷発行　［検印廃止］

著　者　山上浩嗣

発行所　大阪大学出版会
代表者　三成　賢次

〒565-0871　大阪府吹田市山田丘2-7
大阪大学ウエストフロント
TEL　06-6877-1614
FAX　06-6877-1617
URL：http://www.osaka-up.or.jp

印刷・製本　尼崎印刷株式会社

ISBN 978-4-87259-477-5 C3016

索　引

Ⅰ. パスカルの作品

1. 『パンセ』

S15-L396　*15, 34*
S25-L406　*28*
S26-L407　*45*
S28-L409　*59*
S33-L414　*52, 60*
S36-L417　*49*
S38-L4　*42*
S41-L7　*26*
S45-L11　*42*
S47-L13　*62*
S55-L21　*36*
S58-L24　*36*
S60-L26　*55*
S61-L27　*37*
S62-L28　*36, 45*
S63-L29　*47*
S70-L36　*54*
S72-L38　*36*
S75-L41　*36*
S77-L43　*36*
S78-L44　*18, 30, 36, 37, 45*
S85-L52　*28*
S88-L55　*9*
S91-L58　*26*
S92-L58　*41*
S94-L60　*55*
S98-L64　*55*
S99-L65　*9*
S102-L68　*39*
S106-L72　*51, 53, 59*
S110-L75　*54*
S111-L76　*41*
S112-L77　*58*
S116-L81　*56*
S117-L83　*56*
S118-L84　*30, 59*
S119-L85　*56*
S124-L90　*55*
S128-L94　*55*
S132-L99　*20*
S137-L105　*58*
S139-L107　*58, 62*
S140-L108　*29*
S142-L110　15, 75, 77, 79, 80, 82, 87, *12, 25, 26*
S143-L111　*9*
S145-L113　*51, 53*
S146-L114　*51, 60*
S150-L118　*13, 14*
S153-L121　*60*
S164-L131　81, 84, 87, *27, 28, 35, 41*
S165-L132　*52*
S166-L133/134　*47*
S168-L136　*51, 52, 62*
S175-L142　*20, 58*
S178-L145　*20*
S179-L146　*20*
S181-L148　*18, 47*
S182-L149　*9, 12, 29, 45, 46, 54*
S183-L150　*17, 30*
S192-L160　*60*

S212-L181　*18*
S219-L187　*18*
S220-L188　*29*
S222-L190　*26*
S225-L192　*43*
S227-L194　*39*
S228-L195　*33*
S229-L198　*42*
S230-L199　120, *9*, *29*, *30*, *32*, *35*, *37-43*, *55*, *58*
S231-L200　186, *9*, *38*, *50*, *51*
S232-L200　*50*
S233-L201　*38*
S240-L208　*60*
S247-L214　*23*
S273-L241　*49*, *59*
S285-L253　*49*, *59*
S289-L257　*20*
S294-L263　*20*
S298-L267　*21*
S301-L270　*13*, *21*, *22*
S302-L271　*47*
S318-L286　*22*
S319-L287　*22*
S323-L291　*59*
S329-L298　*12*, *30*, *31*
S339-L308　76, *11*, *12*, *37*, *40*, *46*, *54*, *55*, *61*
S394-L362　*18*
S396-L364　*22*
S397-L365　*19*
S400-L367　*22*
S401-L368　*15*
S404-L372　*14*, *15*, *49*
S405-L373　*15*
S412-L380　*26*
S427-L842　*59*
S445-L887　*59*
S451-L907　*62*
S451-L908　*19*, *53*
S451-L912　*18*
S452-L518　*41*
S455-L530　*35*
S457-L532　*31*
S457-L533　*59*
S460-L545　*11*, *29*, *58*
S461-L551　*19*
S462-L553　*59*
S481-L578　*32*
S483-L581　*32*
S485-L583　*32*
S486-L585　*31*, *40*
S486-L586　*31*
S494-L597　*13*, *14*, *20*
S499-L923　*22*
S502-L605　*33*
S503-L611　*32*
S508-L615　*13*
S511-L618　*12*
S513-L620　*51*, *52*, *60*
S520-L627　*62*
S527-L634　*17*
S528-L636　*32*
S529-L637　*32*
S529bis-L641　*43*
S531-L646　*25*, *26*
S532-L647　*33*
S536-L652　*33*
S539-L655　*19*
S547-L667　*33*, *35*
S552-L673　*16*
S554-L675　*33*
S557-L678　*62*
S559-L680　*34*, *42*
S565-L686　*29*
S567-L688　*16*
S575-L696　*31*

S577-L698 *31*
S581-L703 *21*
S590-L712 *19, 53*
S595-L717 *62*
S601-L723 *36*
S606-L725 *18*
S617-L736 *45*
S617-L737 *33*
S617-L738 *58*
S618-L744 *45, 58*
S618-L745 *33, 35*
S626-L756 *51*
S636-L771 *32*
S643-L778 *33*
S644-L780 *32, 34, 35*
S645-L782 *42*
S645-L784 *31*
S645-L785 *43*
S655-L808 *11, 17*
S659-L816 *18*
S659-L817 *17*
S661-L821 *9, 17, 26, 58*
S668-L828 *55*
S669-L511 *30*
S670-L512 *30*
S671-L513 *30, 59*
S672-L505 *19*
S680-L418 40, 195, *9, 18, 27, 29, 39, 42, 52-54, 61*
S680-L421 *14, 15, 56*
S680-L423 *12, 25, 31, 62*
S680-L424 *12, 25*
S680-L426 *33*
S681-L427 230, *28, 42, 52, 53, 60*
S682-L428 *28, 42, 54, 60*
S683-L430 *60*
S690-L444 *26*
S690-L447 *59*
S690-L449 *25, 31, 60*
S691-L451 *21*
S692-L452 *21*
S693-L453 *21*
S699-L460 *25, 42, 47*
S725-L486 *21*
S735-L489 *21*
S737-L501 *20*
S738-L502 *21*
S739-L975 *18*
S742-L913 *17, 31, 54*
S743-L978 *13, 14, 20*
S746-L917 *50*
S751-L919 *43, 47, 49*
S756-L928 *19*
S756-L929 *18*
S757-L930 *24*
S759-L931 *17, 61*
S761-L933 *12, 45, 46, 51*
S762-L935 *19, 53*
S763-L938 *47*
S767-L944 *25*
S787-L950 *57*
S803-L969 *24*

2.『プロヴァンシアル』

『プロヴァンシアル』 51, 53, 55, 93, 95, 164, 208, 210, *18, 22-26, 28, 50*
「第二の手紙」*2^e^ Provinciale* *24*
「第四の手紙」*4^e^ Provinciale* 208, *55*
「第五の手紙」*5^e^ Provinciale* 51, *18, 22*
「第六の手紙」*6^e^ Provinciale* *22*
「第七の手紙」*7^e^ Provinciale* *23*
「第八の手紙」*8^e^ Provinciale* *25, 28*
「第九の手紙」*9e Provinciale* *22, 23*
「第十の手紙」*10e Provinciale* 53, 55, *23, 26*
「第十四の手紙」*14e Provinciale* *28*

「第十六の手紙」*16e Provinciale*　*28, 50, 57*
「第十七の手紙」*17e Provinciale*　95, *29*
「第十八の手紙」*18e Provinciale*　93, *29, 38*

3. その他

『A・デトンヴィルの手紙』*Lettre d'A. Dettonville*　164
『恩寵文書』*Écrits sur la grâce*　57, 58, *24, 47*
『数の冪の和を求めることについて』 *Potestatum numericarum summa*　*37*
『幾何学的精神について』*De l'esprit géométrique*　76, 78, 130, *40, 43*
　「幾何学一般に関する考察」*Réflexions sur la géométrie en général*　76–78, 131, *27, 37, 40*
　「説得術について」*De l'Art de persuader*　80, 102, 111, *31, 32, 34, 35*
『サシ神父との対話』*L'Entretien avec M. de Sacy*　*20, 28*
『真空論序言』*Préface sur le Traité du vide*　94, 219, 223, *29, 57, 58*
『大貴族の身分に関する講話』*Discours sur la condition des grands*　215–218, *21, 56, 57*
『父の死に関する手紙』*Lettre sur la mort de son père*　*12, 48–50, 59*
『罪人の回心について』*Écrit sur la conversion du pécheur*　*23, 48*
「フェルマへの手紙」Lettre à Fermat, le 10 août 1660　*33*
「ブレーズとジャクリーヌからジルベルトへの手紙」Lettre de Blaise et de Jacqueline à Gilberte, le 5 nov. 1648　*24–25*
『病の善用を神に求める祈り』*Prière pour demander à Dieu le bon usage des maladies*　170, 178, *47–50*
『流体の平衡に関する大実験談』*Récit de la grande expérience de l'équilibre des liqueurs*　*41*
「ロアネーズ嬢への手紙」Lettres à Mlle de Roannez　177, *36, 49*

Ⅱ. パスカル以外の著者の作品 (主要なもののみ)

アウグスティヌス Saint Augustin
　『キリスト教の教え』*La Doctrine chrétienne*　*16, 31, 33, 47–49*
　『告白』*Les Confessions*　158, 168, *11, 24, 42*
アントワーヌ・アルノー、ピエール・ニコル Antoine Arnauld et Pierre Nicole
　『論理学あるいは思考の技法』(『ポール＝ロワイヤル論理学』) *Logique ou l'art de penser / Logique de Port-Royal*　39, 84, 92, 93, 96, *17, 28, 29, 30, 40, 42, 57*
ジャンセニウス Cornelius Jansénius
　『内的人間の再形成論』*Discours de la Réformation de l'homme intérieur*　*12, 19, 46*
デカルト René Descartes
　『省察』*Méditations métaphysiques*　*27, 37, 60*
　『哲学原理』*Principes de la philosophie*　90, *29, 37*
　『方法序説』*Discous de la méthode*　*39*
ジルベルト・ペリエ Gilberte Périer
　『パスカル氏の生涯』*La Vie de Monsieur Pascal*　*17, 33, 44, 45, 48–50*
モンテーニュ Michel de Montaigne
　『エセー』*Les Essais*　111, 122, 149, *17, 20, 30, 34, 37–42, 50, 55–59, 61*

Ⅲ．人名

ア行

アウグスティヌス Augustin, saint 11, 15, 20, 38, 45, 46, 58–60, 62–64, 102, 158, 168, 209, *9–11, 13, 16, 20, 21, 24, 31, 33, 42, 46–49*
アヴィセンナ Avicenne *45*
赤木昭三 *9, 63*
アブラハム Abraham 46–48, *21, 31*
アリストテレス Aristote 131, 143, 185, 209, 226, *29, 34*
アルノー Arnauld, Antoine 39, 93, 139, 164, *10, 12, 28, 44, 46, 49*
アルノー・ダンディ Arnauld d'Andilly, Robert *12, 46*
アンブロシウス Ambroise de Milan *31*
イエス=キリスト Jésus-Christ 15, 26, 47, 50, 54, 62, 101, 159, 169, 175–178, 209, 232, *19, 21, 48, 61*
イザヤ Isaïe 46, 48, 227
石川知広 Ishikawa, Tomohiro *49*
ヴィラール Villars, abbé *10*
ヴィレー Villey, Pierre *56*
ヴェサリウス Vesalius, Andreas *45*
ヴォルテール Voltaire *10, 29*
ウォルトン，ブライアン Walton, Brian *21*
エスコバル Escobar y Mendoza, Antonio 53–55
エピクテートス Épictète 45, 110, *15, 20*
エラスムス Érasme *16*

カ行

カタラノ Catalano, Chiara *20*
ガッサンディ Gassendi, Pierre *10, 29*
カニャ Cagnat, Constance *48*
カペル，ルイ Cappel, Louis *21*
ガリレイ Galilée 132, 133
ガレノス Galien, Claude *45*
カロー Carraud, Vincent *9, 16, 20, 31, 37, 39, 43*
キケロ Cicéron *54, 56*
キュネアス Cynéas 190
キュプリアヌス Cyprien de Carthage *31*
グイエ Gouhier, Henri *10, 26, 52, 53*
クザーヌス，ニコラウス Nocolas de Cue *56*
久保田剛史 *56*
グルネ Grenet, Micheline *38*
グルネー，マリー・ド Gournay, Marie de *38*
クロケット Croquette, Bernard *30, 56*
ケプラー Kepler, Johannes 132
コイレ Koyré, Alexandre *38*
コペルニクス Copernic, Nicolas 132, 133
コント=スポンヴィル Comte-Sponville, André *15*

サ行

サン=シラン Saint-Cyran *16*
塩川徹也 Shiokawa, Tetsuya 154, 157, *9, 14, 20, 34–36, 51–53, 55, 57, 62*
ジベール，ピエール Gibert, Pierre *21*
シモン，リシャール Simon, Richard *21*
シャロン，ピエール Charron, Pierre 107
ジャンセニウス Jansénius, Cornelius 11, 91, *11, 12, 19, 20, 46, 49*
シュジーニ Susini, Laurent 112, 153, *21, 35, 42, 43, 51, 62*
スアレス Suarez, Francisco 55
スカリゲル Scaliger, Joseph Juste *21*
ステルペローネ Sterpellone, Luciano *45,*

67
スピノザ Spinoza　*21*
スリューズ Sluse, René François de　164
セネカ Sénèque　*36, 59*
セリエ Sellier, Philippe　120, 150, 230, *10, 11, 13, 17, 20, 21, 33, 41, 42, 47, 50*
ソクラテス Socrate　214, 226, *16, 59, 61*

タ行

タヴノー Taveneaux, René　*11*
ダビデ David　46, 227
ティルアン Thirouin, Laurent　150, *34, 42, 50, 52-54*
デカルト Descartes, René　71, 72, 87, 89-91, 100, 101, 113, 130, 163, 185, 232, *10, 16, 25, 27, 29, 30, 35-37, 39, 41, 51, 58-60, 62*
デコット Descotes, Dominique　256, *39, 42, 50, 52, 54, 62*
デュ・ガ Du Gast　164, *44*
デュ・バルタス Du Bartas　140, *40*
テュルティ，サロモン・ド Tultie, Salomon de　110, 154
トリチェリ Trricelli, Evangelista　143
トマス・アクィナス Thomas d'Aquin　*44*

ナ行

ニコル Nicole, Pierre　39, 93, 139, 154, *10, 28, 32*
ノーマン Norman, Buford　*25*

ハ行

パウロ Paul, saint　15, 46, 48, 101, 175, 209, *15, 16*
ハーヴェイ，ウィリアム Harvey, William　*45*
パヴロヴィッチ Pavlovits, Tamás　*29, 36*
バー・オストロヴィエッキ Bah Ostrowiecki, Hélène　*25*
パスカル，ジャクリーヌ Pascal, Jacqueline　163, 164, 176, *24, 48, 49*
パパソーリ Papasogli, Benedetta　*12*
バリー Barry, le P.　52, 53, *22*
パレ，アンブロワーズ Paré, Ambroise　*45*
ビュリー Bury, Emmanuel　*58*
ピュロス Pyrrhus　190, *52*
ピュロン Pyrrhon　81-86, 148, 149, *27, 28, 41, 42*
ビョルンスタ Bjornstad, Hall　*50*
ファレ，ニコラ Faret, Nocolas　*58*
フィリウティウス Filiutius, le P.　54, 55
フィロン（アレクサンドリアの）Philon d'Alexandrie　*16*
フェルマ Fermat, Pierre de　164, *33*
フェレロル Ferreyrolles, Gérard　57, 169, *10, 18, 23-25, 46, 47, 55*
フォルス Force, Pierre　*15, 55*
フーコー Foucault, Michel　132, 144, *38, 41*
藤川晃太朗　*37*
プトレマイオス Ptolémée, Claude　132
フュマロリ Fumaroli, Marc　*33*
フュルティエール Furetière, Antoine　71, 135, 139, 165, *14, 25, 36, 37, 39, 44, 45, 51*
プラトン Platon　36, 104, 208, 210, 224, *16, 31, 32, 59, 61*
フランソワ・ド・サル François de Sales, saint　*23, 34*
プリニウス Pline l'Ancien　*45*
ブリュネッティ Brunetti, Cosimo　164, *44*
プルースト，ジル Proust, Gilles　*62*
ブルーノ，ジョルダーノ Bruno, Giordano　132, 133, *38*
ペシャルマン Pécharman, Martine　*55*

ペラギウス Pélage *24*
ペリエ，ジルベルト Périer, Gilberte 37, 163, 164, 174, 176, *17*, *33*, *44*, *48–50*
ペリエ，マルグリット Périer, Marguerite 164, 165, *30*, *44*, *45*
ホイヘンス Huygens, Christian *44*
ボヴ Bove, Laurent *47*
ボヴェル Bovelles, Charles de *43*
ボナヴェントゥラ Bonaventure, saint *43*
ボーニー Bauny, le P. 53, 54

マ行

前田陽一 *38*
マッケンナ McKenna, Antony 87, *9*, *10*, *12*, *29*, *42*, *44*
マニャール Magnard, Pierre *38*, *39*
マラン，ルイ Marin, Louis *31*
マルグリット・ド・ヴァロワ Marguerite de Vallois 149
マルティネ Martinet, Jean-Louis *51*, *54*
マルブランシュ Malebranche, Nicolas *10*
ミション Michon, Hélène 13, *11*, *12*, *26*, *31*, *32*, *37*, *38*, *43*, *44*
ミトン Mitton, Damien 22, 23, 109
ムリヨン Meurillon, Christian *9*, *10*
メイエ，ルイ Meyer, Louis *21*
メナール Mesnard, Jean 163, 164, 167, *11*, *12*, *16*, *20*, *35*, *37*, *38*, *40*, *42–47*, *56*
メネニウス・アグリッパ Menenius, Agrippa *14*
メルセンヌ Mersenne, Marin 143
メレ Méré, chevalier de 109, 131, *34*
モーセ Moïse 46, 48
モリナ，ルイス Molina, Luis de *11*, *24*
モンタルト Montalte, Louis de 51–53, 55, 56, 208, 209, *22*
モンテーニュ Montaigne, Michel de 36, 65, 109–112, 121, 122, 132, 133, 140, 148, 149, 193, 194, 220, 236, *13*, *18*, *19*, *27*, *30*, *34–38*, *41*, *42*, *50–52*, *54–56*, *58*, *59*, *61*, *62*

ヤ行

山上浩嗣 Yamajo, Hirotsugu *11–12*, *16–18*, *56*, *58*
ユゲ Huguet, Edmond *42*
ヨブ Job 46

ラ行

ライオンズ Lyons, John D. *39*
ラクーチュール Lacouture, Jean *22*
ラシュリエ Lachelier, Jules *53*
ラツェリ Lazzeri, Christian *55*
ラフォン Lafond, Jean *13*, *16*
ラフュマ Lafuma, Louis *50*
ラ・ブリュイエール La Bruyère, Jean de 121, *36*
ラブレー Rabelais, François *16*, *58*
ラポルト Laporte, Jean *27*
ラミ，フランソワ Lamy, François *10*
ラランド Lalande, André 71, *25*
ラ・ロシュフコー La Rochefoucauld, François de *13*, *14*, *20*, *58*
リウィウス Tite-Live *14*, *15*
ルカ Luc l'évangéliste *19*
ルメートル・ド・サシ Lemaistre de Sacy, Issac-Louis *27*, *50*
ロアネーズ公爵 Roannez, duc de 58
ロック，ジョン Locke, John *10*

注

はじめに

1） パスカルが読者として想定していた人々について、次の研究が参考になる。

1° 赤木昭三「パスカルの『パンセ』とリベルタン」、『思想』806 号、岩波書店、1991 年 8 月、124–143 頁。

2° Tetsuya Shiokawa, « Le péché originel dans l'apologie pascalienne : stragégie et enjeux », in *Chroniques de Port-Royal,* n° 63, 2013, pp. 243–253.

3° Vincent Carraud, « Le dessein de Pascal : *De la vraie religion,* ou une apologétique de la douceur », in *Chroniques de Port-Royal*, n° 63, 2013, pp. 45–66.

論文 3° は、パスカルの考える「無神論者」（athées）を、「神の存在を信じない者」という通常の意味ではなく、「（たとえ神の存在を信じていたとしても）神の探求を行わない者」という意味であるとの興味深い説を提示している。パスカルの『護教論』は、そのような意味での「無神論者」に対して、「自然」に基づいた証明（および形而上学的証明）という手段に訴えるのではなく、アウグスティヌスの著作『真の宗教について』の手法に即して、信仰を説こうとしているのだという。

2） 『パンセ』の構成について、本書 120–121 頁を参照。

3） S231–L200.

4） S143–L111.

5） S661–L821.

6） S230–L199［950］.

7） S99–L65.

8） S88–L55.

9） S230–L199［946］.

10） S680–L418［1208］.

11） S182–L149［919］.

12） A・マッケンナは、下の論文 1° にて、『パンセ』における人間の身体に関する多種多様な言及にいち早く注目し、それらが人間の「空しさ」について読者を有効に説得する機能を果たしていることを指摘した。マッケンナはまた、論文 2° において、パスカルの論述を「対人論証」すなわち、「対話者によって認められた原理に即して行う論述」と捉え、その原理が「人間の身体」に関することがらであると主張している。また、Ch. ムリヨンは、論文 3° において、『パンセ』で頻用される corps という語（身体、物質、物体を意味する）の用法を子細に分析し、その主たる指示対象が「物体」「人間の身体」「キリストの身体（聖体）」「共同体（とりわけ教会）」の 4 つに及ぶことを明らかにした。本書の着想は、これらの研究に多くを負っている。

1° Antony McKenna, « Pascal et le corps humain », in *XVII*^{e} *siècle,* n° 177, oct.-déc. 1992, pp.

481-494.

2° Antony McKenna, « Une question de cohérence : l'argument *ad hominem* dans les *Pensées* de Pascal », in *Littératures classiques,* n° 20, supplément 1994, pp. 23-44.

3° Christian Meurillon, « Clefs pour le lexique des *Pensées.* L'exemple de "Corps" », in *L'Accès aux* Pensées *de Pascal,* actes édités par Th. Goyet, Paris, Klincksieck, 1993, pp. 125-143.

13) 17、18 世紀を通じて、パスカルを悲観論者と見る解釈が主流であった（ヴォルテールのパスカル批判がその典型である）。A・マッケンナによると、「われわれの自然の原理は、習慣化された原理以外の何であろうか」（S158-L125）というパスカルの問いかけは、両世紀の間、多くの哲学者や神学者の批判にさらされてきたという（アルノー、ニコル、マルブランシュ、ヴィラール神父など）。この一節は、理性が身体の影響から独立して機能し、形而上学的真理を発見しうるとするデカルト流の合理主義的立場と対極をなす考えを表すものと理解され、人間のなかに「自然」（「形而上学的確実性」）の存在を否定する根本的な懐疑主義の表明であると解釈されたのであった。マッケンナによれば、パスカルと同様、認識における習慣や身体の影響を認める者も、一方で普遍的な真理（「理性の法則」「自然の法則」）の存在を疑わない論者が大半であった（ジョン・ロック、ピエール・ベール、フランソワ・ラミ）。パスカルは（ガッサンディとともに）、理性的明証性の徹底した批判者であると理解されてきた（Antony McKenna, « Coutume/nature : la fortune d'une pensée de Pascal », in *Équinoxe. Revue internationale d'études françaises,* n° 6, été 1990, pp. 83-98）。

アンチ・ユマニストとしてのパスカル像を確立したのはH・グイエである。彼は「ユマニスム」を、1）人間の理性や意志の「自足性」（suffisance）、2）「本性」（nature）によって善に到達することの可能性、3）そのような本性のあり方の基盤となる「文化」（culture）、という三つの特徴によって規定し、これらすべてを欠く思想を「アンチ・ユマニスム」とみなしうるとする（Henri Gouhier, *L'Anti-humanisme au XVIIe siècle,* Paris, Vrin, 1987, pp. 20-21）。彼はその上で、パスカルの護教論を、「アンチ・ユマニスト的な神学と人間学に結びついたもの」と認めた（*Ibid.*, p. 96）。

G・フェレロルは逆に、人間の本性が「習慣」によってたえず変化するというパスカルの観察のうちに、人間の自律的な進歩への信頼を認めている。パスカルは人間のなかに、自己の習慣に対する自由および責任と、それによって自分を「完成」へと導く可能性とを見いだしているという（Gérard Ferreyrolles, *Les Reines du monde. L'imagination et la coutume chez Pascal,* Paris, Honoré Champion, « Lumière Classique », 1995）。

第一章

1） アウグスティヌスからパスカルへの影響については、次を参照。Philippe Sellier, *Pascal et saint Augustin,* Paris, Armand Colin, 1970 ; Paris, Albin Michel, « Bibliothèque de l'Évolution de l'Humanité », 1995. また、次はアウグスティヌス思想の 17 世紀フランス文学・思想全体への影響についての優れた概説である。フィリップ・セリエ「十七世紀フ

ランス文化における聖アウグスティヌス」山上浩嗣訳、『関西学院大学社会学部紀要』89号、2001年3月、65-77頁。

2) ジャンセニスム jansénisme とは、第一義的には、コルネリウス・ジャンセニウス（1585-1638年）の思想を基盤とするキリスト教の教義を意味する。「ジャンセニスト」はこの教義の支持者を指すが、この名称は、当初この教義に敵対する陣営——イエズス会士を中心とするモリニスト（ルイス・モリナ説の支持者）たち——によってつくりあげられた。とはいえ、彼らは実際は、ひとつの統一的な教義を信奉する均一な集団ではなかった。ジャンセニスムとは、ジャンセニウス説から派生するさまざまな教義とその支持者の思想や活動の集積であり、またおのおのの集団が行う教会改革運動の総体をも指示する。しかもその多様性は、時とともに拡大していく。次を参照。René Taveneaux, *Jansénisme et politique,* Paris, Armand Colin, « Collection U », 1965, pp. 10-11, 18-19. Philippe Sellier, « Qu'est-ce que le jansénisme（1640-1713）? », in *id., Port-Royal et la littérature II. Le siècle de saint Augustin, La Rochefoucauld, Mme de Lafayette, Sacy, Racine,* Paris, Honoré Champion, « Lumière Classique », 2000, pp. 43-76.

3) S339-L308.

4) J・メナールは、« ordre » という語のこのようなパスカルの用法について、次のように説明している。「この語はここで、「熟慮・計算・方法に基づいた配置」という一般的な意味では用いられておらず（これも『パンセ』においてきわめて頻繁に見られる用法だ）、パスカルに特有の次のような観念を指示している。「均一かつ自律的な集団。なんらかの法則に支配され、ある種のモデルに従うことで、別の集団に対する独立性を保持している。」この語や観念の使用はもちろん、分類への配慮、とりわけ、段階、階層、序列という概念の関与に起因している」（Jean Mesnard, « Le thème des trois ordres dans l'organisation des *Pensées* », in *id., La Culture du XVIIe siècle*, Paris, PUF, 1992, p. 463）。

5) H・ミションは、同様の構造を、次の断章 S655-L808 における「習慣 coutume」「理性 raison」「霊感 inspiration」の間にも認めている。「信仰には三つの方法がある。理性、習慣、霊感である。理性をもつ唯一の宗教であるキリスト教は、霊感なしで信じている者を真の子として認めない。これは、キリスト教が理性と習慣を排除するということを意味するのではない。その反対である。数々の証拠に対して素直に精神を向き合わせ、習慣によってその正しさを確証しながら、なおかつ、謙虚にひざまずいて霊感に身を差し出さなければならないのだ。真の救いをもたらすのは霊感だけである。〈キリストの十字架がむなしくならないために〉」（Hélène Michon, *L'Ordre du cœur. Philosophie, théologie et mystique dans les* Pensées *de Pascal,* Paris, Honoré Champion, « Lumière Classique », 1996, pp. 252-257）。

6) S460-L545［1087］.

7) ただし、パスカルは、通常の意味での「感覚欲」の対象には明確に言及していない。アウグスティヌスにとってそれは、たとえば「この世の、目に優しい光の輝き」「いなかる調べであれ、甘やかな旋律をもつ俗歌」「花々、香水、芳香の甘美な匂い」「マナや蜜」、とりわけ「肉の抱擁」である（『告白』X、6）。邪欲に関するアウグスティヌスと

パスカルの思想の関係については、次で詳説した。Hirotsugu Yamajo, *Pascal et la vie terrestre. Épistémologie, ontologie et axiologie du « corps » dans son apologétique, Memoirs of the Graduate School of Letters, Osaka University,* vol. LII-II, mars 2012, Quatrième Partie, Chapitre Premier : « Le corps dans les “trois ordres” », pp. 281-301.

8） S761-L933.

9） 「三つの秩序」と「三つの邪欲」の関係について、詳細は Jean Mesnard, « Le thème des trois ordres dans l'organisation des *Pensées* », art. cit., pp. 426-484 を参照。

10） S182-L149 [918].

11） S511-L618.

12） S182-L149 [918].

13） S761-L933.

14） S329-L298.

15） この点については、第三章2. (1)「「第一原理」の認識」(75-78 頁) で詳述する。

16） S142-L110.

17） S680-L424 [1217].

18） S680-L423 [1217]. パスカルは、『父の死に関する手紙』(1651 年 10 月 17 日付) で、「自己愛」の起源について説明している。それによると、神が人間を創造したとき、人間は「神への愛」と「自己愛」という二つの愛を保持していたが、原罪をきっかけに人間は「神への愛」を失い、「自己愛」がそれによって生じた虚無 (vide) を占めるようになってしまったという (*Lettre sur la mort de son père*, *MES*, II, pp. 857-858)。

19） パスカルにおいて、「心」(cœur) が物質的・肉体的原理と精神的・霊的原理の双方を示す両義的なトポスであることは、多くの論者に指摘されている。次を参照。Antony McKenna, « Pascal et le corps humain », art. cit., p. 490. H. Michon, *L'Ordre du cœur..., op. cit.*, p. 284. また、次によって、そのことは 17 世紀のモラリスト・宗教思想家一般においても同様であったことがわかる。Benedetta Papasogli, *Le « Fond du cœur ». Figures de l'espace intérieur au XVIIe siècle*, Paris, Honoré Champion, « Lumière Classique », 2000, p. 238.

20） S339-L308, S761-L933, S182-L149, S142-L110 を参照。

21） S182-L149 [919-920].

22） パスカルに多大な影響を与えたジャンセニウス『内的人間の再形成論』(1628 年、アルノー・ダンディによるフランス語訳刊行は 1646 年) によれば、「傲慢」(orgueil) とは、「人間の魂が自分だけに従い、他人はおろか、神にさえも決して従おうとしない」サタン (le Diable) の欲望である。これは、人間のもっとも古い欲望にほかならない。「傲慢が [原罪による] 人間の堕落に先立って生じたこと、魂が堕落する前に高く上昇していたことは、聖書によってたしかである。／傲慢によって人間の内部に生じた堕落が、外部において生じる堕落よりも先であった。人間は実際に堕落したときに、すでに心のなかで堕落していたことに気づかなかったのだ」(Jansénius, *Discours de la Réformation de l'homme intérieur*, d'après la traduction en français d'Arnauld d'Andilly, Paris/Houilles, Éditions

Manucius, 2004, pp. 30-37)。

23) この理論について、第二章 2. (2)「歴史的・神学的考察――「肉的なユダヤ人」の実践」で詳述する（46-51 頁）。

24) S301-L270 [979].

25) Ph・セリエは、アウグスティヌスの著作中でこの理論の典拠となる箇所を、『神の国』第 18 巻をはじめとして、多数指摘している。次を参照。Ph. Sellier, *Pascal et saint Augustin*, *op. cit*., pp. 484-497.

26) S508-L615.

27) この点について、第六章 4.「賭け」で考察する（195-197 頁）。

28) S150-L118.

29) S743-L978 [1302]. 同様の考えが、ラ・ロシュフコー『箴言集』のなかに見つかる。「自己愛とは、自分自身およびありとあらゆることがらを、自分のために愛することである。[...] 自己愛の谷底については、深さを測ることもできないし、暗闇を見すかすこともできない。自己愛は、そんな場所に、どれほど遠くまで見通すことのできる目からも隠れてひそんでいて、人知れず何度も何度もねじれたりぐるぐる回ったりしている。そんな場所では、自己愛はしばしば自分自身にも見えない。自己愛はそこで、自分でも知らず知らずに、無数の愛憎を身ごもり、養い、育てているのである」(La Rochefoucauld, *Réflexions ou Sentences et Maximes morales et Réflexions diverses*, éd. L. Plazenet, Paris, Honoré Champion, « Champion Classiques », 2005, Maximes supprimées après la première édition [MS], 1, p. 209)。ここでラ・ロシュフコーは、神学的な観点とは無関係に、自己愛の変化しやすく、しばしば相互に矛盾しあうような多種多様なふるまいについて考察し、次のように結論づけている。「海は、自己愛をうまく表す像である。自己愛は、海のたえまなく押し寄せる波の干満のなかに、その思想と永遠の運動とが騒がしく続いていくさまを忠実に表現している」(*Ibid*., p. 210)。

一方パスカルは、断章 S743-L978 で、人間が真理に対してもつ嫌悪の根本に自己愛があることを示そうとしている。人間が「自己に対しても他人に対しても、偽装、欺瞞、偽善にすぎない」のは、その心の奥底に、「正義と理性からかけはなれたそのようなふるまいすべて」の「生来の根源」を保持しているからだという（S743-L978 [1304]）。

「自己愛」観念の起源から 17 世紀に至るまでの変遷について、次を参照。Jean Lafond, « L'amour-propre de La Rochefoucauld (MS1). Histoire d'un thème et d'une forme », in *id*., *L'homme et son image. Morales et littérature de Montaigne à Mandeville*, Paris, Honoré Champion, « Lumière Classique », 1996, pp. 99-114.

30) S494-L597.

31) しかも人間は、他人から愛されたいがために嘘をつく。「したがって、人は相手から愛されたほうが得だと思えば、相手が嫌がると決まっている職務をまかせたりしなくなる。人は相手を、相手が扱われたいと思うとおりに扱うようになる。相手が真理を憎むなら、それを隠す。相手がほめられたいと望むなら、ほめてやる。相手がだまされたいときには、だましてやる。」こうして、「人生とは、たえざる幻想にほかならない。われ

われは互いにだまし合い、互いにほめ合っているにすぎない」(S743-L978 [1303-1304])。

32) S494-L597. Cf. ラ・ロシュフコー:「自己愛は、人間を自己自身の崇拝の対象に仕立て上げるが、もしたまたまその方法が与えられれば、人間を他者に対する暴君にもするだろう」(*Maximes*, MS1, *op. cit.*, p. 209)。

あらゆる人間がこのような「憎むべき自我」を保持している以上、人間を愛することは不可能であり、不正である。塩川徹也は、このようなパスカルの主張によって、それにもかかわらず人類全体を愛し、その罪を贖うためにわが子を遣わした神の慈悲の途方もない大きさが強調されていると説いている。神の愛はその正義の裁きを超えて機能している。次を参照。Tetsuya Shiokawa, « Amour et justice dans les *Pensées* : de l'observation moraliste à l'exhortation spirituelle », in *XVII*^{e} *siècle*, n° 261, oct. 2013, pp. 637-644.

33) S243-L210.

34) S150-L118.

35) S680-L421 [1216].「集団の機構」の原語は économie である。フュルティエール『万能辞典』(1690年刊のフランス語辞書)は、この語(当時の綴りでは œconomie)の意味として、「自己あるいは他者の財を賢く管理すること」とともに、「ものごとのよき秩序と配置」を挙げていて、後者の用例として、« C'est une chose admirable que l'*œconomie* et la disposition des parties du corps humain, et de voir comme chacune fait ses fonctions. »(「人体の諸部分の機構や配置、そのそれぞれがいかに各自の機能を果たしているかを見るのは、驚くべきことだ。」)を紹介している。ここでは、économie を後者の意味に解釈しておく(Antoine Furetière, *Dictionnaire universel* (1690), Genève, Slatkine Reprints, 1970, 3 vol., art. « œconomie »)。

36) S404-L372.

37) 上の引用で「からだ全体」(または「全体」)と訳した corps は「共同体」をも意味し、「手足」と訳した membre は「成員」をも指示する。したがって、この断章にはそもそも二重の意味が込められている。

共同体を人体、その成員をその諸部分と見立てる発想は、そもそもティトゥス=リウィウスに見いだされる。ローマから聖山に引きこもった平民の不満をなだめ、市民間の団結を回復するために、メネニウス・アグリッパが次の演説を行う。「人間の体の中で昔は、今のようにすべてが一つになって働いてはいなかった。体のそれぞれの部分にそれぞれの考え、それぞれの物言いがあった。あるとき腹に対して体の他の部分が不公平を口にした。「自分たちは腹のためを思って骨を折り、何でも手に入れてやろうと尽くしている。しかし、腹は体の真ん中にのうのうと納まり、好きなものをもらって喜ぶ以外に何もしない」。そこでこう申し合わせをした。「手は、口に食べ物を運ぶのをやめよう。口は、何か運ばれてきても受け取るのをやめよう。歯も、嚙むのをやめよう」。こう息巻きながら、腹を飢えで懲らしめようとしているうちに、手足もろとも体全体が弱りきってしまった。これで分かったのは、腹も奉仕を怠けていたわけではなく、養われるとともに他を養っていたということだ。腹は、人間が生きて動くためにかかせない

血液を体全体に送り返している。その血液は、消化された食物によって滋養豊かなものとなり、血管を通してまんべんなく体全体に行き渡っていく」(リウィウス『ローマ建国以来の歴史1―伝承から歴史へ(1)』岩谷智訳、京都大学学術出版会「西洋古典叢書」、2008年、II、32、186-187頁)。

38) Cf. S406-L374:「手足がそれぞれ個別の意志をもっていたとすれば、その個別の意志を、からだ全体を統治している第一の意志に服従させないかぎり、手足は決して正しい秩序のもとにないだろう。そうしなければ、手足は無秩序と不幸に陥るだろう。だが、からだ全体の幸福を願いさえすれば、手足もまたそれぞれの幸福を得ることになるのだ。」

39) S404-L372.

40) 「考える手足」の着想はパウロ「コリントの信徒への手紙一」から、全体と個との関係についての着想は、エピクテートス『語録』II、5(『人生談義』、岩波文庫、上巻所収)から、それぞれ与えられている。次を参照。Pierre Force, « Maladies de l'âme et maladies du corps chez Pascal », in *Papers on French Seventeenth Century Literature, Biblio 17*, n°89, 1995, pp. 77-86.

41) S680-L421 [1216-1217].

42) S404-L372. 冒頭の句は「コリントの信徒への手紙一」6:17より。Cf. S401-L368:「自分自身に対する愛を統制するには、考える手足に満ちたからだを想像しなければならない(なぜなら、われわれはまさに全体の手足だから)、また、手足のひとつひとつが、どのようにして自分を愛すべきかを知らなければならない」(強調は引用者)。

43) S405-L373.

44) S404-L372.

45) S405-L373を参照。

46) 「あなたがたも聞いているとおり、「隣人を愛し、敵を憎め」と命じられている。しかし、わたしは言っておく。敵を愛し、自分を迫害する者のために祈りなさい」(「マタイによる福音書」5:43-44 [新共同訳聖書])。

Cf. S387-L355:「キリスト者は隣人を愛する。しかしその慈愛は、その限界にとどまることなく、敵にも及び、やがては神の敵にまで及ぶ。」

47) S15-L396. パスカルはこの断章の文章が書かれた紙片をつねに携帯していたという(*Pensées*, *FS*, p. 836, n. 1を参照)。

48) S15-L396.

49) 「執着」(attachement)と「慈愛」(charité)は、それぞれ古代ギリシアの二つの愛である「エロス」と「アガペー」に対応する。A・コント=スポンヴィルは、パスカルにおける「執着」と「慈愛」の違いを分析し、前者を「自己の益のために他者を愛すること」、後者を「他者の益のために他者を愛すること」であると結論づけている(André Comte-Sponville, « L'amour selon Pascal », in *Revue internationale de philosophie*, n°199, mars 1997, pp. 144-145)。

50) S15-L396.

51） S567-L688.

52） S552-L673.

53） 言いかえれば、「私」の同一性を保証しているのは、身体でも（デカルトの「コギト」のような）思考でもなく、人に愛される可能性である。V・カローは次のように説明している。「私が存在する（存在しうる）のは、私が愛されている（愛されうる）からだ。この順序は反転できない。私は、私に与えられる愛よりも前には存在しない。逆に、この愛こそが私を私として成り立たせているのである」（Vincent Carraud, *Pascal et la philosophie*, Paris, PUF, 1992, p. 323）。

54） S567-L688.

55） S567-L688.

56） このことは、アウグスティヌスによる「慈愛」（chartité / *caritas*）の定義によって説明される。「私は、魂をして、神を神自身のために享受するようにしむける運動のことを、慈愛とよぶ。」逆に、「私は、魂をして、神を享受することを目的とせずに、自己、隣人、あるいはその他の物質的存在を享受するようにしむける運動のことを、邪欲（convoitise / *cupiditas*）とよぶ」（*La Doctrine chrétienne*, III, 10, *BA*, 11/2, pp. 258-259.『キリスト教の教え』加藤武訳、『アウグスティヌス著作集 6』教文館、1988 年、164 頁）。この考えは、サン=シランにも受け継がれる。サン=シランにおいて、慈愛とは「われわれをして、いかなるものにもまして神を、神自身への愛のために愛するようにしむけ、隣人をわれわれ自身と同じように愛するようにしむける徳である」（*Théologie familière*, Paris, 1645, phrase citée par J. Lafond, art. cit., p. 100）。次も参照。H. Yamajo, *Pascal et la vie terrestre...*, *op. cit.*, pp. 288-294.

57） J・メナールは、「自己愛」（amour-propre）に対する批判の系譜を、パスカルからエラスムス、ラブレー（エラスムスは「自己愛」をギリシア語の φιλαυτια で指示し、ラブレーはこの語を philautie と訳している）、アウグスティヌス、パウロ、アレクサンドリアのフィロンへと順に過去にさかのぼって考察し、最終的な起源をプラトン（およびソクラテス）に見いだしている。次を参照。J. Mesnard, « Les origines grecques de la notion d'amour-propre », in *id., La Culture du XVII*[e] *siècle, op. cit.,* pp. 43-47.

プラトン『法律』の該当箇所のみ次に引用しておく。「多くの人びとにとって、すべての悪のうち最大のものは、魂に生まれつき具わっており、ひとは誰でも自分にそれを許し、それから逃れる手段を講じない。これは、「およそ人間というものは、もともと自分が可愛いのであり、またとうぜんそうあって然るべきなのだ」という言い方に含まれているところのものである。しかしほんとうは、この「あまりにも自分を愛しすぎるため」ということが、各人にとってそれぞれの場合に、すべての過ちの原因となっているのである。なぜなら、愛する者は、愛の対象について盲目であり、自分のものを真なるものよりもつねに尊敬すべきだと考えて、その結果、正しいもの、善きもの、美しいものについての判断を誤るからである。というのは、偉大な人物たらんとする者は、自分自身や自分に属するものをではなく、正しいことをこそ愛すべきなのだから」（『法律』V、4、森進一ほか訳、岩波文庫、上巻、290-291 頁）。

第二章

1） この点については、次で詳説した。H. Yamajo, *Pascal et la vie terrestre. Épistémologie, ontologie et axiologie du « corps » dans son apologétique*, *op. cit.*, Deuxième Partie, Chapitre Premier : « La coutume dans la vie profane », pp. 109-143.

2） S661-L821.

3） S527-L634.

4） パスカルは、不信仰者にとっては、キリスト教がさまざまな宗教のなかでなんら特別には見えないことを指摘している。「彼ら不信仰者はこう言う。獣も人間も、イスラム教徒もキリスト教徒も、同じように死んだり生きたりしているではないか、われわれと同じく、イスラム教徒にも、彼ら固有の儀式、預言者、博士、聖人、僧侶があるではないか、と」（S183-L150）。

5） *Essais*, II, 12, p. 445.

6） パスカル自身、生まれた土地において一般的な宗教が、一種の「先入観」となるという事実を意識していた。「人が何と言おうと、キリスト教のなかに驚くべきものがあるということは認めなければならない。「そんなことを言うのは、君がそのなかで生まれたからだ」と言う者がいるかもしれない。とんでもない。私は、まさにその理由によって、その先入観に負けてしまうことがないようにと、しっかりと警戒しているのだ。たとえ私がそのなかで生まれたにしても、キリスト教が驚くべきものであるということは、認めずにはいられないのだ」（S659-L817）。

7） *Essais*, II, 12, p. 445.

8） S655-L808.

9） S661-L821.

10） Gilberte Périer, *La Vie de Monsieur Pascal*, *MES*, I, p. 625.

11） G. Périer, *La Vie de Monsieur Pascal*, *MES*, I, p. 584.

12） G. Périer, *La Vie de Monsieur Pascal*, *MES*, I, p. 586.

13） G. Périer, *La Vie de Monsieur Pascal*, *MES*, I, p. 593.

14） G. Périer, *La Vie de Monsieur Pascal*, *MES*, I, p. 589 ; Cf. S759-L931.

15） G. Périer, *La Vie de Monsieur Pascal*, *MES*, I, *MES*, I, p. 596. 「聖務日課」（Office divin）とは、カトリック教会で用いられる祈祷書のこと。パスカルの著作における典礼の重要性について、次を参照のこと。Philippe Sellier, *Pascal et la liturgie*, Paris, PUF, 1966 ; Genève, Slatkine Reprints, 1998.

16） 本章 3.（2）「祈り――習慣化不可能な行い」を参照（57-66 頁）。

17） S742-L913（« Le Mémorial »）.

18） *Logique*, I, 3, p. 50.

19） 「無限 無」の断章の大部分をなす「賭け」に関する議論のなかで、信仰に至る実践的方法を説くこの一節は、本論から逸脱しているようにも見える。この断章の登場人物二人（護教論者と不信仰者）の対立は、当初から神の存在を信じるかどうかという点にあり、その対立を解消するためにこそ、「賭け」の議論が導入されたのであった。護教論

者は、神の存在を信じられない相手に、大きな利益が得られる「神ありへの賭け」を勧めたのである。その相手が「信じられないがゆえに賭けられない」とすれば、議論はすべてご破算になってしまう。だが、この破綻の局面は、かえって二人の対話に真実味を与えており、また、いくぶん奇妙なことではあるが、この破綻をきっかけに不信仰者は、むしろ相手の話に身を乗り出すことになるのだ。ここでパスカルは、対話相手が当然と考える議論の筋道を、あえて逆転させることで、相手を説得するのに成功していると言える。この点について、詳しくは次の拙論を参照。H. Yamajo, *Pascal et la vie terrestre....*, *op. cit.*, Réflexions préliminaires : « La foi et le corps dans le fragment "Infini rien" : la problématique pascalienne du corps », pp. 11-36.

20） S680-L418［1214-1215］.

21） Gérard Ferreyrolles, *Les Reines du monde. L'imagination et la coutume chez Pascal*, *op. cit.*, p. 104.

22） S680-L418［1215］. 強調は引用者。

23） S659-L816. Cf. S394-L362：「我意（volonté propre）というものは、望みのものすべてを思いどおりにできたとしても、決して満たされない。だが、我意を捨てさえすれば、人はたちまち満足する。我意がなければ満たされぬことはありえず、我意があれば満たされることはありえないのだ。」

24） S680-L418［1210］.

25） S451-L912.

26） S756-L929［1322-1323］.『プロヴァンシアル』「第五の手紙」には、手紙筆者の友人が語る内容として、イエズス会が、信者の資質や要求に応じて、ときに厳格な指導者（directeurs）を、ときに鷹揚な指導者を派遣するさまが描き出されている（*5e Prov.*, pp. 330-331）。このことはまさに、各信者の信仰の内実が、指導者の教義理解に左右されることを物語っている。

27） S181-L148［916-917］.

28） S219-L187.

29） Cf. S212-L181：「信心と迷信は異なる。／迷信に至るまで信心を保持することは、信心を壊すことである。」

30） S606-L725.

31） S78-L44［856］.

32） S739-L975. Cf. モンテーニュ：「ある者たちは、人に自分が信じてもいないことを信じていると思わせる。またある者たちは――こちらが大多数であるが――信じるとはどういうことかがわからず、信じてもいないことを、自分に信じ込まそうとしている」（*Essais*, II, 12, p. 442）。

33） G・フェレロルは、パスカルにおいて「想像力」は、「身体」「精神」「慈愛」の「三つの秩序」のすべてに支配を及ぼしていることを指摘し、それぞれの領域における個々の例をつぶさに分析している。次を参照。G. Ferreyrolles, *Les Reines du monde...*, *op. cit.*, Deuxième Partie : « L'imagination », Chapitre Premier : « "Maîtresse d'erreur et de fausseté" »,

pp. 139–186.

34） S461–L551.

35） S762–L935.

36） S756–L928［1323］. ここでは、ルカによる福音書の「ファリサイ派の人と徴税人」のたとえ（18:9–14）がふまえられている。こんな話である。

「自分は正しい人間だとうぬぼれて、他人を見下している人々に対しても、イエスは次のたとえを話された。二人の人が祈るために神殿に上った。一人はファリサイ派の人で、もう一人は徴税人だった。ファリサイ派の人は立って、心の中でこのように祈った。「神様、わたしはほかの人たちのように、奪い取る者、不正な者、姦通を犯す者でなく、また、この徴税人のような者でもないことを感謝します。わたしは週に二度断食し、全収入の十分の一を献げています。」ところが、徴税人は遠くに立って、目を天に上げようともせず、胸を打ちながら言った。「神様、罪人のわたしを憐れんでください。」言っておくが、義とされて家に帰ったのは、この人であって、あのファリサイ派の人ではない。誰でも高ぶる者は低くされ、へりくだる者は高められる」（新共同訳聖書）。

Cf. S397–L365：「信心（dévotion）と善意（bonté）の間には大きな違いがあることを、われわれは経験によって知っている。」ここで「信心」がファリサイ派の人のような信仰を、「善意」が徴税人のような信仰を、それぞれ象徴的に表現していると考えられる。

37） S590–L712.

38） S451–L908.

39） ジャンセニウスは『内的人間の再形成論』において、この逆説について詳しく論じている（Jansénius, *Discours de la Réformation de l'homme intérieur*, *op. cit.*, pp. 29–46）。その概要を次に示しておこう。三つの邪欲（肉欲、好奇心、傲慢）のなかでもっともよく人をあざむき、もっとも危険なのが「傲慢」である。他の二つの邪欲を克服したと称する者は、まさに他人に対して自己の優越を誇るこの欲にとらわれている。傲慢は、原罪による堕落以前に悪魔（サタン）によって人間に吹き込まれた最古の邪欲であり、「意志のもっとも奥まった場所にある襞に隠れている」ことから、取り除くのがもっとも困難な邪欲でもあるのだ。こうして、「神は、へりくだって神に仕えようと努める人々に対しても、よき業を試み、行い、なしとげる力を、必ずしも与えはしない。彼らを光のなかに置くこともあれば、闇のなかに放置することもある」が、ジャンセニウスによればそれは、「人々が有徳の行為をなすための知識や力を保持するとすれば、それは彼ら自身の能力によるのではなく、神の寛大さの賜物であることを知らしめるため」である。要するに、神が人間に謙虚さという資質を簡単には授けないのは、人間がそれを心から希求するようにしむけるためである。「救いの遅延こそが救いとなる」« Le retardement de son secours et un secours » と言われるゆえんである。

40） S539–L655. Cf. S672–L505：「嘘の謙虚さ、傲慢。」

41） モンテーニュはこう書いている。「われわれは偽の看板を掲げて名誉を得ようとする。徳はそれ自体のためにのみ追求されることを欲する。われわれはときおり、別の目的のために徳の仮面を借りようとするが、徳はただちにそれをわれわれの顔から奪い取って

しまう」(*Essais*, II, 1, p. 337)。

同様の考えは、ラ・ロシュフコーのよく知られた箴言にも見いだされる。「謙遜とはしばしば、他人を服従させるために用いられる偽りの服従にほかならない。それは傲慢のひとつのやり口であって、優位に立つためにへりくだるのである。なお、傲慢は千とおりにも化けるが、謙遜の衣に身を隠すときほどうまく化け、うまく人をだますことはない」(La Rochefoucauld, *Réflexions ou Sentences et Maximes morales et Réflexions diverses*, éd. cit., Maxime 254, p. 166)。

42) S178-L145.

43) S179-L146. パスカルは、『サシ神父との対話』で、エピクテートスの傲慢について語っている(*Entretien*, pp. 97-99)。

44) パスカルにおいて、「傲慢」(orgueil)は「支配欲」(*libido dominandi*)(何ごとにおいても他者よりも優れていたい、他者から称賛されたいという欲望)と同義である。これはまた、「自我」(le moi)つまり「自己愛」(amour propre)の主要な性質でもある(次の文中では、この二語が同義語のように言いかえられている:« La nature de l'*amour-propre* et de *ce moi* humain... » S743-L978 [1302])。「自我はそれ自体不正である。すべてのものの中心になりたがるからだ。また、自我は他者には不快である。他者を服従させようとするからだ」(S494-L597)。「自我は人々の愛と尊敬の対象となりたがる」(S743-L978 [1302])。本書第一章を参照のこと(21-24 頁)。

45) S175-L142. 最近の研究では、パスカルによるストア派の哲学者批判には、アウグスティヌスとジャンセニウスからの影響を認めることができるという。次を参照:Chiara Catalano, « Remarques sur le fragment L 147 : Pascal et Jansénius contre les stoïciens », in *Courrier du Centre international Blaise Pascal*, n° 34, 2012, pp. 7-12. なお、パスカルとストア主義については次を参照。Vincent Carraud, *Pascal et la philosophie, op. cit.,* pp. 201-213.

46) S132-L99.

47) 次を参照。Philippe Sellier, *Pascal et saint Augustin*, *op. cit.*, pp. 484-513. また、パスカルの「象徴」理論および「ユダヤ民族証人説」全般について、Jean Mesnard, *Les* Pensées *de Pascal*, Paris, SEDES, 2e éd., 1993, pp. 248-278 を参照。

48) この点について、塩川徹也『パスカル 奇蹟と表徴』岩波書店、1985 年、第五章「奇蹟と『パンセ』―『護教論』の構想の成立」215-253 頁を参照。

49) S289-L257. パスカルは次の断章で、旧約聖書のなかの一見矛盾する箇所をまとめて記している(S294-L263、[ ] 内は引用者による補足)。

「相反すること。

救い主に至るまでの王笏《おうしゃく》[「創世記」49:10]。「王も高官もなく」[「ホセア書」3:4]。

不変の律法 [「レビ記」7:34,36]、変化する律法 [多数]。

永遠の契約 [「創世記」17:7]、新しい契約 [「エレミヤ書」31:31]。

よい律法、「よくない掟」。エゼキエル書第二〇章 [25 節]。」

50) S289-L257. Cf. S737-L501.

51) 「コリントの信徒への手紙二」3:6。次の研究は、16 世紀後半から 17 世紀末に至る聖

書解釈の伝統（スカリゲル Scaliger、ルイ・カペル Louis Cappel、ブライアン・ウォルトン Brian Walton、ルイ・メイエ Louis Meyer、スピノザ、リシャール・シモン Richard Simon）のなかで、パスカルの導入した象徴的読解がいかに例外的であったかを説いている。活版印刷の発明、人文主義の発展とともに聖書の字義的解釈が一般化する状況にあって、パスカルの方法は、一般的に不信仰者から拒絶される傾向にあったという。Pierre Gibert, « La relation entre exégèse et apologétique dans les *Pensées* », in *Chroniques de Port-Royal*, n° 63, 2013, pp. 235-241.

52）次を参照。Ph. Sellier, *Pascal et saint Augustin*, *op. cit.*, pp. 503-508.

53）S301-L270［978］.

54）Cf. S738-L502. L・シュジーニは、イエスの外観によってその正体を見誤ったユダヤ人と、『大貴族の身分に関する講話』の「第一の講話」冒頭の挿話（下にその一部を引用）に登場する島の住人との間に類似性を指摘している（Laurent Susini, *L'Écriture de Pascal. La lumière et le feu. La « vraie éloquence » à l'œuvre dans les* Pensées, Paris, Honoré Champion, « Lumière Classique », 2008, pp. 225-226)。「ある男が嵐に遭遇し、見知らぬ島に漂着しました。ちょうどそのとき、島の住民たちは、以前に行方不明になった王を見つけられずにいたところでした。この男は、たまたまその王と体つきも顔もそっくりだったために、王と取りちがえられ、住民全員に王として迎えられました。男ははじめ、どうすればよいかわかりませんでしたが、やがてこの幸運に身を任せようと決心しました。人々の敬意を一身に受け、ありがたく王として遇されることにしたのです」（*Discours sur la condition des grands*, Ier Discours, *MES*, IV, p. 1029)。この挿話について、本書第七章 1.（3）「君主の倫理」を参照（215-219 頁)。

55）S738-L502. パスカルは、「ユダヤ民族の長所」として、民族全体が唯一の人物の子孫で成り立っている点、もっとも古い民族である点、もっとも長期間持続してきた点（S691-L451)、その誠実さ（sincérité)、広く散らばっている点（S692-L452）を挙げている。

56）S691-L451［1238］.

57）S581-L703.

58）S693-L453［1240-1242］. Cf. S298-L267：「象徴。／ひとたびこの秘密が暴かれると、それを見つめずにはおられない。旧約聖書をこの観点から読み、生贄が真であったかどうか、アブラハムの父性が神の愛の真の原因であったかどうか、約束の地が真の休息の場所であったかどうかを見てみなさい。それらは象徴であった。／同様に、定められたすべての儀式や、慈愛とは無関係のすべての掟を見つめてみよ。それらは象徴であることがわかるだろう。」

59）S693-L453［1240］.

60）S725-L486. Cf. S735-L489：「エレミヤ書第七章［21 節］。「生贄に生贄を重ねて、何の意味があるのか。私はあなたがたの父祖たちをエジプトから導き出したとき、生贄や燔祭《はんさい》について語ったこともなく、それを命じもしなかった。」」

61）S301-L270［978-979］.

62） S400-L367. 強調は原文。
63） S301-L270［979］.
64） S318-L286.
65） S318-L286.
66） S319-L287.
67） S396-L364.
68） パスカルはイエズス会士に、こう語りかける。「あなたがたは、内面は神のみに属しているという理由で、教会が内面を判断するのを望まず、神は内面しか見つめないという理由で、教会が外面を判断するのも望まない。そうしてあなたがたは、教会が人を選ぶのをさまたげ、そこにもっとも不埒な人々と、教会の名誉をはなはだしく損なう人々ばかりを残すことになる。それは、ユダヤ教徒や哲学の諸学派でさえ、卑劣漢とみなして追放し、不信仰者として嫌悪の対象とするであろうような連中である」(S499-L923)。
もっとも、イエズス会に対するこのような見方は、歴史的客観性に基づいたものではない。本節で記すのは、パスカルが批判の対象としているイエズス会像である。イエズス会の歴史については、次を参照。Jean Lacouture, *Jésuites. Une multibiographie*, Paris, Seuil, « Points », 1991-1992, 2 vol.
69） 「蓋然説」とは、確実ではないが本当らしい二つの対立する意見があるときに、厳密な論証を経ずに、自分に都合のよいほうを正しいと考えてよいという教えである。とりわけ『プロヴァンシアル』「第六の手紙」を参照のこと。
70） *5e Prov.*, p. 333.〈　〉内の句は「詩篇」18:8 より。
71） *9e Prov.*, p. 403.
72） *9e Prov.*, p. 403.
73） *9e Prov.*, p. 403.
74） 次は、モンタルトと、対話相手の神父とのやりとりである。パスカルの神父に対する皮肉は明らかである。「「では神父様、バリー神父の言うことは誰が保証するのです？」神父は答えた。「なんですと？バリー神父はわが会の神父ですぞ。わが会が、所属のすべての神父の全著作の内容を保証していることが、まだわからないのですか。お教えしなければなりませんな。知っておかれるとよいでしょう。わが会には、会に所属する神学者たちの承認と、役職者の許可がなければ、われらの神父のいかなる著作をも、どのような種類の書店にも印刷させることも許されない、という規定があるのです。この規則は、1583 年 5 月 10 日、アンリ三世によって定められ、1603 年 12 月 20 日、アンリ四世によって、1612 年 2 月 14 日、ルイ十三世によって、それぞれ追認されました。そういうわけで、わが会の神父たち各人の著作については、会全体が責任をもっているのです。このことは当会に特有のことです。したがって、当会の著作で、会の精神に悖《もと》るものなど決して刊行されることはないのです。以上が、あなたにお伝えしておくのがよいと思われたことがらです。」私は彼にこう言った。「神父様、それはありがとうございます。ただ、なぜもっと早く知らせてくれなかったのです。知っていたら、あなたの会の著者のみなさんにはもっと注意を払っていたことでしょう。」」(*9^{e} Prov.*, pp. 405-406)。

75） *9ᵉ Prov.*, pp. 404‒405.

76） *10ᵉ Prov.*, p. 421.

77） *10ᵉ Prov.*, p. 421.

78） *10ᵉ Prov.*, p. 423.

79） *10ᵉ Prov.*, p. 424.

80） *10ᵉ Prov.*, p. 424.

81） *10ᵉ Prov.*, pp. 429‒430.

82） パスカルは言う。「真の宗教のしるしは、神を愛することを義務としている点にあるはずだ。これはまことに正しい。だが、いかなる宗教もこれを命じなかった。われわれの宗教を別にすれば。／真の宗教はまた、人間の邪欲と無力さを知っているはずである。われわれの宗教は知っている。／真の宗教は、それを癒やす薬を与えなければならない。その薬のひとつが祈りである。いかなる宗教においても、人が神を愛し神に従うことができるように、神に願うことはなかった」（S247‒L214）。

また、フランソワ・ド・サルは言う。「真の生きた信心は神への愛に基づいているのであって、つまるところ信心とは、真の神への愛にほかならないのです」（Saint François de Sales, *L'Introduction à la vie dévote*, éd. E.-M. Lajeune, Paris, Seuil, « Livre de vie », 1962, p. 18）。

83） 一般的に「完全痛悔」とは、とりわけ神への愛によって自身の罪を悔やむことであり、「不完全痛悔」とは、劫罰に対する恐れのみによって罪を悔やむことであるが、多くの著者において、このような区別は厳密にはあてはまらない。この点について詳しくは、*Provinciales*, *FS*, pp. 430‒431, n. 3 を参照。

84） *10ᵉ Prov.*, p. 435.

85） *10ᵉ Prov.*, p. 437.

86） *Écrit sur la conversion du pécheur*, *MES*, IV, p. 40.

87） *10ᵉ Prov.*, p. 437. 強調は原文。

88） 「意志の導き」とは、罪を犯したときに、意志をうまく導いて、その目的を正当化する方法のこと（たとえば決闘を正当化するために、野原で散歩中に不当な攻撃をしかけられて身を守ったのだと考える）。『プロヴァンシアル』「第七の手紙」を参照。

89） この点について、次を参照。Gérard Ferreyrolles, *Pascal et la raison du politique*, Paris, PUF, « Épiméthée », 1984, Chapitre II « L'anomie jésuite », 1. « Les jésuites contre l'ordre établi : subvention » et 2. « Les jésuites contre l'ordre naturel : perversion », pp. 51‒77.

90） フェレロルの主張は、およそ次のとおりである。習慣は恩寵と相同的な関係にある。両者とも①「不連続な連続性」であり、②「傾ける」（incliner）機能をもち、③魂の非理性的部分に（習慣は「自動人形」automate に、恩寵は「心」cœur に）関与し、④自然（本性）を変化させる。恩寵を受け取る準備としての習慣はすでにして恩寵の賜物であり、その習慣はまた恩寵を発生させる。つまり習慣は恩寵のはたらきそのものである。さらに言えば、（祈りの）「持続」persévérance も「伝統」Tradition も、習慣そのものである。「持続」は個人において、「伝統」は集団においてくり返される恩寵の効果に

ほかならない。次を参照。G. Ferreyrolles, *Les Reines du monde...*, *op. cit.*, pp. 109-117.

91）　S757-L930.

92）　S803-L969. 強調は引用者。冒頭の句は「マタイによる福音書」7:7。Cf. S234-L202：「心安らかにあれ。君がそれ［神の恩寵］を期待すべきは、君からではない。反対に、君自身からは何も期待しないことによって、それを期待しなければならない。」

93）　S757-L930.

94）　*Écrits sur la grâce*, Lettre 2, *MES*, III, p. 648.

95）　「ペラギウス派」とは、人間の自由意志の力を強調し、神の恩寵の必要性を否定する5世紀の神学者ペラギウスを祖として生じた異端のこと。その「残党」とは、ここでは、スペイン出身のイエズス会士ルイス・モリナ（1535-1600年）の思想を支持する人々（モリニスト）を指す。

96）　*Écrits sur la grâce*, Lettre 2, *MES*, III, p. 650.

97）　*Écrits sur la grâce*, Lettre 2, *MES*, III, p. 654.

98）　*Écrits sur la grâce*, Lettre 1, *MES*, III, p. 647.

99）　*Écrits sur la grâce*, Lettre 2, *MES*, III, p. 654.

100）　*Écrits sur la grâce*, Lettre 7, *MES*, III, p. 711.

101）　パスカルは、『プロヴァンシアル』「第二の手紙」において、「十分な恩寵」と「有効な恩寵」をめぐって、ドミニコ会の神学者たちが、事実上はジャンセニストと同じ立場にあるのにもかかわらず、イエズス会と結託して、ジャンセニストを異端よばわりしていることを激しく糾弾している。彼によれば、三者の立場は次のとおりである。イエズス会の見解では、すべての人に「十分な恩寵」が与えられていて、人間の自由意志がこれを有効にも無効にもすることができるので、「有効な恩寵」など必要はない。ドミニコ会の主張では、「十分な恩寵」はすべての人に与えられてはいるが、人間を行動に促すには、さらに神から「有効な恩寵」を与えられる必要がある。これに対して、ジャンセニストは、現に十分であって、しかも有効でない恩寵など存在しないため、「十分な恩寵」を認めない。彼らにとって、人間は「有効な恩寵」がなければ、決して行動できない。

102）　*Écrits sur la grâce*, Lettre 7, *MES*, III, p. 711.

103）　*Écrits sur la grâce*, Lettre 3, *MES*, III, pp. 668-669.

104）　*Écrits sur la grâce*, Lettre 7, *MES*, III, p. 713.

105）　*Écrits sur la grâce*, Lettre 7, *MES*, III, p. 713.

106）　*Écrits sur la grâce*, Lettre 3, *MES*, III, p. 666. パスカルはこの一節を、『恩寵文書』の執筆の際に頻繁に用いた『トリアス』から引用している。

107）　*Confessions*, VII, 17, *BA*, 13, pp. 626-627 *et passim*. アウグスティヌス『告白』服部英二郎訳、岩波文庫、上巻、232-233頁ほか。

108）　本章2.（1）を参照（42-46頁）。

109）　パスカルは若年時、妹ジャクリーヌとともに姉ジルベルトに宛てた手紙（1648年11月5日付）のなかで、すでに同様の考えを記していた。「信者が義でありつづけること

は、たえず恩寵が注がれていることにほかならず、決してただ一度だけ与えられた恩寵が、そのまま生きつづけることではありません。こうして私たちは、自分が神の慈悲にたえまなく依存していることをはっきりと悟るのです。なぜなら、ほんの少しでもこの流れがとだえると、必ず求める熱意を失ってしまうからです。こうした因果から、たえず魂を清新に保つためには、つねに新たな努力を重ねつづけなければならないことは、すぐにわかります。古い恩寵を維持するためには、新たな恩寵を得るほかないからです。さもなければ、保持していると思い込んでいるものも失うことになるでしょう。ちょうど、光を閉じ込めようとして、闇しか閉じ込められない人のように」(Lettre de Blaise et de Jacqueline à Gilberte, le 5 nov. 1648, *MES*, II, p. 697)。

110) *8ᵉ Prov.*, p. 385.

111) 次を参照。G. Ferreyrolles, *Les Reines du monde...*, *op. cit.*, p. 103.

112) S767-L944. 次の研究は、ここで言う「外的なもの」すなわち身体的行為の役割を強調するあまり、「内的なもの」との相互作用を軽視しすぎているように思われる。Hélène Bah Ostrowiecki, « Une apologie par l'extérieur : la place du corps dans les *Pensées* de Pascal », in *Chroniques de Port-Royal*, n° 63, 2013, pp. 137-151.

第三章

1) B・ノーマンは、sentiment を、なんらかの心的作用の結果生じたもの (product) と、そのような心的作用そのもの (operation) とに大別した上で、その語義を次のように整理している。1.「心的作用の結果」1) 感覚器官あるいは魂における印象、2) 受け取った印象に対する意見、2.「心的作用」3) 心的作用それ自体、4) この作用の機能 (Buford Norman, *Portraits of Thought. Knowledge, Methods, and Styles in Pascal*, Columbus, Ohio University Press, 1988, pp. 14-15)。

2) S680-L423 [1217].

3) S680-L424 [1217].

4) S142-L110.

5) A. Furetière, *Dictionnaire universel,* éd. 1727, La Haye, 4 vol., art. « sentiment ».

6) Descartes, *Passions de l'âme*, II, 51, *ALQ*, III, p. 997.

7) S531-L646.

8) André Lalande, *Vocabulaire technique et critique de la philosophie*, 5ᵉ éd., Paris, PUF, 1999, 2 vol., art. « sentiment ».

9) *Ibid.*

10) 少なくとも『パンセ』および『プロヴァンシアル』において、この語は一切見あたらない。

11) S680-L424 [1217].

12) S680-L423 [1217].

13) S690-L449 [1236].

14) S699-L460. 強調は引用者。宗教における「心」の役割について、Henri Gouhier,

Blaise Pascal. Conversion et apologétique, Paris, Vrin, 1986, pp. 54-59 を参照。

15） S41-L7. 引用句は「ローマの信徒への手紙」1:17 より。

16） H・ミションが言うように、「心の直感」とは、みずからを人間に感じさせることを選択しうる神の自由な決断の結果である。ただし、神が人間の心を傾けるとき、人間の心も同時に神を欲している。心は「感じる」とともに「愛する」からである。理性が能動的にしかはたらかないのに対して、心は受動的かつ能動的な認識作用を担う。また、神が「隠れた」ままでいるときに、心は神を欲する（désirer）。ミションは、この点にパスカルの独自性を見る。ミションによれば、たいていの神秘主義者（mystiques）において、「心」あるいは「魂の内奥」（le fond de l'âme）は神のいる場所である。その際に彼らは、人間を神の像とみなしている。このような神と人間との類似性の思想は、パスカルには認められない。パスカルにおいて心は「溝」（gouffre）であり「虚無」（vide）である。これによって心は、みずからの欠如たる神を欲する。原罪は人間の本性を損なったが、神のノスタルジー、すなわち過去の記憶を残した。「人間は同時に、神を知るに値しないものでありながら、神を知りうるものであり、堕落によってそれに値しないが、その最初の本性によっては神を知りうるものだ」（S690-L444［1232-1233］）。次を参照。H. Michon, *L'Ordre du cœur. Philosophie, théologie et mystique dans les* Pensées *de Pascal*, *op. cit.*, pp. 271-310。

17） S412-L380.

18） S661-L821.

19） S222-L190. だからこそ、S531-L646（上掲）で「記憶」が「直感」の一形態であるとみなされる。「幾何学の命題でさえも直感となる」のは、論証の過程がすべて記憶されているかぎりにおいてである。

20） パスカルは、『プロヴァンシアル』「第十の手紙」で、イエズス会の神父に対して次のような言葉を投げかけている。「罪の機会に意図的にとどまるような人間が、心から罪を憎むなどという事態を、一体どんなふうに考えればいいのですか。それとは反対に、そのような者はむしろ、まだまだ十分に心を痛めておらず、真の回心には達していないことは明らかではないでしょうか。真の回心によってこそ、被造物を愛していたのと同じように神を愛するようになるのではありませんか」（*10ᵉ Prov.*, p. 430）。

21） S142-L110. 強調は引用者。

22） Cf. S91-L58：「圧政（Tyrannie）。／圧政とは、ある方法でしか手に入れられないものを、別の方法で手に入れようと望むことである。人はさまざまな長所にそれぞれの義務を捧げている。快には愛の義務を、力には畏れの義務を、知識には信の義務を、というように。／こうした義務はどうしても捧げなければならない。それを拒むのは不当であり、またほかの義務を強いるのも不当である。／したがって、次の命題はいずれも偽であり、圧政的だ。「私は美しい、ゆえに私を畏れなければならない。私は強い、ゆえに私を愛さねばならない。私は…」次も同様に、偽であり圧政的だ。「彼は強くない、ゆえに私は彼を尊敬しない。彼は有能ではない、ゆえに私は彼を畏れない。」」「圧政」について、本書第四章 143-144 頁も参照。

23）J・ラポルトは、心による認識の価値が、このような宗教的直感——ラポルトの用語では「神秘的直観」（intuition mystique）——の「決定的な個人性」（personnalité irrémédiable）にあると論じている（Jean Laporte, *Le Cœur et la raison selon Pascal*, Paris, Elzévir, 1950, pp. 119-141）。

24）*Réflexions sur la géométrie en général, MES,* III, p. 390.

25）*Réflexions sur la géométrie en général, MES,* III, p. 393.

26）*Réflexions sur la géométrie en général, MES,* III, p. 393.

27）*Réflexions sur la géométrie en général, MES*, III, p. 395.

28）*Réflexions sur la géométrie en général, MES*, III, p. 397.

29）*Réflexions sur la géométrie en général, MES*, III, p. 402.

30）*Réflexions sur la géométrie en général, MES*, III, p. 403.

31）*Réflexions sur la géométrie en général, MES*, III, p. 395.

32）*Réflexions sur la géométrie en général, MES*, III, p. 403. 強調は引用者。

33）*Réflexions sur la géométrie en général, MES*, III, p. 400. 強調は引用者。

34）*Réflexions sur la géométrie en général, MES*, III, p. 400.

35）*De l'Art de persuader*, *MES*, III, p. 413.

36）S680-L418［1210］.

37）S164-L131［898］.

38）Cf. Descartes, *Méditations métaphysiques*, I, *ALQ*, II, p. 412.

39）次を参照。J. Laporte, *Le Cœur et la raison selon Pascal*, *op. cit*., pp. 135-139.

40）パスカルは、このピュロン主義者の立場をモンテーニュのものとし、サシ氏に対して次のように語る。「彼［モンテーニュ］は尋ねます。［...］公理（axiomes）あるいは、誰でもがもっているところから共通観念（notions communes）とよんでわれわれが信じている原理は、本質的な真理と一致しているのかどうか、と。そして、完全に善なる存在が、真理を知るべくわれわれを創造することによって、われわれにこれらのものを真なるものとして与えたということをわれわれが知るのは、ただ信仰によってのみである以上、こうした光がなければ、誰が次のことを知りえようか、とも尋ねます。つまり、いきあたりばったりにつくり上げられたこれらのものが不確実なものではないのかどうかということ、あるいは、われわれをあざむくべく、人をあざむく悪しき存在によってつくり上げられたこれらのものを、この存在はわれわれにまちがったものとして与えなかったかどうかということです。こうして、神と真理とは不可分であるということと、神が存在するかしないかによって、これが確実か疑わしいかによって、真理についても同様の結果になる、ということが示されるのです。したがって、われわれが真理の判定者とみなしている共通感覚（sens commun）が、その創造者からその存在を受けているのかどうかは、誰にも知りえないのではないでしょうか」（*Entretien*, pp. 104, 107-108）。

41）S164-L131［899］.

42）S164-L131［900］.

43）*Logique*, Discours I, pp. 18-19. 強調は引用者。ここで『ポール=ロワイヤル論理学』は、

「明証的な」ことがらを真理であると認める機能を、(単なる「理性」ではなく)「真の理性」(la vraie raison)に帰している。これは、パスカルにおいては、第一原理の認識を担う sentiment(自然的直感)〈直感 1〉と、その認識の正しさを前提に推論を行う理性(推論的理性)〈理性 1〉の両者を含む「自然的理性」〈理性 2〉に相当するものであると言える。

44) S164-L131［901］.

45) Cf. S25-L406「本能、理性。／われわれは、独断論全体を敵にまわしても決して負けないほど、弱い証明能力をもっている。／われわれは、ピュロン主義全体を敵にまわしても決して負けないほど、強力な真理の観念をもっている。」

46) S85-L52. この断章の表題が示しているように、パスカルは「善意」と「良識」(bon sens)とをほとんど同義語とみなしている。彼にとっては、死後自分がどうなるかという人生で最大の問題に無関心な人々は、「良識」を欠いている。「もし彼らがこのことをまじめに考えたなら、彼らは、このような態度［未来の永遠の状態について何の確信もないままに、ふんわりと死に身をゆだねようとする態度］があまりにも誤っていて、あまりにも良識にもとり、あまりにも誠実さ(honnêteté)に反し、彼らの求めている〈小《こ》粋《いき》さ〉(le bon air)なるものからもあまりにもかけ離れているので、多少なりとも彼らに従おうと思いかけていた者たちをさえ、堕落させるよりはむしろ矯正させることになるということを悟るであろう」(S681-L427［1224］、強調は引用者。「小粋さ」については後述)。

彼はまた、「良識」を「常識」(sens commun)や「自然の感覚」(sentiments de la nature)とも言いかえて、次のようにも述べている。「彼らのあらゆる錯乱のうち、これこそ疑いなく、彼らの愚かさと盲目ぶりとを彼らにもっともよく納得させるものであり、常識をちょっと検証しただけでも、自然な感覚に基づいても、ひどくたやすく彼らを混乱させることができるのである。というのも、この世で生きる時間は一瞬にすぎず、死の状態は、それがどんなものであるにせよ、永遠であるということ。したがって、この永遠の状態がどうあるかによって、われわれのすべての行動と思考とは、まったく別の道をとらなければならないこと。そして、われわれの究極の目的であるはずのこの一点によっておのれの歩みを律しないかぎり、ただの一歩も良識と分別をもって(avec sens et jugement)踏み出すことはできないこと。以上のことに、疑いの余地などないからだ」(S682-L428［1225-1226］、強調は引用者)。

パスカルにとって、真理を認めるための最低限の資質が「誠実さ」「良識」「常識」なのであるが、これらは人間において共通にそなわっているわけではない。この認識は、アルノー=ニコルも共有している。彼らは『ポール=ロワイヤル論理学』冒頭で嘆く。「常識(sens commun)は、人が考えるほどありふれた資質ではない」(*Logique*, Discours I, p. 17)。

なお、『プロヴァンシアル』においてもパスカルは、再三にわたって、論敵たちの詭弁が、彼らの「良識」と「常識」の欠如に基づくものであると指摘している(*8^{e} Prov.*, p. 399 ; *14^{e} Prov.*, p. 499 ; *16^{e} Prov.*, p. 540, p. 554 ほか)。

47） S220-L188.

48） S680-L418［1208］. 強調は引用者。

49） A・マッケンナは、このようなパスカルの考えに、ガッサンディからの影響を認めている。ガッサンディにとって、「悟性のなかにあるもので、あらかじめ感覚のなかに置かれないものはない。」ある事物を定義するためには、われわれはその事物と他の事物との見かけの差異を語るしかない。よって定義とは、事物の関係にすぎないのであって、アリストテレス的な意味での定義は人間には不可能である。こうして人間の学とは、見かけの学にすぎない。もっとも、ガッサンディは、このことに積極的な意義を認めている。彼にとってそのような見かけの学は、人間が生存するために十分な確実性を提供しうるのである。ガッサンディの悟性も、パスカルの直感も、デカルトの明証的直観への対抗の意味をもっている（Antony McKenna, *Entre Descartes et Gassendi. La première édition des* Pensées *de Pascal*, Paris, Universitas ; Oxford, Voltaire Foundation, 1993, pp. 30-40）。

50） S230-L199［946］.

51） パスカルにおいて、人間の認識の起源が身体にあり、また身体が人間の認識を限界づけているという点について、次の論考が簡潔で明快な見通しを与えてくれる。Tamás Pavlovits, « Corps et connaissance chez Pascal », in *Les Significations du « corps » dans la philosophie classique*, actes du colloque organisé par le CERPHI et le Groupe de recherche de la pensée chassique en Hongrie à l'Institut Hongrois de Paris, sous la direction de Ch. Jaquet et T. Pavlovits, Paris, L'Harmattan, 2004, pp. 107-124.

52） S565-L686.

53） *Les Principes de la philosophie*, IV, 29, *ALQ*, III, pp. 372-373 ; III, 54, *ALQ*, III, p. 257.

54） *Les Principes de la philosophie*, IV, 29, *ALQ*, III, pp. 372-373.

55） S140-L108.

56） S230-L199［950］を参照（本書 145 頁に引用）。

57） S460-L545［1087］.

58） S182-L149［919-920］.

59） 感覚器官は、「快楽」（plaisirs）とともに、「苦しみ」（douleurs）をも感じる。パスカルにおいて、病のときに感じるこの苦しみが、「魂の病」（les maux de l'âme）たる邪欲を告げる「象徴」となる（本書第五章 2.「病の象徴的意味と身体の神学的価値」165-173 頁参照）。

60） *Logique*, I, 11, p. 84.

61） ただし『ポール=ロワイヤル論理学』は、パスカルとは異なって、③の意味での感覚発生のメカニズムをデカルト説に基づいて説明している（*Logique*, I, 9, p. 73）。

62） *18e Prov.*, p. 614.

63） *Préface sur le Traité du vide, MES*, II, p. 779.

64） *17e Prov.*, p. 583. 強調は引用者。

65） ここでは「理性」（la raison）のことを指していると考えられる。

66） S78-L44/45［861］. 括弧内は原稿でパスカルによって抹消された部分。

67） *Logique*, I, 11, p. 85.

68） S78-L44［859-860］を参照。

69） S230-L199［946］.

70） S670-L512.

71） 強調は引用者。S669-L511 でパスカルは、「正しい感覚」（sens droit）の例として、「わずかな原理」から「鋭く深く結果を見抜く」「正確の精神」（esprit de justesse）と、「多数の原理を混合することなく理解する」「幾何学の精神」（esprit de géométrie）とを挙げ、前者を「強くて狭い」精神、後者を「広くて弱い」精神とみなしている。両者は多くの点で、S670-L512 における「繊細の精神」と「幾何学の精神」の定義と重なるが、異なる点もある。S670-L512 において、「繊細の精神」と「幾何学の精神」を区別しているのは、それぞれの原理の数であるよりはむしろ質である。また、「正確の精神」の原理が少数であるのに対して、「繊細の精神」のそれはきわめて多数である。

72） モンテーニュ『エセー』の下の一節には、S670-L512 と似た表現が見いだされる（B・クロケットは両者の関連を指摘していない：Bernard Croquette, *Pascal et Montaigne. Étude des réminiscences des* Essais *dans l'œuvre de Pascal*, Genève, Droz, 1974）。パスカルによる「繊細の精神」の構想に際し、モンテーニュが影響を与えた可能性はある（引用中、同一表現を斜体で示した）。「われわれは、技巧によって尖らされ、膨張、誇張された美しさしか知覚できない。素朴さと単純さの底を流れる美しさは、われわれのような粗雑な目（une veue *grossiere*）から容易に逃れてしまう。後者の美は微妙で、隠れた美（une beauté *delicate* et cachée）である。この秘かな光を見いだすには、きわめて明晰で、清らかな目（la *veue nette* et bien purgée）が必要である」（*Essais*, III, 12, p. 1037、強調は引用者）。

73） S671-L513. モンテーニュにおいては、「哲学をたいしたものとは思わないこと」（ne pas tenir la philosophie en grand compte）が「真に哲学すること」（vraiment philosopher）である（*Essais*, II, 12, p. 511）。

74） 次を参照。*Pensées*, Chapitre XXVII, *FS*, pp. 1107-1024. また、本書第一章を参照。

75） S329-L298.

76） S118-L84. 原稿ではパスカルによって抹消されている。

77） 姪のマルグリット・ペリエの証言によれば、パスカルはよく次のように語っていたという。「私はデカルトを許せない。彼はその全哲学のなかで、できることなら神なしですませたいものだと、きっと思っただろう。しかし彼は、世界を動き出させるために、神にひとつつまはじきをさせずにはいかなかった。それから先は、もう神に用がないのだ」（Marguerite Périer, *Mémoire sur Pascal et sa famille*, *MES*, I, p. 1105）。

78） S183-L150：「君が真理を知ることなどどうでもよいというなら、ゆっくり休めばいいよ。でも、もし衷心からそれを知りたいのなら、詳しく検討したとはとても言えない。哲学の問題ならばそれで十分だけど、これはすべてが関わる重要な問題なのだからね…」

79） S690-L449 [1236].

80） Cf. « Le Mémorial », S742-L913：「〈アブラハムの神、イサクの神、ヤコブの神〉であって、／哲学者や知者の神ではない。」

81） S575-L696. Cf. S645-L784 [1174]：「語の配置を変えれば、意味も変わる。また、意味の配置を変えれば、異なった効果が生まれる。」

82） S329-L298. Cf. S457-L532 [1084]：「私は自分の考えを、ここに順序（ordre）を無視して書きつける。とはいえそれは、目的もなしに混乱のうちに書くということにはならないだろう。それこそが真の順序であって、これにより、無秩序のさなかにあってさえも、私の目的がつねにしっかりと示されるのである。」

83） S680-L423 [1217]：「心には心なりの理由（raisons）があり、それは理性（raison）には知りえない。このことは、無数の事例によって明らかだ。」

84） H・ミションは、「心の秩序」のレトリックの特徴を、以下の三点に認めている。1）いくつかの議論を中心点に従って配置し、そこへと収斂させる。2）多様性のなかに一貫性を、不連続性のなかに連続性を発見させる。3）sentiment によって喚起されることがらを理性的に再構成させる。他者によって説得されたのではなく、自分の力で納得したと思わせる（H. Michon, *L'Ordre du cœur...*, *op. cit.*, pp. 292-303）。

85） 次の論文は、パスカルが『護教論』において想定していた読者像を明確にした上で、彼がなぜ幾何学的秩序に基づいた論証（自然学的証明、形而上学的証明）を退けようとしたかを、簡潔かつ説得的に論じている。V. Carraud, « Le dessein de Pascal : *De la vraie religion*, ou une apologétique de la douceur », art. cit.

86） *De l'Art de persuader*, *MES*, III, pp. 416-417.

87） S486-L585 [1100-1101].

88） ルイ・マランは、「モデル」に関するパスカルの理論と、伝統的な思想との違いについて、およそ次のように説明している。伝統的にモデルとは、コピーあるいは模倣に関係する観念である。モデルを模倣すると、その結果として、モデルよりも質の劣るコピーができあがる。このコピーの存在論的な不完全性は、模倣という操作が不完全であることを示している。一方、パスカルにおいては、モデルは存在 être ではなくひとつの関係 rapport（快を生じさせるなんらかの構造）であって、それを共有する個物の集合は、モデルと完全に同等の価値をもっている（Louis Marin, « Réflexions sur la notion de modèle chez Pascal », in *Revue de métaphysique et de morale*, 1967, p. 92）。

89） S486-L586 [1101]. 過剰な化粧をする女性への批判は、キリスト教の説教におけるひとつの伝統的なトポスである。アウグスティヌスは、『キリスト教の教え』のなかで、アンブロシウスとキュプリアヌスの文章を例に、この話題が「高揚体」で語られるに適していることを示している（『キリスト教の教え』前掲書、269-271 頁）。

90） S577-L698.

91） H・ミションは、このような自然の「均一性」の思想に、パスカルと新プラトン主義の伝統との関連を認めている。ミションによれば、パスカルにおいて、世界、自然は、同質的な部分からなるひとつの全体である。ただしこの均一性は、「創造」という神の

行為に由来するものではない。パスカルは創世記のなかの神と人間の本源的な類似性（*imago dei*）に言及しないからだ。彼は、人間と神との不同性（dissemblance）を、相似性の喪失によってではなく、人間の内在的な有限性によって説明している。彼は人間と神との間に「不均衡」（disproportion）を見いだすが、ここには神学的な基盤はない。このような自然における「創造なき均一性」の思想は、プロティノスらの新プラトン主義の伝統につながる。新プラトン主義においても創造は不在であり、すべては一者から発する。このとき、有限と無限との間に根本的な差異はない。しかし一方、パスカルは「自然」のなかで人間を中心的な地位から脱落させている点で、ルネサンスの思想とは対照的な立場をとる（S230-L199 において、人間は「二つの無限」からなる自然とは「不均衡」な存在だとされる）。こうして、「自然の均一性」と「人間と自然との不均衡」との間で、パスカルは動揺している（H. Michon, *L'Ordre du cœur...*, *op. cit*., pp. 61-77）。

92） *De l'Art de persuader*, *MES,* III, p. 427. Cf.「それがどんな種類のものであれ、優れたものが見いだされるのは、異常な、常軌を逸したもののなかにおいてではない。そこにたどり着くのに背伸びをするが、かえってそこから遠ざかってしまう。たいていの場合、身を低くしなければならない。最良の書物は、読む人が自分も書けたかもしれないと思える書物である。自然だけがよいものであって、大変親しみやすく、どこにでもある」（*Ibid*.）。

93） Cf. S503-L611 :「省略の美、判断の美（Beautés d'omission, de jugement）。」

94） S481-L578, S483-L581, S485-L583, S528-L636, S529-L637 を参照。

95） S636-L771.

96） S644-L780［1171］.

97） 以上のようなパスカルの「快」あるいは「美」についての考えは、ニコル『真の美とその影』（1659 年）に見られる思想と、多くの点で共通している。ニコルはまず、「美の真に正統的な観念」は、「自然」にあるという。ここで「自然」とは同時に、「事物それ自体の自然」すなわち対象の自然と、「われわれの自然」すなわち人間の本性という二つの異なった要素を含んでいる（彼は後者を、「われわれの感覚（nos sens）とわれわれの魂の傾向」とも言いかえている）。彼にとって、どれほど醜いものでも誰にも好まれないものはないし、どれほど美しいものでも誰にも嫌われないものはない。したがって、快の原理は多様である。しかし、真の美は「不変かつ永遠」であり、「すべての世紀に好まれる」ものである。ニコルにおいても、真の美はすべての人間において唯一かつ普遍的なものとして理解されている。彼はまた、思考の美は真実にあり、虚偽は事物の自然と人間の自然の双方に反していると述べている。ニコルはさらに、さまざまな寸鉄詩を例に、美しい言語表現のあり方について考察し、詩作上のさまざまな注意を具体的に記している。彼はなかでも、「言葉と事物を一致させること」（偉大なことがらには偉大な語を用い、普通のことがらには普通の語を用いること）、「時代遅れの語、汚い語、不適切な語を避けること」、「隠喩や誇張表現などの文彩の使用はなるべく慎むこと」、「低俗な主題、醜い主題、不快な主題」を避けること、「饒舌と反復」や「言葉遊び」を排除すること、などを挙げている（Pierre Nicole, *La Vraie Beauté et son fantôme, et autres*

textes d'esthétique, édition critique et traduction de B. Guion, Paris, Honoré Champion, 1996, pp. 51-137)。

98) S547-L667. Cf. アウグスティヌス『キリスト教の教え』:「真実そのものや雄弁そのものが、快さを与えることに注意をはらうには及ばない。真実が明らかになるとき、それは真実だから、それ自体で快さを与えるのである」(*La Doctrine chrétienne*, IV, 12, *BA*, 11/2, pp. 362-363.『キリスト教の教え』前掲書、241頁)。『キリスト教の教え』(とくに第4巻) のレトリック論と、パスカルのレトリック論 (あるいはパスカルのレトリックそれ自体) との関連について、次を参照。Ph. Sellier, *Pascal et saint Augustin, op. cit.*, « Pascal, lecteur de *La Doctrine chrétienne* », pp. 558-566. また、弁論術の伝統における『キリスト教の教え』の意義と重要性について、次を参照。Marc Fumaroli, *L'Âge de l'éloquence. Rhétorique et « res literaria » de la Renaissance au seuil de l'époque classique*, Paris, Albin Michel, « Bibliothèque de l'Évolution de l'Humanité », 1994, « Saint Augustin et le *De Doctrina christiana* », pp. 70-76.

99) S536-L652.

100) S617-L737 [1158].

101) パスカルの文章における対話者の「快」への配慮について、次を参照のこと。G. Périer, *La Vie de Monsieur Pascal*, *MES*, I, p. 616.

102) S554-L675.

103) S532-L647.

104) S228-L195. 原稿では横線によって抹消されている。

105) 現代フランス語の辞書は、「オネットテ」を「親切心、思いやりのこもった礼儀、礼節 (Civilité, politesse où entre de l'affabilité, de l'obligeance)」と定義している (Dictionnaire le *Petit Robert*, art. « honnêteté »)。

106) S680-L426 [1217]. 強調は原文。

107) S502-L605.

108) S643-L778.

109) パスカルは、数学者のフェルマへの手紙のなかで、次のように記している。「私はあなたをヨーロッパ第一の幾何学者と考えておりますが、私があなたに惹きつけられたのは、そのことによるものではありません。そうではなくて、あなたのお話のなかに知性とオネットテが満ちあふれていると思われたがゆえに、あなたのご助力を求めているのです。といいますのは、幾何学について率直に申しますと、私はこれを精神の最高の訓練とは考えておりますが、また同時に、それがきわめて無益なものだということを承知しておりますので、単なる幾何学者にすぎない人と、器用な職人との間に、ほとんど違いが認められないのです。それゆえ私は幾何学をこの世でもっともすばらしい職業 (métier) とはよびますが、つまるところそれはひとつの職業にすぎません。またしばしば申し上げましたように、それは私たちの力を試すのには適していますが、力を傾注するに足るものではありません」(Pascal à Fermat, le 10 août 1660, *MES*, IV, p. 923)。

110) S618-L745.

111) *De l'Art de persuader*, *MES*, III, p. 423.

112) モンテーニュはこう記している。「学問は、ものごとを、あまりに細かく、人為的で、どこにでもある自然な仕方とは違った仕方で扱う。[...] 私はアリストテレスのうちに、私の日常のふるまいをほとんど見つけられない。日常のふるまいが、学校用の衣服を着せられている。[...] 私が専門家であれば、彼ら［哲学者］が自然をわざとらしく学問化しているのと同じくらい、学問を自然化するところだが」（*Essais*, III, 5, p. 874）。

113) L・ティルアンに従い、« le défaut d'une droite méthode » を「直線的方法が自分に欠けていること」ではなく「直線的方法の欠陥」と解する（*Pensées*, *FS*, p. 1171, n. 2）。

114) S644-L780.

115) ある辞書は、「小粋さ」を「上品で洗練された態度」と定義している（*Dictionnaire culturel en langue française*, sous la direction d'A. Rey, Paris, Le Robert, 2005, 4 vol., art. « Air »）。シュヴァリエ・ド・メレは『快について』（1677 年）でこう述べる。「小粋さは、私にはきわめて困難なものに思われるが、快には不可欠なものである。小粋さこそが快の一種であると言ってもよい。それはつねに好まれるからだ。[...] したがって、小粋さにおいてまさるためには、心身に関するありとあらゆる長所を探求するとともに、どんな小さな欠点をも可能なかぎり排除しなければならない」（*Discours des Agréments*, in Chevalier de Méré, *Œuvres complètes*, texte établi et présenté par Ch.-H. Boudors, Paris, Klincksieck, 2008, tome II, pp. 19-20）。

116) Cf. S559-L680：「モンテーニュが生涯のうちにいくたびか発した、やや奔放で、享楽を讃えるような考えについては大目に見るとしても [...] 彼の死に関するまったく異教的な見解は見すごせない。なぜなら、ほかのことはさておき、少なくともキリスト者にふさわしい死を望まないというのなら、信心などまったく棄ててしまっているに違いないからだ。モンテーニュは、その全著作を通じて、臆病で安楽な死に方しか考えていないのだ。」

117) S15-L396.

118) この考えは当時にあってやや極端な立場であったと言える。たとえばフランソワ・ド・サルにとっては、他者の好みや必要に応じる社会的奉仕活動と、邪欲への傾きを戒める教義への服従をいかに両立させるかが大きな関心事であった（Cf. *Dictionnaire du Grand Siècle*, sous la direction de F. Bluche, nouvelle édition, Paris, Fayard, 2005, art. « Honnête homme »）。また、シュヴァリエ・ド・メレは、『真のオネットテについて』（*De la vraie honnêteté*）のなかで、「信心とオネットテは、ほとんど同じ道を歩むものだ」と語っている（*Ibid.*, art. « Méré, Antoine Gombaud, chevalier de »）。

119) 本書第一章 4.（1）「人に自分を愛させること」（28-29 頁）を参照。

120) したがって、繊細の精神によって実現される「真の雄弁」は結局のところ、堕落した意志の「回心」を目的とする。本来からすればこれは神のみがなしうるわざである。パスカルは『護教論』で、このような不可能な試みを企てている。この点について、以下の論が参考になる。塩川徹也『パスカル考』岩波書店、2003 年、Ⅱ、3「説得と回心」101-115 頁、同Ⅱ、4「主題としての〈私〉と語り手としての〈私〉」117-139 頁、および、

塩川徹也『発見術としての学問―モンテーニュ、デカルト、パスカル』岩波書店、2010年、第四章「パスカルにとって〈パンセ〉とは何であったか」125-151頁。

121） *De l'Art de persuader*, *MES*, III, p. 416.

122） *De l'Art de persuader*, *MES*, III, p. 414.

123） L・シュジーニの主張は以下のとおりである。パスカルは『護教論』において、一貫して、「世俗的な雄弁」（オネットムによる弁論）と「宗教的な雄弁」（キリスト者の弁論）という二つの根本的に対立するレトリックを統合することに努力を傾けた。前者において彼は、相手に気に入られることで自己愛を満たす。他方、後者において彼は、自己愛を粉砕し、神へと身を捧げるように努めるのだ。その際に彼は、オネットムとキリスト者の両者がともに満足する方法を取り入れた。その方法とは、「生の日常における対話」（S618-L745）、「直線的方法」（droite méthode）（S644-L780）のような形式主義を避けること、普遍なるものへの志向性、衒学趣味の排斥、自然的文体の活用、会話表現の導入、陽気な調子の強調（からかい、皮肉、言葉遊び）などである。パスカルは、「真なるものから取ってきたもの」であるかぎりにおいて、「快さ」に訴えかけることを辞さなかったのだ（S547-L667）。ただし、とシュジーニは言う。「『パンセ』において会話的文体が用いられるのは、信仰という上位の観点からであり、実のところ、サロモン・ド・テュルティによってなされるオネットムの弁論の全体は、どんなときにも、キリスト者の弁論によって支えられ、貫かれ、統御され、完成させられていたのである」（L. Susini, *L'Écriture de Pascal. La lumière et le feu. La « vraie éloquence » à l'œuvre dans les* Pensées, *op. cit.*, pp. 347-465）。

124） S455-L530.

125） S164-L131［901］.

第四章

1） S164-L131［900］.

2） S230-L199［947］.

3） パスカルは、おそらく『護教論』のプランを作成し、それに含まれる27の章の記述に役立つと判断した断章群を章ごとのファイルにまとめた時点で、プランに直接関係のない断章を脇に取りのけた。『パンセ』の写本は、整理済みの27章のほか、これら未分類の断章群と、プラン作成以後に書き足されたと考えられる断章群を合わせて、全部で60のファイル（「第二写本」では61）からなっている。なお、『パンセ』成立の経緯と現代における本作品の批評校訂上の課題については、塩川徹也『パスカル「パンセ」を読む』岩波書店、2001年、第一章に、簡にして要を得た説明がある。また、J・メナールは次の論文で、同じ問題について、最新の知見をふまえながらきわめて詳しい考察を行っている。Jean Mesnard, « L'ordre dans les *Pensées* », in *XVIIe siècle*, n° 261, oct. 2013, pp. 573-600.

4） S80-L47. 塩川徹也は、ここに描かれているのは、「神なき人間」の時間意識であると解釈している。これは、アダムとエヴァが享受した原初の快楽、すなわち、いまこの時

の快楽を直接享受することへのノスタルジーであり、原罪による堕落以降、いかなる人間にも到達することができない幸福への憧憬にほかならないという。次を参照。Tetsuya Shiokawa, *Entre foi et raison : l'autorité. Études pascaliennes*, Paris, Honoré Champion, « Lumière Classique », 2012, « Le temps et l'éternité », pp. 91-104（本論文の日本語版：塩川徹也『発見術としての学問—モンテーニュ、デカルト、パスカル』前掲書、第五章「ひとは今を生きることができるか—パスカルの時間論」153-183頁）。

5）「子どもには過去も未来もない。しかも、われわれ大人にはめったにないことだが、現在を楽しんでいる」（La Bruyère, *Les Caractères*, éd. R. Garapon, Paris, Garnier Frères, « Classiques Garnier », 1962, p. 315）。

6） *Pensées*, *FS*, p. 862, n. 2.

7） *Essais*, I, 3, p. 15. 末尾の句はセネカ『書簡』98より。

8）「ロアネーズ嬢への手紙8」Lettre 8 à Mlle de Roannez, janvier 1657, *MES*, III, p. 1044.

9） S72-L38.

10） S75-L41.『パンセ』の未分類の断章群のなかに、本断章とまったく同じ文章の前に、「二つの無限、中間」（« Deux infinis. Milieu. »）という文字が記された断章（S601-L723）が存在する。この点から、断章S75-L41執筆の時点において、「中間」の主題が念頭にあったことは明らかである。*OP*では、S601-L723（Folio 439）はパスカルの自筆、S75-L41（Folio 23）は他人の筆跡である。

11） S55-L21. 番号は引用者。

12） 下の最近の研究は、この一節の考察から出発して、パスカルの「視点主義」（perspectivisme）的な思考の傾向を指摘している。著者の主張はおよそ以下のとおりである。パスカルにおいて、異なった視点に立つ者は、同じ対象について互いに異なった判断を行う。ゆえに、他者にとっての真理は私にとっては偽である。ただし、それぞれの視点には序列があり、上位の視点は下位の視点よりも広く、深く対象を見通すことができる（身体の目よりも精神の目、精神の目よりも心の目が、それぞれより上位に位置づけられている）。護教論者パスカルは、自分自身も絶対的な視点を保持しているわけではないと自覚しながら（絶対的な視点とは神の視点である）、対話相手に、自己の判断の相対性と、より上位の視点の存在を理解させようと努めている。斬新で説得的な見解である。Tamás Pavlovits, « Perspective et perspectivisme dans les *Pensées* », in *Chroniques de Port-Royal*, n° 63, 2013, pp. 221-233.

13） S78-L44［860］.

14） S62-L28.

15） S77-L43.

16） S58-L24.

17） フュルティエール『万能辞典』（1690年）は、「中間」（milieu）という語を、次のように説明している。「(1) 両端から等距離にあるもの、(2) 同じ性質の複数の事物に囲まれているもの、(3) 時間に関する中断、(4) 二つのものの間に置かれる分離、分割、(5) 比喩的に、精神的あるいは道徳的なことがらについても言われる、(6) ことがらを

調整するために見つける手段」（番号は筆者）（A. Furetière, *Dictionnaire universel*, 1690, *op. cit.*, art. « milieu »）。

18）「空しさ」の章では、実際に一か所だけ milieu という語が使われている。「古くからの印象だけが、われわれをあざむくわけではない。新奇なものの魅力も同じ力を発揮する。この点から、人間のあらゆる論争が生じた。人々は互いに、幼年時代の誤った印象に従っている、とか、むなみに目新しい印象ばかり追いかけている、などと非難し合っている。正しい中間（le juste milieu）を守っている者がいるだろうか。そんな人がいたら、出てきてそれを証明してほしいものだ」（S78-L44［859］）。

19）S61-L27. パスカルはここでもモンテーニュを参照している。『エセー』「レーモン・スボンの弁護」には、「私は、前進したり、後退したりしているだけだ。私の判断も、いつも前に行くとは決まっておらず、揺れ動き、さまよう」（*Essais*, II, 12, p. 566）という文章が見える。また、本断章末尾にある原文ラテン語の格言は、『エセー』Ⅰ、42 に引用されているホラティウスの詩文である（*Pensées*, *FS*, p. 851, n. 1）。

20）S230-L199［941-942］.

21）「数の冪《べき》の和を求めることについて」（『数三角形論』の付属論文）*Potestatum numericarum summa*, *MES*, II, pp. 1271-1272, traduction du latin par J. Mesnard.

22）この点に関して、次のように考えると納得できる。

$a^{n+1}+a^n=a^{n+1}\left(1+\frac{1}{a}\right)$（ただし $a\neq 0$）

$a\rightarrow\infty$ のとき $\frac{1}{a}\rightarrow 0$ となるので

$a^{n+1}\left(1+\frac{1}{a}\right)\rightarrow a^{n+1}$

よって、低次の a^n は無視できる。

以上について、2013 年度の私のパスカルに関する講義に出席していた藤川晃太朗君（大阪大学理学部生［当時］）からご教示を得た。記して謝意を表する。

23）S339-L308 で用いられている表現。

24）S230-L199［943］.

25）S230-L199［943］.

26）*Réflexions sur la géométrie en général*, *MES*, III, p. 404.

27）『哲学原理』*Les Principes de la philosophie*, II, 20, *ALQ*, III, pp. 165-166.

28）S230-L199［943］.

29）*Réflexions sur la géométrie en général*, *MES*, III, p. 406

30）S230-L199［944］. V・カローは、引用文中の「人間は［...］無と全体の中間」« l'homme... milieu entre rien et tout » という表現のなかに、デカルト『省察』における「神と無の中間としての私」« *ego, medium... inter Deum et nihil* » という表現からの影響を指摘している（V. Carraud, *Pascal et la philosophie*, *op. cit.*, p. 270）。V・カローはほかにも、断章 S230-L199 の全般にわたるデカルトからのさまざまな影響を精緻に検証し、パスカルはデカルトから思考の題材は受け継いだが、その推論も結論も受け入れはしなかったと評している（*Ibid.*, pp. 262-286）。

31）H・ミションはまさに、このような「中間」と「中心」の不一致に、中世およびルネ

サンス思想の伝統との断絶を認めている。中世の神学において、人間は「神の像」(*imago dei*) であり、被造物のなかで支配的な地位を占めていた。またルネサンス思想は、人間に世界の「中心」および「鏡」の役割を付し、神にも等しいような全知の存在とみなしていたのである (H. Michon, *L'Ordre du cœur. Philosophie, théologie et mystique dans les* Pensées *de Pascal*, *op. cit.*, pp. 50-59)。

32) *Essais*, II, 12, p. 570.『エセー』「レーモン・スボンの弁護」の章における宇宙観と、「人間の不均衡」における宇宙観の関係については、次に先駆的な着眼が見られる。前田陽一『モンテーニュとパスカルとのキリスト教弁証論』(新版)、東京創元社、1989年、126-141頁。

33) *Axiomata Sphaerae* の一節。次の論文より引用。Pierre Magnard, « Infini rien », in J.-M. Lardic (éd.), *L'Infini entre science et religion au XVIIe siècle*, Paris, Vrin, « Philologie et Mercure », 1999, pp. 83-93.

34) ルネサンス以降の宇宙観の変遷と、モラリスト文学に対する当時の宇宙観の影響については、次の二著を参考にした。Micheline Grenet, *La Passion des astres au XVIIe siècle. De l'astrologie à l'astronomie*, Paris, Hachette, « La vie quotidienne », 1994, pp. 19-40, 75-106. Jean Mesnard, « L'âge des moralistes et la fin du cosmos », in Jean Dagen (éd.), *La Morale des moralistes*, Paris, Honoré Champion, « Moralia », 1999, pp. 107-122.

35) Michel Foucault, *Les Mots et les choses. Une archéologie des sciences humaines*, Paris, Gallimard, 1966. 邦訳：ミシェル・フーコー『言葉と物』渡辺一民・佐々木明訳、新潮社、1974年。次の書は、16世紀末〜17世紀初頭における「コスモス」概念の崩壊にともなうヨーロッパ精神の革命的変化についての古典的研究である。Alexandre Koyré, *From the Closed World to the Infinite Universe*, Baltimore, The Johns Hopkins Press, 1957. 邦訳：アレクサンドル・コイレ『閉じた世界から無限宇宙へ』横山雅彦訳、みすず書房、1973年。

36) *Essais*, II, 12, pp. 451-452.

37) Cf. S231-L200 (第六章185頁に引用)。

38) パスカルは、「人間の不均衡」の断章と同じ「移行」の章に収められた断章S233-L201で、「この無限の空間の永遠の沈黙は、私を恐れさせる」« Le silence éternel de ces espaces infinis m'effraie. » と記している。

39) *18e Prov.*, pp. 616-617.

40) パスカルは、この「中心が至るところにあって、周縁がどこにもないひとつの無限の球体」という表現を、ジョルダーノ・ブルーノからではなく、マリー・ド・グルネーによって書かれたモンテーニュ『エセー』(1635年版) への序文から想を得て記したと推測されている (*Pensées*, *FS*, p. 942, n. 5)。

41) S230-L199 [942-943].

42) このようなパスカルの考えの前提となる宇宙観は、モンテーニュの次の一節に認められる宇宙観と対照をなしている。「人間はおのれが、世界の泥と糞にまみれた状態で、宇宙のなかで最悪で、活気のかけらもなく、どんよりと淀んだ場所に縛りつけられ、釘づけにされていると感じ、実際にそのさまをありありと見ている。そこは天空からもっ

とも遠く離れた最下層の住みかであり、三つの環境［空、水、陸］のうち最悪の環境に住む動物とともにあるのだ」（*Essais*, II, 12, p. 452）。この点について、次の説明を参照。John D. Lyons, « Espace physique, espace conceptuel dans les *Pensées* », in *XVIIe siècle*, n° 261, oct. 2013, pp. 632‐633.

43） S230‐L199［950］. パスカルによって抹消された一節。

44） S102‐L68. Cf. S227‐L194.〈 〉内の句は「知恵の書」5:14 より。

45） V・カローは、パスカルの「恐れ」effroi を、「反観想」anti-contemplation とみなしている。「観想」contemplation とは元来、神あるいは真理を「一気に一目で」« *uno intuitu* » 見て讃嘆することであるのに対し、S230‐L199 における「観想」（この語は頻用されている）は、自然あるいは無限大を対象としており、その際視線は規則的に進展し、それを見る主体は「恐れ」を覚えるのである（V. Carraud, *Pascal et la philosophie, op. cit.*, pp. 403‐426）。

46） S230‐L199［941］. 強調は引用者。

47） Cf. S230‐L199［944］:「これらの無限をしっかり見つめなかったために、人間たちは向こう見ずにも、自然の探求に乗り出した。まるで自分が自然となんらかの釣り合いをもっているとでもいうように。」

48） A. Furetière, 1690, *op. cit.*, art. « proportion », « disproportion ». 次も参照。Dominique Descotes, « Disproportion de l'homme : de la science au poème », in *L'Accès aux* Pensées *de Pascal*, actes du colloque scientifique et pédagogique de Clermont-Ferrand, réunis et publiés par Th. Goyet, Paris, Klincksieck, 1993, pp. 149‐162.

49） S230‐L199［944］.

50） 本書 96‐97 頁を参照。

51） S230‐L199［946‐947］.

52） S230‐L199［947］.

53） S230‐L199［944］.

54） S230‐L199［945］.

55） S230‐L199［946］.

56） S680‐L418［1208］.

57） P・マニャールは、人間の認識が決して神に到達できないというパスカルの主張から、この「無限」を、神を指すというよりはむしろ、人間にとっての「神の不在」（vide de Dieu）、かつて神によって満たされていたはずの人間の無限の幸福の跡、すなわち「無限の空隙」であり、「無限 無」は人間の認識能力をともに表現する（無限の空隙と認識能力の無）オクシモロン（撞着語法）であると推論する。この主張に異論はないとしても、結局のところその「無限」は「神」そのものであるという解釈を退けないと思われる（Voir P. Magnard, art. cit.）。

58） S680‐L418［1210］. 強調は引用者。

59） A. Furetière, *op. cit.*, art. « rapport ».

60） デカルトは、「推論の長い連鎖」« longues chaînes de raisons »（『方法序説』第二部、

Discours de la méthode, *ALQ*, I, p. 587）をたどるために、「関係」「釣り合い」に着目する必要性を主張している。彼は、真理を探究するためには、数学者が扱ったのと同じ問題から始めるべきだと語った後、次のように述べる。「だからといって、ふつう数学とよばれている、あの個々の学科すべてを学ぶつもりはなかった。これらの学科が、対象は異なっても、そこに見いだされるさまざまな関係つまり釣り合いだけを考察する点で一致することになるのを見て、こう考えたのである。これらの釣り合いだけを一般的に検討するのがよい、その際そうした釣り合いを、私にいっそう容易に認識させてくれるのに役立つような対象があれば、そのなかにだけ想定し、しかもそうした対象にだけ限るのではなく、それが当てはまるような他のすべての対象にも、あとになっていっそううまく適用できるようにする、と」（*Ibid.*, pp. 588-589、強調は引用者）。

61） *Logique*, IV, 7, pp. 320-322.

62） *Réflexions sur la géométrie en général*, *MES*, III, pp. 396-398.

63） S230-L199［948］. 強調は引用者。次の一節では、複数の事物の間の「関係」は「類似」に基づくことが示唆されている。「このよきモデルに基づいてつくられた歌と家の間には、ひとつの完全な関係がある。この歌と家とは、それぞれがそれ自身の部類のあり方に従ってであるが、この唯一のモデルに似ているからである」（S486-L585［1101］）。本書第三章 103-106 頁を参照。

64） Du Bartas, *La Semaine*. J. Mesnard, « L'âge des moralistes et la fin du cosmos », art. cit., p. 110 に引用。

65） *Essais*, I, 26, p. 157.

66） S230-L199［948］.

67） S230-L199［948-949］. 強調は引用者。

68） S230-L199［949］. パスカルが抹消した一節。

69） S339-L308［998］.

70） S339-L308［998］.

71） S339-L308［1000］.

72） S339-L308［998］.

73） 『幾何学的精神について』の次の一節からも、「類」の違いが秩序の違いに関わることが理解される。「不可分者（indivisible）とは、いかなる部分ももたないものである。[...] 不可分者は、いくらかけ合わせても、けっして広がりをつくらない。よって、不可分者は、同類のことがらに関する定義からして、広がりと同じ類のものではない（il［=l'indivisible］n'est pas de même genre que l'étendue, par la définition des choses du même genre）。[...] ゼロは数と同じ類のものではない。何倍しても数を越えられないからである」（*Réflexions sur la géométrie en général*, *MES*, III, pp. 409-410、強調は引用者）。

74） S339-L308［998］：「大天才は、彼らなりの領域、彼らなりの輝き、彼らなりの偉大さ、彼らなりの勝利、彼らなりの光をもっていて、肉の偉大さなどまったく必要としない。そこでは肉の偉大さなど関係がないからだ。彼らは目ではなく精神によって見られるのであり、それだけで十分なのだ」（強調は引用者）。

75） S230-L199［959］.

76）「圧政とは、みずからの秩序を超えてなんでも支配しようと望むことである。／強い者、美しい者、正しい精神の者、敬虔な者には、それぞれ異なった領域（chambres）があり、各自の領域で君臨している。他の領域は支配しないが、ときに互いに衝突する。強い者と美しい者が愚かにも、どちらが他方の君主となるかで争ったりする。本来彼らの支配権の類（grenre）は異なるのだが。彼らは理解し合うことはない。彼らの誤りは、あたりかまわず君臨しようとすることにある。そんなことができる者はいないし、力ずくでも無理である。力は知者の王国では何もできない。力は外面的な行動しか支配できない」（S92-L58）。Cf.「ローマの信徒への手紙」13:7：「すべての人々に対して自分の義務を果たしなさい。貢《みつぎ》を納めるべき人には貢を納め、税を納めるべき人には税を納め、恐るべき人は恐れ、敬うべき人は敬いなさい」（新共同訳聖書）。

「圧政」について、次を参照。Ph. Sellier, « De la ʻTyrannieʼ », in *id.*, *Port-Royal et la littérature I. Pascal*, Paris, Honoré Champion, « Lumière Classique », 1999, pp. 231-238.

77）『流体の平衡に関する大実験談』*Récit de la grande expérience de l'équilibre des liqueurs*（1648）, *MES*, II, p. 688. この見解はデカルトにも共有されていた。次を参照。Descartes, *Le Monde*, Chapitre IV, *ALQ*, I, pp. 330-336.

78） M. Foucault, *op. cit.*, pp. 32-40（邦訳：前掲書、42-50 頁）。

79） S230-L199［949］.

80） S230-L199［950］.

81） S164-L131［901］.

82） S230-L199［947］. 強調は引用者。

83） 上の引用中「以上のことが理解できれば」（Cela étant bien compris）以降の一節は、手稿原稿では欄外に付記されている（*OP*, Folio 356）。*EEP* サイト内の次の頁を参照。http://www.penseesdepascal.fr/Transition/Transition4-diplo355v.php

84） S452-L518.

85） 原稿では、« Pyrr. » となっていて、« Pyrronisme », « Pyrroniens » のどちらにも解しうる。

86） S111-L76［877］. 原稿ではこの断章全体が抹消されているが、内容が不要と判断されたわけではない（*FS*, pp. 709-710 を参照）。

87） モンテーニュは、ピュロン主義者の特徴を次のように説明している。「この［ピュロン主義の］判断の姿勢、まっすぐで、どちらにも傾かず、あらゆる事物に同意も賛成もしない姿勢は、彼らをいわゆる不動心（アタラクシア）へと導いていく。不動心とは、われわれが事物についてもっているつもりでいる意見や知識の印象から受ける動揺をものともしない、平和で冷静な生き方である」（*Essais*, II, 12, p. 503）。「彼らの決まり文句は、*ϵπϵχω*（エポケー）、すなわち、私は判断を保留する、私は動かない、ということである。これは彼らのくり返し句であり、その他の句もすべて同じ内容のものである。その結果は、純粋で完全な判断の中止である。彼らが理性を用いるのは、探求し論議するためであって、決定し選択するためではない。つねに無知を告白すること、いかなる場

合にも賛否いずれの側にも傾かない判断をもつこと、これを想像すればピュロン主義を理解できるだろう」（*Ibid.*, p. 505）。モンテーニュはこうした態度を称賛している。「人間の考え出した学説のなかでこれほど真実らしさと有用さをもつものはない」（*Ibid.*, p. 506）。

88） 本書第三章 2.（3）「自然的直感の確実さ」を参照（81-88 頁）。

89） *Essais*, II, 12, p. 558. ここでの「節度」の原語 moderation の語源は「中間」（*modus*, moyen）である。また、「中庸」の原語 attrempance は、「混ぜることで（寒暖を）和らげること、緩和すること」である（Edmond Huguet, *Dictionnaire de la langue française du XVIe siècle*, Paris, 1925-1967 ; Genève, Slatkine Reprints, 2010, 7 vol., art. « attrempance »）。

90） S559-L680［1130-1131］.

91） Laurent Thirouin, « Transition de la connaissance de l'homme à Dieu : examen d'une liasse des *Pensées* », in D. Descotes, A. McKenna et L. Thirouin（dir.）, *Le Rayonnement de Port-Royal*, Paris, Honoré Champion, 2001, pp. 351-368. なお、章題および「移行」（transition）という語の解釈の歴史について、http://www.penseesdepascal.fr/Transition/Transition-suite.php を参照（*EEP* サイト内）。

92） S229-L198. 括弧内の文字（原文 « où il est »）は、パスカルが抹消。

93） S680-L418［1210］. 強調は引用者。

94） S645-L782［1173］.

95） L. Susini, *L'Écriture de Pascal. La lumière et le feu. La « vraie éloquence » à l'œuvre dans les* Pensées, *op. cit.*, pp. 333-346.

96） S230-L199［947］. 強調は引用者。

97） *Logique*, III, 20, p. 267.

98） 第三章注 120 に挙げた諸論考を参照。

99） S682-L428［1226-1227］. 強調は引用者。

100） Ph・セリエは、この断章 S681-L427 を含む章の内容を、S38-L4 および S45-L11 に出てくる「神を求めさせるための手紙」という表現と関連づけて、その章題としてこの表現を採用している。次を参照。*Pensées*, *FS*, p. 1218, n. 1.

101） S681-L427［1221］.

102） S681-L427［1221］.

103） S681-L427［1221-1222］.

104） S681-L427［1222］.

105） S699-L460.

106） 本章注 4 に挙げた論文を参照。問題のアウグスティヌスの時間論は、次に見つかる。*Les Confessions*, XI, 29, *BA*, 14, pp. 338-339.『告白』前掲書、下巻、140-141 頁。

107） J・メナールは、パスカルにおいて、「悲劇的展望」が「弁証法的展望」を準備していると指摘している。キリスト者は悲劇的状況を意識し、それを克服しえた者である。パスカルがピュロン主義者、独断論者、エピクロス派、ストア派などの「哲学者」を弾劾するのは、彼らに「悲劇的なもの」を認めないからである。メナールは、パスカルの弁

証法に、「悲劇的なるものを意識しない段階」、「相反する二つのことがらを提示することで、悲劇的なるものを経験させる段階」、「神の原理への接近による矛盾の解決の段階」、の三段階を見いだした。護教論者は読者に、この三つの段階を通じて回心へと導こうとしたと考えられるのである（Jean Mesnard, *Les* Pensées *de Pascal*, *op. cit.*, « Tragique et Dialectique », pp. 316-323）。

108） S225-L192. 強調は引用者。

109） S529bis-L641.

110） S645-L785［1174］: « Ne craignez point, pourvu que vous craignez. Mais si vous ne craignez pas, craignez. » L・シュジーニは、動詞「恐れる」（craindre）の絶対的用法および異義複用法（antanaclause）（ある語をそのつど別の意味でくり返し使用する修辞上の技法）によって、この一節の逆説的性格が強調されていると指摘している（L. Susini, *L'Écriture de Pascal...*, *op. cit.*, pp. 514-515）。

111） S751-L919［1317］.

112） この点、V・カローの指摘が興味深い。彼によれば、断章 S230-L199 における「無限」infini の観念が、純粋にレトリック上の効果をねらった虚構であるという。カローの論述の概要を以下に紹介しておく。S230-L199 において「無限」は、『幾何学的精神について』におけるほど厳密に定義されていない。理由は次の二つである。第一に、『幾何学的精神について』において「無限」は、ある量（grandeur）が漸近していくが決して到達できない一点である。もしパスカルの言うとおり、どんな量も無限に分割可能なら、無限小は「無」（néant）と同じでなく、無限大は「全体」（tout）と同じではないはずだ。『幾何学的精神について』において、「無限」（l'infini）はつねに、漸近的な運動を示す前置詞 « à » を伴っている。他方 S230-L199 において、「無限へ」（à l'infini）の代わりに、「無限」（l'infini）あるいは「無限のなかで」（dans l'infini）という表現が用いられていることから、「無限」はひとつの実詞（substantif）となっている。第二に、『幾何学的精神について』において、無限小と無限大の間のどこかに位置したり、その間で変化したりするのは、なんらかの量（運動の量、空間や時間の大きさ、数）である。これに対して、S230-L199 において、二つの無限の間に位置しているのは「人間」にほかならない。「無限のなかの人間」（l'homme dans l'infini）という表現は、オクシモロン（撞着語法）である（V. Carraud, *Pascal et la philosophie, op. cit.*, pp. 426-434）。

113） H・ミションは、パスカルの神学的レトリックは、神学の伝統的基盤を欠いていると指摘している。その主張はおよそ次のとおり。パスカルは人間と神との間に「不均衡」を見いだすが、これは「創世記」の「神は自分の姿に似せて人間を創造した」とする挿話と矛盾する（パスカルはこの挿話にまったく言及しない）。もとより、中世からルネサンスに至るまで（聖ボナヴェントゥラ、シャルル・ド・ボヴェル）、人間を被造物の頂点に置くこの神話が根拠になり、人間が宇宙のなかで特権的な地位を与えられていたのである。また、自然神学が、被造物の存在から神の存在を導き出そうと努めたのは、この創造された世界が有限で理解可能なものとみなされていたからだ。これとは反対に、パスカルは、自然は無限であり、ゆえに自然と人間との間には根本的な不均衡が存

在すると考える。彼において宇宙は神と同様に「説明不可能」(inexprimable) であるが、教父の伝統において、本来この語は、「無限の」(infini)、「隠れたる」(caché)、「理解不可能の」(incompréhensible) という語と同様、神に対してのみ用いられるものである（とりわけトマス・アクィナスにおいて)。以上から、パスカルは、「可視的かつ理解不能なもの」(un incompréhensible visible)（すなわち自然）の存在によって、「不可視で理解不能なもの」(un incompréhensible invisible)（すなわち神）の存在を正当化しようとしているのであって、自然神学のように「既知のもの」(le connu) から「未知のもの」(l'inconnu) を証明しようとはしない (H. Michon, *L'Ordre du cœur...*, *op. cit.*, pp. 61-95)。

第五章

1）J・メナールによれば、歯の痛みを紛らわせるために発見したとされる「ルーレット問題」の解法にまつわる有名な逸話の信憑性も低いという (« Appendice : Note sur la maladie de Pascal », *MES,* IV, pp. 1475-1476)。

2）« Appendice : Note sur la maladie de Pascal », *MES,* IV, pp. 1469-1503.

3）Gilberte Périer, *La Vie de Monsieur Pascal*, *MES*, I, pp. 571-642.

4）G. Périer, *La Vie de Monsieur Pascal*, *MES*, I, pp. 576-577, 607-608.

5）G. Périer, *La Vie de Monsieur Pascal*, *MES*, I, pp. 580, 611.

6）G. Périer, *La Vie de Monsieur Pascal*, *MES*, I, p. 582 ; cf. p. 613.

7）G. Périer, *La Vie de Monsieur Pascal*, *MES*, I, p. 584 ; cf. pp. 596, 615, 622-623, 636.

8）次を参照。« Extraits de la correspondance de Du Gast et Brunetti avec Huygens », *MES*, IV, pp. 907-911. サン＝ジル (Saint-Gilles, Antoine Baudry d'Asson de Saint-Gilles, dit M. de)、ブリュネッティ (Brunetti, Cosimo) については、次に詳しい記述がある。*Dictionnaire de Port-Royal*, élaboré sous la direction de J. Lesaunier et A. McKenna, Paris, Honoré Champion, 2004.

9）*MES*, IV, p. 929.

10）次を参照。Jacqueline à A. Arnauld, *MES*, IV, pp. 1091-1093.

11）Marguerite Périer, *Mémoire sur Pascal et sa famille*, *MES*, I, p. 1105. ただしメナールは、マルグリットの供述の信憑性について慎重に留保をつけている (*MES,* IV, pp. 1476, 1481)。

12）メナールは、パスカルの病気に医学的な見地から考察を加えている。それによれば、生涯を通じて、激しさの差こそあれ、パスカルの病気には一定の傾向が見られる。精神の過度の使用による苦しみ、消化器官の不調、激しい頭痛、下半身の虚弱である。直接の死因は脳の表層部の髄膜出血であったと推測されるが、主要な疾患部位は消化器官である。メナールは、パスカルは癌であったとの仮説を提示している (« Consultations et ordonnances relatives à la dernière maladie de Pascal », *MES,* IV, pp. 1460-1468)。

13）A. Furetière, *Dictionnaire universel*, 1690, *op. cit.*, art. « maladie ».

14）« Consultations et ordonnances... », *MES,* IV, pp. 1460-1468.

15）フュルティエールは、病気の原因のひとつとして明確に「ある体液の占める割合が大

きくなること」を挙げている（A. Furetière, 1690, *op. cit.*, *ibid.* なお、« humeur » の項目をも参照）。

16） J・メナールによれば、17 世紀において、とくに死因に疑問がない場合も、きわめて頻繁に遺体解剖が行われたという（とりわけ、故人が死後に自分の心臓や内臓を遺贈することに合意していた場合など——もっとも、パスカルはそんな遺言は行わなかった）（*MES*, I, p. 645）。

17） G. Périer, *Extrait de la Vie de M. Pascal*, *MES*, I, p. 646. マルグリット・ペリエがクレルモンのオラトリオ会図書館に寄贈した手稿の一部。ジルベルトによる別人の文書の写しと目されている。「［ラムダ状縫合］」の文字は原文にはなく、メナールの推測による付加である。

18） 15 世紀前半において、医学はガレノス、プリニウス、アヴィセンナなどの先人の教えへの安易な盲従に陥り、魔術的な疑似科学へと回帰するが、世紀後半にルネサンスの機運が勃興することで、解剖学をはじめとするさまざまな医学分野への関心が高まる。このころまで、概して病理学は体液や体質に関する古い理論に支配され、治療法は瀉血や解毒剤の適用が主要な位置を占めていた。16 世紀、パドヴァ大学のヴェサリウスという中心人物のもとで人体解剖の研究が再び盛んになる。同時期、アンブロワーズ・パレが登場し、外科学を一気に近代化する。パレはとりわけ、切断手術の際の止血のために血管の縫合を組織的に実践した。17 世紀になると、生理的な現象を（発酵、発泡などの）物質の化学反応によって説明する「イアトロ化学派」が登場する（ヨハン・ファン・ヘルモント、フランソワ・デュボワなど）。ウィリアム・ハーヴェイが血液循環の仕組みを発見するのは、1628 年である。以上について、次を参照。ルチャーノ・ステルペローネ『医学の歴史』小川熙訳、福田眞人監修、原書房、2009 年、119-153 頁。*Dictionnaire du Grand Siècle,* sous la direction de F. Bluche, nouvelle édition, Paris, Fayard, 2005, art. « médecine ».

なお、パスカルは『パンセ』のなかで、ハーヴェイの発見に言及している。「人は自然現象を証明するのに、誤った理由をもち出すのに慣れていると、正しい理由が発見されても、それを受け入れようとはしないものだ。これについて示された例は、血液の循環に関するものだ。それが、結紮《けっさつ》で縛った下のほうで血管が膨らむ理由としてもち出されたのだ」（S617-L736［1157］）。

19） 次を参照。« Information sur le miracle de la Sainte Épine », *MES,* III、とくにパスカルの証言 pp. 907-911。

20） S78-L44［860］.

21） S62-L28.

22） S26-L407.

23） S62-L28.

24） S182-L149［921］. 強調は引用者。

25） S618-L744. 強調は引用者。

26） S761-L933. ここでの「三つの秩序」（肉 chair ／精神 esprit ／意志 volonté）は、

S339-L308 の「三つの秩序」(身体 corps ／精神 esprits ／慈愛 charité) とは異なっている。S761-L933 で「身体」の代わりに「肉」の語が使われているのは、「肉の欲」との関連を強調するためだろう。また、ここでは「知恵」sagesse は、「意志」volonté と同義とみなしてよいだろう。S339-L308 においても、corps/chair、volonté/sagesse の交代は認められる。

「三つの邪欲」を肉／精神／意志と結びつける発想のもとに、ジャンセニウス『内的人間の再形成論』(アルノー・ダンディによる仏語訳) の次の一節があることは確実である。「使徒の聖ヨハネは、次のように語り、この上なくみごとに、簡潔な言葉を用いて、三つの情念を定められた。〈すべて世にあるもの、肉の欲、目の欲、生活のおごり。〉これをしっかりと心にとどめる者は誰でも、人間の身体と精神を蝕む汚れや、人間社会を乱す罪のすべてがこの三つの源から発していることがわかるだろう。ゆえに、この源をせき止めれば、悪い流れも涸れるのである。人間のなかに、身体 (corps) と魂 (âme) よりほかに何があるだろうか。また、魂のなかに精神 (esprit) と意志 (volonté) よりほかに何があるだろうか。そこで、意志はおごりを、精神は好奇心を、身体は肉欲を、それぞれ刻み込まれたのである」(Jansénius, *Discours de la Réformation de l'homme intérieur*, d'après la traduction en français d'Arnauld d'Andilly, *op. cit*., p. 13)。

27) 次を参照。J. Mesnard, « Le thème des trois ordres dans l'organisation des *Pensées* », art. cit.

28) 「精神的な人々の偉大さは、王や富者や将軍など、すべて肉において偉大な人々には見えない」(S339-L308)。

29) 本書第一章 1. (1)「「三つの秩序」と「神への愛」」を参照 (12-14 頁)。なお、J・メナールは、「意志」と「心」とが共通してもつ神の認識に対する重要な意義から、「身体の秩序」と「意志の秩序」との近接性を指摘している (J. Mesnard, art. cit.)。

30) 本書第三章 2. (2)「感覚——欲望と認識の原理」(91-97 頁) を参照。

31) S182-L149 [919].

32) ジャンセニウスは、「好奇心」と「感覚器官」(les organes des sens)、「肉体」(la chair) との関係を、次のように説明している。「好奇心は、支配の座を精神のうちに置き、そこに多数かつ多彩な像を集積し、ありとあらゆる種類の幻影によって精神をかき乱す。しかし、好奇心は、精神に力を及ぼすだけにとどまらず、精神の外部においても、あらゆる感覚器官を通って姿を現すのだ。それというのも、原罪によって魂は、獰猛で不躾な好奇心を刻み込まれたが、その欲望は、しばしば魂を苦難に陥れ、感覚に助けを求めるように促すからだ。そうして魂は [...] 肉体を通じて、さまざまな経験や知識を得ようとするのである」(Jansénius, *Discours de la Réformation de l'homme intérieur*, *op. cit*., pp. 23-28)。

33) 第一章注 7 を参照。

34) フェレロルの次の二論文を参照。Gérard Ferreyrolles, « Augustinisme et concupiscence : les chemins de la réconciliation », in *Littérature et séduction. Mélanges en l'honneur de Laurent Versini*, édités par R. Marchal et F. Moureau, avec la collaboration de M. Crogiez, Paris, Klincksieck, 1997, pp. 171-182. Gérard Ferreyrolles, « Du discours théologique à la réflexion

morale : prolégomènes à la concupiscence », in *Caractères et passions au XVIIe siècle*, Éditions Universitaires de Dijon, 1998, pp. 75-87.

なお、フェレロルは、上の第一の論文で、「邪欲（欲望）」（concupiscence）はそれ自体悪い欲ではないと強調している。アウグスティヌスは「恥ずべき欲望」（*pudenda concupiscentia*）と「高邁なる精神的欲望」（*glorianda concupiscentia spiritalis*）とを区別しているが、パスカル自身も『恩寵文書』のなかで、「よい欲望」（霊的な欲望）と「悪い欲望」（肉的な欲望）« la bonne et mauvaise convoitise » の存在を認めている（*Écrits sur la grâce*, Lettre 6, *MES*, III, p. 706）。欲望の悪は、その愛し方にある。たしかに原罪による堕落以後、人間の愛のあり方は無軌道なものとなりがちではあるが、秩序に適った欲望も存在するのである。この点について、次も参照。Ph. Sellier, *Pascal et saint Augustin*, *op. cit.*, p. 329 *sq.* : « Les deux délectations ».

35） S751-L919［1317］:「医者はおまえを癒やさない。おまえはいずれ死ぬからだ。私が癒やし、身体を不死にするのだ。」

36） S699-L460.

37） 次を参照。Laurent Bove, « Le désir et la mort chez Pascal », in *Revue internationale de philosophie*, n° 199, mars 1997, p. 40.

38） S302-L271. 強調は引用者。

39） S751-L919［1318-1319］.

40） S166-L133/134.

41） S181-L148［915］.

42） S63-L29.

43） S181-L148［916］.

44） J・メナールによる推定。*MES*. IV, pp. 976-982 を参照。Ph・セリエは本作の執筆時期を 1659 年 11 月と考えている（*FS*, « Introduction », pp. 23-24）。

45） *Prière pour demander à Dieu le bon usage des maladies*, *MES,* IV, p. 998.

46） *Prière...*, *MES,* IV, p. 1004.

47） S763-L938:「福音書において、病める魂の状態を表す象徴は、病める身体である。」

アウグスティヌスにおいて、魂の状態と身体の状態との関係は、象徴的ではなく論理的である。彼は、『キリスト教の教え』のなかでこう述べる。「身体の不滅と不浄は、魂の健康から生じる。魂の健康とは、上位の善、すなわち不変の存在たる神に対して揺るぎのない愛情を与えることである」（*La Doctrine chrétienne*, I, 23, *BA*, 11/2, pp. 104-105.『キリスト教の教え』前掲書、53 頁）。

48）「主よ、そうした象徴や罰が、魂の病の薬となるようにもしてください。私の魂は、腫れものだらけで重病になっていたにもかかわらず、私はその痛みを感じていませんでした。そこでその痛みを、私がいま感じている［身体の］痛みのなかで感じさせてください」（*Prière...*, *MES,* IV, p. 1004）。

49） *Prière...*, *MES,* IV, p. 1004.

50） *Prière...*, *MES,* IV, p. 999.

51） *Prière...*, *MES*, IV, p. 998.

52）『罪人の回心について』は、回心のときの魂の状態を描いている（とくに *MES*, IV, p. 41 を参照）。

53） *Prière...*, *MES*, IV, p. 1000.

54） *Prière...*, *MES*, IV, pp. 1005–1006.『パンセ』にも、人間は健康と名誉と財産なしでは幸福と感じえないものだという指摘が見られる（S171–L139）。

55） ジャクリーヌ・パスカルも、兄ブレーズに宛てた手紙で、身体の病が魂に対してもたらす効用について述べている。「健康はヒポクラテスよりもイエス=キリストのおかげであることを、私がお先に経験しました。魂の養生が身体を癒やすのはもちろんのことですが、それにもまして、神がわれわれの病を通じて、われわれを試し、われわれを強くするのです。魂を癒やすためにわれわれが勧められていることを何でも実行できるだけの十分な健康を享受している人は、もちろん大変めぐまれてはいます。しかし、神自身の手から罰を与えられることもまた、それに劣らぬ幸いです… 神のもとにあるならば、生きていても、死につつあっても、われわれはいつも健康なのです。神に従おうと欲する者は、厳しい苦行に精を出さねばならないということではありません。そのためには、利己心を捨てればよいのです。それは、病人にも健康な人にもできるのです…」（Extrait d'une lettre de Jacqueline Pascal à son frère, 19 janvier 1655, *MES*, III, p. 70）。

56） *Prière...*, *MES*, IV, p. 1004：「私の心に、罪を悔いる念を与えてください。なぜなら、そのような内的な苦悩がなければ、いくら私があなたから外的な痛みを授かったとしても、それがまた新たな罪の機会となりかねないからです。」

57） 第二章注 109 を参照。

58） *Prière...*, *MES*, IV, p. 1010. 強調は引用者。

59） G. Périer, *La Vie de Monsieur Pascal*, *MES*, I, p. 599.

60） *Lettre sur la mort de son père*, *MES*, II, p. 852.

61） C・カニャは、この『父の死に関する手紙』のなかに、当時の慰めの手紙における典型的な要素（犠牲としての生および死、死の効用など）を見いだす一方で、パスカルの文体上の独自性について分析している。反復や畳語による増幅法、対句や並列句の使用、既知の表現の借用などがそれである。これは同時に、読者を説得する手段ともなっている。次を参照。Constance Cagnat, *La Mort classique. Écrire la mort dans la littérature française en prose de la seconde moitié du XVIIe siècle*, Paris, Honoré Champion, « Lumière Classique », 1995, pp. 72–93.

62） *Lettre sur la mort de son père*, *MES*, II, p. 853.

63） *Lettre sur la mort de son père*, *MES*, II, p. 858.

64） 身体をここまで極端に忌避する姿勢は、伝統的な教義とは一線を画している。たとえばアウグスティヌス『キリスト教の教え』において、欲望の統制は、肉体の無化にではなく、身体の「自然の秩序」を維持することにある。このような調和の状態は、魂による身体の支配によって生じる。そして、このような「自然の秩序」が保たれているかぎり、肉体は嫌悪の対象とはならず、身体の健康もまた尊重される（*La Doctrine chrétienne*,

I, 25, *BA*, 11/2, pp. 106-109.『キリスト教の教え』前掲書、55-56 頁)。

65) *Lettre sur la mort de son père*, *MES*, II, p. 853.

66) 第一章 3.(2)「「手足」と「からだ」」参照(24-27 頁)。

67) S404-L372.

68) S36-L417.

69) *Lettre sur la mort de son père*, *MES*, II, p. 854.

70) *Lettre sur la mort de son père*, *MES*, II, pp. 854-856.

71) G. Périer, *La Vie de Monsieur Pascal*, *MES*, I, pp. 591-592. なお、ジャクリーヌの死に関するパスカルの直接の反応は伝わっていない。

72) ジルベルトの伝えるところによると、パスカルは、医者がまだ臨終の危険が迫ったと判断しないうちから、しきりに臨終の聖体拝領を望んだという(G. Périer, *La Vie de Monsieur Pascal*, *MES*, I, pp. 599-602)。

73) Lettre 2 à Mlle de Roannez, *MES*, III, p. 1032. Cf. S751-L919［1317］:「鎖と身体の隷従に耐えなさい。いま私が解放してやれるのは、精神の隷従からだけである。」

74) *Prière...*, *MES*, IV, p. 1007.

75) *Prière...*, *MES*, IV, pp. 1006-1007:「主よ、私の身体があなたの身体と共通の何かをもつのなら、この身体が私の罪によって苦しみますように。[...] そして私が、あなたとともに、あなたと同じように、私の身体と魂のなかで、私が犯した罪のために、苦しみますように。」

76) S273-L241. Cf. S285-L253.

77) 石川知広による表現。次の研究は、この「理論」の歴史的意義、起源、パスカルの独創性、この理論のパスカルの思想全体に対する意味について論じている。Tomohiro Ishikawa, « La théorie des trois états de l'homme chez Pascal », in *Équinoxe. Revue internationale d'études françaises*, n° 6, été 1990, pp. 117-141. それによれば、パスカルはこの理論の着想を、アウグスティヌスやジャンセニウス、アルノーらが論じた、歴史の進行に沿った四つの時代区分(*ante legem*, *sub lege*, *sub gratia*, *in pace*)から得ているという。パスカルは、理論を三項からなるものとして整備することで、キリスト者を「中間」という、「正」かつ「負」の両義性を付与された、動的な地位に位置づけることを可能にした。

78)「マタイによる福音書」13:44。

79) Lettre 6 à Mlle de Roannez, *MES*, III, p. 1041. 強調は引用者。

80) こうした、人間の三状態が摂理的なものであるという指摘は、石川によるものである(T. Ishikawa, art. cit., pp. 118-119)。

81) *Prière...*, *MES*, IV, p. 1007. 強調は引用者。やはり同趣旨の文章が、『父の死に関する手紙』のなかにも記されている。パスカルが人間の三状態の理論を、若年時からずっと保持していたことがわかる。「したがって、われわれが、まったく自然を感じることがない天使のように、一切の苦しみもたないのは、正しいことでありません。また、まったく恩寵を感じることがない異教徒のように、いかなる慰めもない状態にいるのも、正し

いことではありません。われわれはキリスト者として、苦しむと同時に慰められてもいるというのが、また、恩寵による慰めが自然の感覚にまさった状態にあるというのが、正しいことなのです」(*Lettre sur la mort de son père*, *MES,* II, p. 860、強調は引用者)。また、『プロヴァンシアル』「第十六の手紙」においては、聖体(Eucharistie)の所有の仕方において、キリスト者がユダヤ人と至福者との中間に位置づけられている(*16e Prov*., p. 555)。

『パンセ』の次の断章にも、この理論の痕跡が見いだされる。S746-L917[1306-1307]:「無限の善を所有したいとのキリスト者の希望には、恐れとともに現実の喜びが混ざり合っている。それは、臣下の分際で王国を望むような者たちが、そのいかなる部分をも手にすることはないのとは異なる。キリスト者は聖性を願い、不正からの解放を願うが、すでに聖性の一部を手にしているのである。」

82) *Prière...*, *MES,* IV, p. 1008. 強調は引用者。

83) *Prière...*, *MES,* IV, p. 1006.

84) G. Périer, *La Vie de Monsieur Pascal*, *MES*, I, p. 599.

85) つまるところ、パスカルにおいて、病は薬であり、健康(santé/*sanitas*)さらには救済(salut/*salus*)の原因となる。L・ティルアンは、この逆説を指摘した上で、パスカルの思想をモンテーニュの思想と比較している。モンテーニュにおいても病は健康の表現であるが、その意味するところはパスカルの場合とは正反対である。モンテーニュは、とりわけ『エセー』Ⅲ、13「経験について」において、病気は生に不可欠な要素であり、身体の不調および死に親しむことこそが、現世的な快楽を享受するための条件であると主張している。次を参照。Laurent Thirouin, « La santé du malheur. Santé et maladie dans la *Prière pour demander à Dieu le bon usage des maladies* », in *Pascal, auteur spirituel*, textes réunis par D. Descotes, Paris, Honoré Champion, 2006, pp. 275-298.

第六章

1) S231-L200. Ph・セリエは、「葦」(roseau)という表現の典拠をルメートル・ド・サシの « nous croyons que tout homme est un faible roseau »(I.-L. Lemaistre de Sacy, *Poème de Saint Prosper contre les ingrats, traduit en vers et en prose*, IIIe partie, chap. 34)という一節に認めている。次を参照。Ph. Sellier, *Port-Royal et la littérature, I, op. cit.,* p. 228.

2) S232-L200. この断章は *OP* にはなく、第一・第二両写本によって伝えられている。第一写本では、前断章(S231-L200)との間に短い区切り線で隔てられているが、両断章間の論理的なつながりは明らかである。第二写本ではそんな線はなく、二断章は一連の文章と読める。ラフュマは二つをひとつの断章とみなしている。*EEP* サイト中の次の頁を参照。http://www.penseesdepascal.fr/C1-C2/C1p101-C2p129-Transition6.pdf

3) 次の最近の研究も同様の指摘を行っている。Hall Bjornstad, « Relire ce qu'on n'a jamais lu. Remarques sur la dignité du roseau pensant », in *Chroniques de Port-Royal*, n° 63, 2013, pp. 101-112(とくに pp. 110-111). 論者は「葦」のなかに弱さとともに、しなやかさと強い抵抗力という含意を認め、そのような両義性をパスカルの護教論全体から読み取ってい

る。「『パンセ』は、アンチ・ユマニスト的な護教論の残骸であるが、そこにはユマニスト的なエネルギーが貫通している」(*Ibid.*, p. 112)。興味深い見解である。

4) S145-L113. 強調は引用者。「の規制」« du règlement » という語句は推敲の際にわざわざ付加されている(*OP*, Folio 165)。

5) フュルティエールは、「規制する」(régler) を「秩序を及ぼすこと、ものごとを秩序正しく保つための規則をつくること」と定義している(A. Furetière, *Dictionnaire universel*, 1690, *op. cit.*, art. « régler »)。

6) そもそも「尊厳」(dignité) という語には、「義務」の含意がある。その語源である *dignitas*、*dignus* の語根である *dec-* は、「〜にふさわしい」「〜に適合する」という意味をもつ。J＝L・マルティネの指摘によると、*dignitas* はもともと、「ある状況に置かれた人物の適切な (convenable) 行為」あるいは、「ある行為とそれを遂行する人物の個性との、またはそれが置かれた状況に対する完全なる適合性 (convenance)」を指示したという。*dignitas* は、①行動 (action)、②ある存在の性質 (qualité)、③義務 (devoirs) の交錯点にあり、道徳と政治の領域において主として用いられてきた概念である。次を参照。Jean-Luc Martinet, *Montaigne et la dignité humaine. Contribution à une histoire du discours de la dignité humaine*, Paris, Eurédit, 2007, pp. 17-18.

7) Cf. S626-L756:「思考。/ 人間の尊厳のすべては思考にある。だが、この思考とはなんだろうか。それはなんと愚かなものだろうか。」塩川徹也は、人間の思考がその高貴な本性とは裏腹の結果を生み出してしまうという事実が、パスカルによってくり返し示唆されていることを指摘している。次を参照。塩川徹也『発見術としての学問—モンテーニュ、デカルト、パスカル』前掲書、第四章「パスカルにとって〈パンセ〉とは何であったか」132-135 頁。

8) S761-L933.

9) S146-L114. 強調は引用者。

10) S231-L200. 強調は引用者。

11) L・シュジーニは、パスカルにおいて「第一原理」の真理性が経験(感覚)の所与から導き出されていることを指摘した上で、「いかなる人間もやがて死ぬ」という命題がその顕著な例であることを示している。死は人間に「光景」(vue) として現れている(« Ce lièvre ne nous garantirait pas de *la vue de la mort*... » S168-L136 [906]) (L. Susini, *L'Écriture de Pascal. La lumière et le feu. La « vraie éloquence » à l'œuvre dans les* Pensées, *op. cit.*, pp. 38-46)。

12) S513-L620. 強調は引用者。

13) 次の断章における「自分自身を知ること」も、自己の悲惨な現状を知り、自己の行く末について考えることという意味に理解できる。

「自分自身を知らなければならない。そのことが仮に真理を見つけることに役立たないとしても、少なくとも、自分の生涯を規制することには役立つ。これ以上に正しいことはない」(S106-L72)。

ここで、「自分の生涯を規制する」(régler sa vie) とは、自己のありうべき将来を見つ

めた上で、そのような未来を目指して正しく生きることである。パスカルにとって、「自分自身を知ること」は、結局のところ、上で見た「思考の規制」(le règlement de ma pensée) および「正しく考えること」(penser comme il faut) と同じ事態を表している。

14) 馬に乗ったまま、杭の先につるされた輪を槍の先で取る競技。

15) S513-L620. 強調は引用者。

16) S168-L136 [905].

17) S33-L414. 強調は引用者。

18) S168-L136 [906].

19) S168-L136 [906].

20) S168-L136 [909].

21) S168-L136 [907].

22) S168-L136 [907].

23) S168-L136 [907]. パスカルはピュロスの逸話を、モンテーニュを通じて知ったと推測される (*Essais*, I, 42, p. 267)。

24) S168-L136 [908].

25) S168-L136 [909].

26) S165-L132.

27) S681-L427 [1221-1222].

28) S681-L427 [1222].

29) *Essais*, I, 20, p. 86.

30) *Essais*, I, 14, p. 50.

31) *Essais*, I, 20, p. 82.

32) *Essais*, I, 20, p. 87.

33) *Essais*, I, 20, p. 91. 強調は引用者。

34) S680-L418 [1212, 1213].

35) S680-L418 [1211].

36) L・ティルアンは、パスカルが考案したのは「分け前の理論」(théorie des parits：ゲームが中断されたときに、参加者間での賭け金の分配比率を計算する規則) であって、数学的期待値の理論が確立するのは 18 世紀だが、ここでのパスカルの議論には明らかに数学的期待値の考え方が取り入れられていると指摘している (Laurent Thirouin, *Le Hasard et les règles. Le modèle du jeu dans la pensée de Pascal*, Paris, Vrin, 1991, Chapitre VII « Le pari »)。次も参照のこと。Henri Gouhier, *Blaise Pascal. Commentaires*, 3e tirage, Paris, Vrin, 1984, « Le pari de Pascal », pp. 283-285.

37) ひとつの有力な解釈が、次の論考によって与えられている。塩川徹也『パスカル考』前掲書、Ⅲ、2「「賭」をめぐって―護教論から霊性へ」169-186 頁。

38) D・デコットも、次の簡潔な言葉で同じことを言おうとしている。「「君はもう船に乗り込んでいる」という有名な一節は、対話者を議論の罠にはめている。[...] 賭けないことは、結局のところ、神なしに賭けることである」(Dominique Descotes, « Piège et

paradoxe chez Pascal », in *Les Méthodes chez Pascal*, actes du colloque tenu à Clermont-Ferrand 10-13 juin 1976, Paris, PUF, 1979, p. 517)。

39) J・ラシュリエ、H・グイエら多くの論者が指摘しているように、この「賭け」においては、地獄に落ちる可能性は排除されている。勝負に負けても参加料（つまりこの世の生涯全体）が取り上げられるだけであり、それ以上に何かを差し出す必要はない。これは、上で見た別の断章におけるパスカルの仮想的対話者の想定（「私が知っているのはただ、この世を離れれば、永遠に無のなかに落ちてしまうか、永遠に怒れる神の手のなかに抱かれるかのいずれかだということだけである」）とは異なっている。パスカルの賭けにおける地獄の不在について、次を参照。Laurent Thirouin, « Le pari au départ de l'apologie », in *Chroniques de Port-Royal*, n° 63, 2013, pp. 67-82（とくに pp. 70-73).

40) Cf. S762-L935, S590-L712.

41) S680-L418［1215］. 強調は引用者。

42) S681-L427［1220］. 強調は引用者。

43) S681-L427［1220］.

44) 次の一節では、「希望に結びつく恐れ」(la crainte jointe à l'espérance) と、「絶望に結びつく恐れ」(la crainte jointe au désespoir) があることが表明されている。前者が「よい恐れ」であり、後者が「悪い恐れ」である。パスカルの「賭け」が、「来世を望むこと」を最大の目的とする営為であるならば、それは「よい恐れ」の発動であると言える。

「恐れ。神を信じることによる恐れではなく、神があるかないかを疑うことによる恐れ。よい恐れは信から生じ、偽の恐れは疑いから生じる。よい恐れは希望に結びつく。それは信から生じ、信じる神に希望を置いているからだ。悪い恐れは、絶望に結びつく。信じていない神を恐れるからだ。ある者は神を失うことを恐れ、ある者は神を見いだすことを恐れる」(S451-L908)。

L・ティルアンは、この一節を引いた上で、「賭けの議論は、神を見いだすことへの恐れから、神を失うことへの恐れへの移行を描き出している」と想定し、「ここでは、よき恐れは、希望を失うことへの恐れである」と主張している (L. Thirouin, « Le pari au départ de l'apologie », art. cit., pp. 78-79)。ティルアンはあわせて、引用文中にある「絶望」(désespoir) という語は、17 世紀において「自殺」という含意があったと指摘している (suicide という語は 18 世紀に現れる)。「賭けへの参加を拒むとは、希望を拒むこと、あらゆる希望を放棄することであり、実存上の自殺に相当する」(*Ibid.*, p. 78)。

45) S145-L113、S106-L72、および本章注 13 を参照。

46) 塩川徹也は、「賭け」と「気晴らし」における時間のあり方の相違に注目している（『発見術としての学問』前掲書、第五章「ひとは今を生きることができるか―パスカルの時間論」153-183 頁）。

また、「賭け」への参加は結局「回心」そのものを意味することになるが、L・ティルアンはまさに、「気晴らし」(se divertir) と「回心」(se convertir) の対立的な構造について論じている。それによれば、1) 回心 conversion は、気晴らし divertissement の典型的な活動である他者との会話 conversation を拒否する。2) 回心者は神の前で自己を

無化するが、気晴らしは「みずからの虚無」（S70-L36）から目をそらすことである。3）気晴らしとは、永遠の存在を忘れるためにいまこの瞬間に集中することであるが、回心とは、人間的時間を消滅させ（「メモリアル」S742-L913 冒頭には、日時の詳細な描写がある）、神の永遠の時間を出現させることである（Laurent Thirouin, « Se divertir, se convertir », in *Pascal, auteur spirituel*, textes réunis par D. Descotes, Paris, Honoré Champion, 2006, pp. 299-322）。

47） S680-L418［1214］.

48） パスカルにおける「神への愛」の重要性については、本書第一章で述べた。

49） Cf. S682-L428［1226］：「この人生の究極の目的についてまったく考えることなく生を過ごし、反省も不安もないままに好みと楽しみに身をまかせ、まるで永遠（éternité）から目をそらせるだけで永遠をなくしてしまえるとでもいうように、ただこの瞬間（instant）だけ自分が幸せであればよいと考えているような人々について、判断してみてほしい」（強調は引用者）。

50） S339-L308 を参照。

51） 「人間の尊厳」（*dignitas hominis*）は、キケロ（前 1 世紀）以来、ルネサンスに至るまで、西欧思想のなかの伝統的なトポスを形成してきた。J＝L・マルティネは、そのような伝統のなかの代表的な言説の類型を、次の 4 つに見ている。すなわち、①「〈神の像〉としての人間」［l'homme comme *imago dei*］（人間は神から与えられた理性と自由を保持する偉大な存在）、②「瞑想的人間」［*homo contemplativus*］（神を瞑想する人間）、③「工作的人間」［*homo faber*］（人間は言語・文字を使用し、文明の利器を発明する）、④「階層的人間」［*homo hierarchicus*］（人間の動物に対する優位、人間間の社会的・政治的地位の差異）である（J.- L. Martinet, *Montaigne et la dignité humaine. Contribution à une histoire du discours de la dignité humaine, op. cit.*, pp. 92-111）。

パスカルは①には言及せず、人間の理性の無力さを強調し、人間の自由意志を神の恩寵の支配下にあるとみなしている。②に関して、パスカルは人間の瞑想能力は認めるが、瞑想の対象は神ではなく（「無限」としての）自然である。人間の③の側面も、パスカルにおいてはほとんど強調されない。④に関して、パスカルにとって、人間と動物との差異は原罪以後は不在である。また、共同体の成員間に身分差は認めるが、それは各人の能力差に由来するものではなく、習慣のもたらした偶発的な現象にすぎない。以上から、パスカルは伝統的な「人間の尊厳」の概念をまったく継承していないと言える。

第七章

1） S110-L75.

2） S182-L149［919］.

3） S182-L149［919］. 強調は引用者。

4） S182-L149［920］.

5） S182-L149［922］.

6） 本書第四章 2.「「人間の不均衡」の断章」を参照（127-146 頁）。

7） S230-L199［942-943］.
8） S230-L199［946］.
9） S230-L199［944］.
10） *4ᵉ Prov.*, p. 311.
11） *4ᵉ Prov.*, p. 322. 強調は引用者。
12） *4ᵉ Prov.*, p. 324.
13） S339-L308.
14） S94-L60［867］. 強調は引用者。
15） S94-L60［868］. G・フェレロルはしかし、パスカルは「自然法」の存在を認めていると論じている（G. Ferreyrolles, *Pascal et la raison du politique*, *op. cit.*, ch. IV : « La Loi naturelle », pp. 147-201）。この解釈は論議をよび、次の二著で反論されている。Christian Lazzeri, *Force et Justice dans la politique de Pascal*, Paris, PUF, 1993, pp. 203-205, note 42. Martine Pécharman, « Pascal et la politique », in *L'État classique. 1652-1715. Regards sur la pensée politique de la France dans le second XVIIᵉ siècle*, textes réunis par H. Méchoulan et J. Cornette, Paris, Vrin, 1996, pp. 122-125.
16） S94-L60［870］.
17） S94-L60［870］. Cf. S668-L828.
18） S60-L26.
19） S94-L60［870］.
20） S94-L60［871］.
21） Cf. S98-L64, S668-L828.
22） S94-L60［871］.
23） S124-L90.
24） モンテーニュはこの点を明確に指摘している。「いかなるものであれ、現行の法律を取り替えることの利益が、そうして変更することによる弊害と比べて、より明らかであるかどうかは、大いに疑問である。なぜなら、国家というものは、さまざまな部品が緊密に組み合わされた建物のようなもので、そのひとつを動揺させれば、かならず全体にその影響が及ぶからである」（*Essais*, I, 23, p. 119）。
25） なお、「生半可な知者」と「知恵よりも熱情にまさる篤信家」の目指す社会像はおのずと異なる。前者は純粋に世俗的な観点からの公共善の実現を、後者は宗教が理想とする共同体の創設を、それぞれ望むはずだからだ。G・フェレロルは、前者の錯誤が「身体の秩序」と「精神の秩序」の混同にあり、後者の錯誤が「身体の秩序」と「慈愛の秩序」の混同にある、と論じている。「三つの秩序」のそれぞれは他から独立していて、ひとつの秩序の他の秩序への介入すなわち、「圧政」（tyrannie）につながる（G. Ferreyrolles, *Pascal et la raison du politique*, *op. cit.*, pp. 156-169）。パスカルの「圧政」の観念について、本書 76、143 頁を参照。また、「知恵よりも熱情にまさる篤信家」の解釈に際して、塩川徹也『パスカル「パンセ」を読む』前掲書、175-176 頁、は有益である。
26） S128-L94.

27） S116-L81.

28） S119-L85 には、« *Summum jus, summa injuria* »（「極度の正義は、極度の不正となる」）というキケロの言葉が引用されている。

29） S117-L83. この断章には、モンテーニュの次の一節からの影響が指摘されている（B. Croquette, *Pascal et Montaigne*, *op. cit.*, p. 25）。「無知には知識に先立つ初歩的な無知（ignorance abécédaire）と、知識のあとからくる博学の無知（ignorance doctorale）とがある。すなわち、知識が打ち倒し破壊する無知と、知識が生み出し育む無知とである」（*Essais*, I, 54, p. 312）。「博学の無知」という表現は、ニコラウス・クザーヌスの「学識ある無知」（*docta ignorantia*）という用語を想起させる。P・ヴィレーは、クザーヌスからモンテーニュへの直接の影響関係については不明としている（Pierre Villey, *Les Sources et l'évolution des* Essais *de Montaigne*, Paris, Hachette, 1908, pp. 111-112）が、久保田剛史は、両者の関連を説得的に論証している（「モンテーニュとニコラウス・クザーヌス」『仏語仏文学研究』26 号、東京大学仏語仏文学研究会、2002 年、5-18 頁）。

30） 次のモンテーニュの言葉を聴こう。「私の修行の成果は、学ぶべきことがまだ無限にあると悟ったこと以外にはない。こんなにしばしば自分の無力を思い知らされたおかげで、私は謙虚に向かう姿勢と、命じられた信念には服従し、自説に対してはつねに変わらぬ冷静と節度を保とうとする姿勢を身につけたし、また、規律と真理の大敵であり、あくまでも自己を過信する、あの迷惑千万なけんか腰の傲慢に対する嫌悪を身につけた」（*Essais*, III, 13, p. 1075）。

31） S117-L83.

32） 次を参照のこと。山上浩嗣「パスカルにおける「習慣」の問題」『フランス哲学・思想研究』12 号、日仏哲学会、2007 年、16-27 頁（とくに 18-19 頁）。

33） 本章注 25 参照。

34） *Discours sur la condition des grands*, Ier Discours, *MES*, IV, p. 1029.

35） *Discours sur la condition des grands*, Ier Discours, *MES*, IV, p. 1031.

36） J・メナールは、この講話が行われた時期をパスカル最晩年の 1660 年秋から 1661 年初頭と推定している。『パンセ』の大半の断章が執筆されたあとである（*MES*, IV, pp. 1015-1016）。

37） *Discours sur la condition des grands*, Ier Discours, *MES*, IV, p. 1031. 強調は引用者。

38） Cf. S680-L421［1216］:「われわれは生まれつき不正である。すべてが自分に向かっているからである。これはあらゆる秩序に反している。全体を志向しなければならない。自己への偏向は、まったき無秩序の始まりである。戦争、政治、集団の機構、人間の個々の身体のすべてにおいて。」

39） *Discours sur la condition des grands*, IIe Discours, *MES*, IV, p. 1032.

40） もっとも、『講話』において「慈愛」（charité）は、神の国においてのみ可能な統治の原理であり、地上の国家を支配しているのはそれとは対極にある「邪欲」（concupiscence）である。パスカルは『講話』の「第三」で若君に、あなたは人々の現世の欲望の対象となる富をそなえた「邪欲の王」にすぎないのだから、そのことを自覚

して、人々に現世的な幸福だけを授けることに専心せよ、と説いている。したがって、『パンセ』のパスカルの主張と同様、『講話』においても、「慈愛の秩序」と「身体の秩序」、宗教と政治とは、互いに独立した領域なのである。しかし、その上でなお、『講話』の末尾でパスカルは、青年に次のように語りかけている。「邪欲とその王国をさげすみ、すべての臣民が慈愛だけを求め、慈愛の富だけを切望する、慈愛の王国（royaume de charité）を希求なさることです」（*Discours sur la condition des grands*, IIIe Discours, *MES*, IV, p. 1034）。この点については、前掲拙論「パスカルにおける「習慣」の問題」19-20頁で論じた。

41） S787-L950［1338］.

42） 本書94頁。

43） *Préface sur le Traité du vide*, *MES*, II, p. 778.

44） 塩川徹也は、『真空論序言』における「権威」についてこう説明している。「ここで問題になっている権威とは、盲目的服従を要求する圧制的な権力ではなく、直接経験できない事柄の認識において、他人の報告に信用を与える重みであり、端的に言えば報告の信憑性そのものなのである」（塩川徹也『パスカル考』前掲書、88頁）。

45） *Préface sur le Traité du vide*, *MES*, II, p. 779.

46）「私の使用人は単純で無教養な男であったが、これこそが真実の証言を行うのに適した条件である。なぜなら、教養のある連中は、より多くのことがらに、より強い関心をもって注目するが、それらをつい批評してしまう。そして、自分の解釈の価値を高め、その正当性を納得させるために、歴史を少しばかり改竄せずにはいられない。彼らはものごとを決して純粋なままで表現せず、自分がそれらに認めた姿に即してそれらをねじ曲げたり、偽装したりする。しかも、みずからの判断の信を高め、そこに相手の関心を向けようとして、進んで素材によけいなものを付け加え、引きのばし、大きくするのである」（*Essais*, I, 31, p. 205）。

47） パスカルが、権威が力をもつ分野として、歴史（histoire）と次に見る神学（théologie）のほかに、地理（géographie）、法学（jurisprudence）、言語（langues）を挙げているのは、現代の観点からすればやや奇異に感じられるが、彼が実際に想定しているのは、「フランス人最初の王は誰であったか、地理学者たちは本初子午線をどこに置いているか、ある死語においてどんな語が使われているか」という問いである（*Préface sur le Traité du vide*, *MES*, II, p. 778）。これらはすべて、歴史的文献に基づいて解決することが期待される問いにほかならない。

48） *Préface sur le Traité du vide*, *MES*, II, p. 778.

49） *16e Prov.*, pp. 539-567を参照。次の研究は、カトリックの聖体解釈と『ポール=ロワイヤル論理学』（第5版）の記号論との関係について、パスカルの表徴論をも参照しながら論じている。塩川徹也『虹と秘跡ーパスカル〈見えないもの〉の認識』岩波書店、1993年、II「虹と秘跡ー記号から表徴へ」51-121頁。

50） 本書第二章2.（2）「歴史的・神学的考察——「肉的なユダヤ人」の実践」を参照（46-51頁）。

51） *Préface sur le Traité du vide*, *MES*, II, p. 781.

52） 『パンセ』には、おそらくデカルトの動物機械論に刺激されて、パスカルが、動物を本能しかもたず精神を欠いた機械であるとみなしていることを示唆する断章が、いくつか含まれている。その一例が次である。「獲物を探すときや、獲物が見つかったとか見失ったということを仲間に知らせるときに、もし動物が本能のかわりに精神によって何かを行うとしたら、あるいは、本能によって語るかわりに精神によって語るとしたら、もっと心の動きが関わることがらについても、こんなふうに上手に語ることだろう。「痛いよ。この縄をかみ切ってくれないか。ぼくには届かないんだ」などと」（S137-L105）。S139-L107、S617-L738 も参照。なお、次の拙論も参照のこと。山上浩嗣「デカルトの動物機械論と『パンセ』」、『仏文研究』27 号、京都大学フランス語学フランス文学研究会、1996 年 9 月、69-87 頁。

53） *Préface sur le Traité du vide*, *MES*, II, p. 782.

54） *Préface sur le Traité du vide*, *MES*, II, p. 782.

55） モンテーニュが新大陸の食人族において認めたのはこの状態である。モンテーニュはこれを理想視している。「なぜなら、彼らはいまも自然の豊かさを享受していて、土地などはいかなる苦労もなしに与えられるのであり、必要なものはすべて十分に豊富にあるので、領地を広げることなど不要なのである。彼らはいまだに、自然の要求が命じるだけしか欲求しないという幸福な状態にある。それ以上のものはすべて、彼らにとってはよけいなのである」（*Essais*, I, 31, p. 210）。

56） S230-L199［947］.

57） *Préface sur le Traité du vide*, *MES*, II, p. 784.

58） S661-L821.

59） 本書第三章 2.（3）「自然的直感の確実さ」（81-88 頁）を参照。

60） S618-L744.

61） S460-L545［1087］. E・ビュリーによれば、17 世紀において「好奇心」（curiosité）は、宗教の観点からだけでなく、世俗の美意識という観点からしても、批判の対象であった。『オネットムあるいは宮廷で好まれる術』（*L'Honnête Homme ou l'art de plaire à la cour*, 1630）の著者ニコラ・ファレ（Nocolas Faret）は、「過度な好奇心をもつ病的な精神」« les esprits malades de trop de curiosité » を断罪している。この姿勢は、ラブレーとモンテーニュが行った「衒学」（pédantisme）批判（*Gargantua*, XXI-XXII ; *Essais*, I, 25 *et al.*）から派生しているとも言える。「オネットム」たるもの、古典古代の著作から得られた知識は、ひけらかすのではなく、自己の内部に取り込み、あたかも生来身についたもののように見せることが理想とされた。ラ・ロシュフコーは「オネットム」を「何も鼻にかけない」« qui ne se pique de rien » 人物と定義している。次を参照：Emmanuel Bury, *Littérature et politesse. L'invention de l'honnête homme 1580-1750*, Paris, PUF, 1996, pp. 54-66.

62） S112-L77.

63） S175-L142.

64） パスカルのデカルト批判はこの点にある。次を参照。S118-L84, S462-L553, S445-L887.

65） S28-L409：「魂の不死について論じなかった哲学者たちの誤り。」

66） S457-L533.

67） S671-L513. パスカルの修辞論との関連におけるこの一節の解釈について、本書第三章 99-101 頁を参照。

モンテーニュは、「哲学」を「われわれに生きる術を教えるもの」と定義した上で（« la philosophie est celle qui nous instruit à vivre », *Essais*, I, 26, p. 163）、それを「学芸」（les arts）や「学問」（science）と分離し、「無知」（ignorance）と結びつけている（*Essais*, I, 26, pp. 167-168）。

68） パスカルのソクラテス主義は興味深い問題である。S106-L72 には、「自分自身を知らなければならない」（If faut se connaître soi-même）という、ソクラテスがみずからに課した掟が記されている（本書第六章注 13 を参照）。もっとも、パスカルが直接ソクラテスに言及しているのは、全著作のなかで二度だけ、しかもいずれも否定的な文脈においてである。第一に、『父の死に関する手紙』では、ソクラテスは、人の死を神の摂理によって定められたものであることを知らない偉人の例として現れる。「この場合には、セネカやソクラテスが何の説得力ももたないことは明らかです。彼らは、初めからすべての人々を盲目にした誤謬のもとに置かれていたのです。彼らは、死を人間にとって自然なものであると考えていました。この誤った原理の上に彼らが打ち立てたあらゆる弁論は空しく、彼らはまさに、おのれの無益さによって、人間全体がいかに弱い存在であるかを示すことにしか役立たなかったようなありさまでした。人間のなかでもっとも偉大な人々の最高の成果ですらも、かくも低俗で幼稚なものなのです」（*Lettre sur la mort de son père*, *MES*, II, p. 853）。第二に、『パンセ』において、ソクラテスは、プラトンとならぶ知恵者でありながら、異教徒を回心に導くだけの説得力をもちあわせない人物として登場する。「異教徒たちの回心は、救世主の恩寵だけにゆだねられていた。ユダヤ人は、異教徒と長きにわたって戦ったが、うまくいかなかった。ソロモンや預言者たちがそれについて語ったことは、すべて無益だった。プラトンやソクラテスのような賢者も、彼ら異教徒たちを説得するには至らなかった」（S690-L447［1233］）。

モンテーニュ『エセー』の熱心な読者であったパスカルは、ソクラテスの「おのれを知ること」「無知の知」という掟を知り、それをみずからの道徳原理として取り入れながらも、モンテーニュのソクラテス称賛には倣わなかった。

69） S323-L291. Cf. S427-L842：「われわれの宗教は賢く、かつ愚かである（Notre religion est sage et folle）。賢いというのは、もっとも知恵に富み、奇蹟、預言などの上にもっともしっかりと立っているからだ。愚かだというのは、人をそこに導くのは、これらのもののいずれでもないからである。」

70） キリスト自身が「十字架の上での死を選ぶまでに、へり下った神」« un Dieu humilié, et jusqu'à la mort de la croix »（S273-L241, Cf. S285-L253）である。

71） 本節は本書第六章の一部と重複する内容を含んでいるが、重複部分は議論の重要な前

提となることがらなので、ご容赦いただきたい。
72) S146-L114.
73) S681-L427［1221］.
74) S513-L620.
75) S33-L414.
76) S682-L428［1226］.
77) S682-L428［1226-1227］.
78) S682-L428［1227］:「この無知なる状態に、こんなふうに安らいでいられるとは（Ce repos dans cette ignorance）、不可解きわまることである。そのように生涯を送る連中には、それがいかに途方もなく馬鹿げたことかを、自覚させてやならければならない。そうすれば、自分の愚かさをまざまざと見つめることになり（par la vue de leur folie）、混乱してしまうだろう。」
79) S681-L427［1221］. 本書155-156頁に引用。
80) S681-L427［1221］.
81) S681-L427［1221-1222］.
82) S681-L427［1222］.
83)「哲学者たち」は、学問においてそうであったように、人間とは何かという宗教に関わる問いについても「生半可な知者」である。パスカルによれば、哲学者は「人間の過去の偉大さ」を教えることで彼らを「傲慢」orgueil に導くか、「人間の現在の弱さ」を説くことで、彼らを「絶望」désespoir と「無気力」paresse に陥れるかのいずれかである（S240-L208）。これに対して、「キリスト教だけがこれら二つの悪徳［傲慢と無気力］を癒すことができた。地上の知恵は一方をもって他方を取り除こうとしたが、それとは異なり、福音の単純さによって、双方をともに退けたのである」（S240-L208. Cf. S153-L121, S683-L430）。
84) S681-L427［1220］.
85) デカルトは『省察』冒頭のソルボンヌに宛てた書簡のなかでこう述べる。「私はつねにこう考えてきました。神についての問題と魂についての問題との二つは、神学によってよりはむしろ、哲学によって論証されなければならない問題の最たるものである、と。というのも、私たち信仰者にとっては、神が存在することと、人間の魂が身体とともに滅びるものではないということは、信仰によって信じるだけで十分ですが、不信仰者の場合は、あらかじめこの二つのことを自然的理性によって証明してからでなければ、いかなる宗教も、また一般に、いかなる道徳も、彼らを説得することはできないと思われるからです」（Descartes, *Méditations métaphysiques*, « À Messieurs les Doyens et Docteurs de la Sacrée Faculté de Théologie de Paris », *ALQ*, II, p. 383）。
86) S690-L449［1235］.
87) S681-L427［1224-1225］.
88) S682-L428［1227］. 本章注78を参照。
89) S192-L160.

90）　本書 195-200 頁。

91）　S680-L418［1212］.

92）　この点については、モンテーニュの次の見解が説得的に思われる：「われわれのなかにも、［...］あの世によみがえったのちも、あらゆる世俗的な快楽や幸福をともなった地上的、現世的な生活があると思い込んでいる者がある。［...］彼［プラトン］に対しては、人間の理性にかわってこう言ってやらねばなるまい。「もしもあなたが来世で約束する幸福が、私がこの世で感じたものと同じなら、そこには無限と共通なものは何もないことになる。私の自然の五感が歓喜にあふれ、この魂が望みうるあらゆる満足にとらえられたときでも、われわれは、それがどれほどのものかを知っている。それは無に等しいものであろう。そこに何か私自身のものがあるかぎり神のものは何もない。その歓喜がわれわれの現在の状態のなかにあるものと別ものでないのなら、なんら考慮に値しない」と」（*Essais*, II, 12, p. 518）。

93）　*Essais*, II, 12, p. 518.

94）　S680-L418［1215］.

95）　本章注 68 で見たように、パスカルはソクラテスを称賛することはなかったが、「有害な快楽、栄誉、逸楽」を放棄し、「正直で、謙虚で［...］誠実な人間」になることを幸福とみなすパスカルの考えは、ソクラテスの理想に通じるものがある。ソクラテスにおいても、「よく生きる人」「幸福な人」は、「節制する人」「自己の欲望や快楽を支配する者」であり、もっとも不幸な人は、自己の欲望を肥大化するにまかせる「放埒な人」である。正反対の主張を行うカリクレスとの対話において、ソクラテスが導入する比喩は有名である。それによれば、放埒な人とは、ひび割れた甕のようなもので、満ち足りた状態を維持するためにはつねに液体を注ぎつづけなければならない、という。しかし、生涯他者の善を搾取してまでも自己の欲望の充足に努める放埒な者がもっとも恐れなければならないことは、「魂が劣悪な状態」のままで死ぬことである。というのも、ソクラテスが信じる物語（ミュートス）によれば、生涯を正しく敬虔に過ごした者は死後「幸福者の島」に移り住み、完全なる充足のうちに日々を送ることになるのに対し、不正で放埒な人生を送った者は、「タルタロス」という償いと裁きの牢獄に赴くことになるからだ。ソクラテスにとってもパスカルにとっても、正しくつつましい人間だけが、現世においても死後においても幸福を享受する、ということになる（プラトン『ゴルギアス』を参照）。

96）　S759-L931.

97）　そのような生き方の模範を、パスカルはむろんキリストに求めている。Cf. S339-L308：「イエス=キリストは、財産もなく、学問の目に見える業績もなく、その聖性の秩序（son ordre de sainteté）のなかにいる。彼は発明をなさず、統治も行わなかったが、謙虚で忍耐強く、神に対してひたすらに清く、悪魔に対しては恐ろしく、いかなる罪も犯さなかった（il a été humble, patient, saint, saint, saint à Dieu, terrible aux démons, sans aucun péché）。おお、知恵（la sagesse）を見る心の目をもつ人々にとっては、彼はいかに偉大な壮麗さと驚異的な豪華さをもって来臨したことか！」（強調は引用者）。

おわりに

1） S168-L136［908］. S520-L627も参照。『パンセ』における「自己言及性」の問題については、塩川徹也が次の論文において指摘している。『発見術としての学問ーモンテーニュ、デカルト、パスカル』前掲書、第四章「パスカルにとって〈パンセ〉とは何であったか」123-149頁。

あとがき

1） パリ・ソルボンヌ大学、2010年2月16日、公開口頭試問に合格。
2） S680-L423［1217］.
3） S168-L136［905］.
4） S557-L678.
5） S139-L107.
6） S451-L907［1076］.
7） S595-L717.
8） S47-L13.
9） 次の短文は、最近20年間のパスカル研究の動向について、簡潔に報告している。*Pascal, XVIIe siècle,* n° 261, oct. 2013, « Introduction » par L. Susini, pp. 569-572.
10） *Relire l'apologie pascalienne, Chroniques de Port-Royal,* n° 63, 2013.
11） Dominique Descotes, Gilles Proust, *L'Édition électronique des* Pensées *de Blaise Pascal,*（http://www.penseesdepascal.fr/index.php）, créée en 2011.

参考文献

＊原則として、本文および注のなかで言及しているものに限る。

Ⅰ. パスカルの著作

Œuvres complètes, tome I-IV, éd. J. Mesnard, Paris, Desclée de Brouwer, 1964-1992.

Œuvres complètes, éd. L. Lafuma, Paris, Seuil, « L'Intégrale », 1963.

Les Provinciales, Pensées et opuscules divers, textes édités par G. Ferreyrolles et Ph. Sellier, Paris, Librairie Générale Française, « La Pochothèque », 2004.

Entretien avec M. de Sacy, éd. P. Mengotti et J. Mesnard, Paris, Desclée de Brouwer, « Les Carnets », 1994.

Original des Pensées de Pascal, fac-similé par L. Brunschvicg, Paris, Hachette, 1905 ; rééd. Kyoto, Rinsen Books, 1986.

Pensées, éd. de Port-Royal (1670) et ses compléments (1678-1776), présentée par G. Couton et J. Jehasse, Centre interuniversitaire d'éditions et de rééditions, 1971.

L'Édition électronique des Pensées de Blaise Pascal, Dominique Descotes, Gilles Proust (http://www.penseesdepascal.fr/index.php), créée en 2011.

(邦訳)

『メナール版 パスカル全集』赤木昭三・支倉崇晴・廣田昌義・塩川徹也編、白水社、2巻（全6巻予定)、1993-1994年.

『パンセ』前田陽一・由木康訳、中公文庫、1973年.

『パスカル著作集』田辺保訳、教文館、7巻、1980-1982年.

Ⅱ. 古典的著作

ARNAULD (Antoine) et NICOLE (Pierre), *La Logique ou l'art de penser*, éd. P. Clair et F. Girbal, Paris, Vrin, 1981 ; 2e édition revue, 2e tirage, 1993.

AUGUSTIN (saint), *Œuvres*, Paris, Institut d'Études augustiniennes, « Bibliothèque augustinienne », en cours de publication depuis 1936 :

Tome 11/2 : *La Doctrine chrétienne*, texte critique du *Corpus Christianorum, Series latina*, revu et corrigé, introduction et traduction de M. Moreau, annotation et notes complémentaires d'I. Bochet et G. Madec, 1997（邦訳：アウグスティヌス『キリスト教の教え』加藤武訳、『アウグスティヌス著作集 6』教文館、1988年).

Tomes 13-14 : *Les Confessions*, texte de l'édition de M. Skutella, introduction et notes par A. Solignac, traduction de E. Tréhorel et G. Bouissou, 1962 ; réimpression de la 2e édition, 1992（邦訳：アウグスティヌス『告白』服部英二郎訳、岩波文庫、上下巻).

La Bible, traduction de Lemaître de Sacy, éd. Ph. Sellier, Paris, R. Laffont, « Bouquins », 1990（邦

訳：『聖書 新共同訳 旧約聖書続編つき』日本聖書協会、1994 年）.

DESCARTES, *Œuvres philosophiques*, éd. F. Alquié, Paris, Bordas, « Classiques Garnier », 1988-1989, 3 vol.

ÉPICTÈTE, *Entretiens*, *Manuel*, in *Les Stoïciens*, II, textes traduits par É. Bréhier, édités sous la direction de P.-M. Schuhl, Paris, Gallimard, « Tel », 1962（邦訳：エピクテートス『人生談義』鹿野治助訳、岩波文庫、上下巻）.

FRANÇOIS DE SALES（saint）, *L'Introduction à la vie dévote*, éd. E.-M. Lajeune, Paris, Seuil, « Livre de vie », 1962.

JANSÉNIUS（Cornelius）, *Discours de la Réformation de l'homme intérieur*, d'après la traduction en français établie par Robert Arnauld d'Andilly et éditée en 1642, Houilles, Éditions Manucius, « Le Philosophe », 2004.

LA BRUYÈRE（Jean de）, *Les Caractères*, éd. R. Garapon, Paris, Garnier Frères, « Classiques Garnier », 1962.

LA ROCHEFOUCAUD（François VI de）, *Réflexions ou Sentences et Maximes morales et Réflexions diverses*, éd. L. Plazenet, Paris, Honoré Champion, « Champion Classiques », 2005.

MÉRÉ（chevalier de）, *Œuvres complètes*, texte établi et présenté par Ch.-H. Boudhors, Paris, Fernand Roches, « Les Textes français », 1930, 3 vol. ; Paris, Klincksieck, 2008.

MONTAIGNE（Michel de）, *Essais*, éd. P. Villey, réimprimés sous la direction de V.-L. Saulnier, Paris, PUF, 1965 ; « Quadrige », 1992, 3 vol.（邦訳：モンテーニュ『エセー』原二郎訳、ワイド版岩波文庫、6 巻）.

NICOLE（Pierre）, *La Vraie Beauté et son fantôme, et autres textes d'esthétiques*, édition critique et traduction de B. Guion, Paris, Honoré Champion, « Sources Classiques », 1996.

プラトン『ゴルギアス』加来彰俊訳、岩波文庫.

――『法律』森進一・池田美恵・加来彰俊訳、岩波文庫、上下巻.

リウィウス『ローマ建国以来の歴史 1 ―伝承から歴史へ（1）』岩谷智訳、京都大学学術出版会「西洋古典叢書」、2008 年.

Ⅲ. 研究文献

赤木昭三「パスカルの『パンセ』とリベルタン」、『思想』806 号、岩波書店、1991 年 8 月、124-143 頁.

BAH OSTROWIECKI（Hélène）, « Une apologie par l'extérieur : la place du corps dans les *Pensées* de Pascal », in *Chroniques de Port-Royal*, n° 63, 2013, pp. 137-151.

BJORNSTAD（Hall）, « Relire ce qu'on n'a jamais lu. Remarques sur la dignité du roseau pensant », in *Chroniques de Port-Royal*, n° 63, 2013, pp. 101-112.

BOVE（Laurent）, « Le désir et la mort chez Pascal. Hypothèses pour une lecture », in *Revue internationale de philosophie*, n° 199, mars 1997, pp. 31-57.

BURY（Emmanuel）, *Littérature et politesse. L'invention de l'honnête homme 1580-1750*, Paris, PUF, 1996.

CAGNAT (Constance), *La Mort classique. Écrire la mort dans la littérature française en prose de la seconde moitié du XVIIe siècle*, Paris, Honoré Champion, « Lumière Classique », 1995.

CARRAUD (Vincent), *Pascal et la philosophie*, Paris, PUF, « Épiméthée », 1992.

—— « Le dessein de Pascal : *De la vraie religion*, ou une apologétique de la douceur », in *Chroniques de Port-Royal*, n° 63, 2013, pp. 45-66.

CATALANO (Chiara), « Remarques sur le fragment L 147 : Pascal et Jansénius contre les stoïciens », in *Courrier du Centre international Blaise Pascal*, n° 34, 2012, pp. 7-12.

COMTE-SPONVILLE (André), « L'amour selon Pascal », in *Revue internationale de Philosophie*, n° 199, mars 1997, pp. 131-160.

CROQUETTE (Bernard), *Pascal et Montaigne*, Genève, Droz, « Histoire des idées et critique littéraire », 1974.

DESCOTES (Dominique), « Piège et paradoxe chez Pascal », in *Les Méthodes chez Pascal*, actes du colloque tenu à Clermont-Ferrand 10-13 juin 1976, Paris, PUF, 1979, pp. 509-524.

—— « Disproportion de l'homme : de la science au poème », in *L'Accès aux* Pensées *de Pascal*, actes du colloque scientifique et pédagogique de Clermont-Ferrand, réunis et publiés par Th. Goyet, Paris, Klincksieck, 1993.

FERREYROLLES (Gérard), *Pascal et la raison du politique*, Paris, PUF, « Épiméthée », 1984.

—— *Les Reines du monde. L'imagination et la coutume chez Pascal*, Honoré Champion, « Lumière Classique », Paris, 1995.

—— « Augustinisme et concupiscence : les chemins de la réconciliation », in *Littérature et séduction. Mélanges en l'honneur de Laurent Versini*, édités par R. Marchal et F. Moureau, avec la collaboration de M. Crogiez, Paris, Klincksieck, 1997, pp. 171-182.

—— « Du discours théologique à la réflexion morale : prolégomènes à la concupiscence », in *Caractères et passions au XVIIe siècle*, Dijon, Éditions Universitaires de Dijon, 1998, pp. 75-87.

FORCE (Pierre), « Maladies de l'âme et maladies du corps chez Pascal », in *Papers on French Seventeenth Century Literature, Biblio 17*, n° 89, 1995, pp. 77-86.

FOUCAULT (Michel), *Les Mots et les choses. Une archéologie des sciences humaines*, Paris, Gallimard, « Bibliothèque des sciences humaines », 1966（邦訳：ミシェル・フーコー『言葉と物』渡辺一民・佐々木明訳、新潮社、1974 年）.

FUMAROLI (Marc), *L'Âge de l'éloquence. Rhétorique et « res literaria » de la Renaissance au seuil de l'époque classique*, Genève Droz, 1980 ; Paris, Albin Michel, « Bibliothèque de l'Évolution de l'Humanité », 1994.

GIBERT (Pierre), « La relation entre exégèse et apologétique dans les *Pensées* », in *Chroniques de Port-Royal*, n° 63, 2013, pp. 235-241.

GOUHIER (Henri), *Blaise Pascal. Commentaires*, Paris, Vrin, « Bibliothèque d'histoire de la philosophie », 1966 ; 3e tir., 1984.

—— *Blaise Pascal. Conversion et Apologétique*, Paris, Vrin, « Bibliothèque d'histoire de la philosophie », 1986.

—— *L'Anti-humanisme au XVIIe siècle*, Paris, Vrin, « Bibliothèque d'histoire de la philosophie », 1987.

GRENET（Micheline）, *La Passion des astres au XVIIe siècle. De l'astrologie à l'astronomie*, Paris, Hachette, « La vie quotidienne », 1994.

ISHIKAWA（Tomohiro）, « La théorie des trois états de l'homme chez Pascal », in *Équinoxe. Revue internationale d'études françaises*, n° 6, 1990, pp. 117-141.

KOYRÉ（Alexandre）, *From the Closed World to the Infinite Universe*, Baltimore, The Johns Hopkins Press, 1957（邦訳：アレクサンドル・コイレ『閉じた世界から無限宇宙へ』横山雅彦訳、みすず書房、1973 年）.

LACOUTURE（Jean）, *Jésuites. Une multibiographie*, Paris, Seuil, « Points », 1991-1992, 2 vol.

LAFOND（Jean）, *L'Homme et son image. Morales et littérature de Montaigne à Mandeville*, Paris, Honoré Champion, « Lumière Classique », 1996.

LAPORTE（Jean）, *Le Cœur et la raison selon Pascal*, Paris, Elzévir, « Bibliothèque philosophique », 1950.

LAZZERI（Christian）, *Force et Justice dans la politique de Pascal*, Paris, PUF, « Philosophie d'aujourd'hui », 1993.

LYONS（John D.）, « Espace physique, espace conceptuel dans les *Pensées* », in *XVIIe siècle*, n° 261, oct. 2013, pp. 621-635.

前田陽一『モンテーニュとパスカルとのキリスト教弁証論』（新版）、東京創元社、1989 年.

MAGNARD（Pierre）, « Infini rien », in *L'Infini entre science et religion au XVIIe siècle*, éd. J.-M. Lardic, Paris, Vrin, « Philologie et Mercure », 1999, pp. 83-93.

MARIN（Louis）, « Réflexions sur la notion de modèle chez Pascal », in *Revue de métaphysique et de morale*, 1967, pp. 87-107.

MARTINET（Jean-Luc）, *Montaigne et la dignité humaine. Contribution à une histoire du discours de la dignité humaine*, Paris, Eurédit, 2007.

McKENNA（Antony）, « Coutume/nature : la fortune d'une pensée de Pascal », in *Équinoxe. Revue internationale d'études françaises*, n° 6, 1990, pp. 83-98.

—— « Pascal et le corps humain », in *XVIIe siècle*, n° 177, oct.-déc. 1992, pp. 481-494.

—— *Entre Descartes et Gassendi. La première édition des* Pensées *de Pascal*, Paris, Universitas ; Oxford, Voltaire Foundation, 1994.

—— « Une question de cohérence : l'argument *ad hominem* dans les *Pensées* de Pascal », in *Littératures classiques*, n° 20, supplément 1994, pp. 23-44.

MESNARD（Jean）, *La Culture du XVIIe siècle. Enquêtes et synthèses*, Paris, PUF, 1992.

—— *Les* Pensées *de Pascal*, Paris, SEDES, 2e éd., 1993.

—— « L'âge des moralistes et la fin du cosmos », in *La Morale des moralistes*, textes recueillis par Jean Dagen, Paris, Honoiré Champion, « Moralia », 1999.

—— « L'ordre dans les *Pensées* », in *XVIIe siècle*, n° 261, oct. 2013, pp. 573-600.

MEURILLON（Christian）, « Clefs pour le lexique des *Pensées*. L'exemple de "Corps" », in *L'Accès*

aux Pensées *de Pascal*, actes édités par Th. Goyet, Paris, Klincksieck, 1993, pp. 125-143.
MICHON (Hélène), *L'Ordre du cœur. Philosophie, théologie et mystique dans les* Pensées *de Pascal*, Paris, Honoré Champion, « Lumière Classique », 1996.
NORMAN (Buford), *Portraits of Thought. Knowledge, Methods and Styles in Pascal*, Columbus, Ohio University Press, 1988.
PAPASOGLI (Benedetta), *Le « Fond du cœur ». Figures de l'espace intérieur au XVIIe siècle*, Paris, Honoré Champion, « Lumière Classique », 2000.
PAVLOVITS (Tamás), « Corps et connaissance chez Pascal », in *Les Significations du « corps » dans la philosophie classique*, actes du colloque organisé par le CERPHI et le Groupe de recherche de la pensée chassique en Hongrie à l'Institut Hongrois de Paris, sous la direction de Ch. Jaquet et T. Pavlovits, Paris, L'Harmattan, 2004, pp. 107-124.
—— « Perspective et perspectivisme dans les *Pensées* », in *Chroniques de Port-Royal*, n° 63, 2013, pp. 221-233.
PÉCHARMAN (Martine), « Pascal et le politique », in *L'État classique. 1652-1715. Regards sur la pensée politique de la France dans le second XVIIe siècle*, textes réunis par H. Méchoulan et J. Cornette, Paris, Vrin, « Histoire des idées et des doctrines », 1996, pp. 113-132.
SELLIER (Philippe), *Pascal et la liturgie*, Paris, PUF, « Bibliothèque de philosophie contemporaine », 1966 ; Genève, Slatkine Reprints, 1998.
—— *Pascal et saint Augustin*, Paris, Armand Colin, 1970 ; Paris, Albin Michel, « Bibliothèque de l'Évolution de l'Humanité », 1995.
—— *Port-Royal et la littérature I. Pascal*, Paris, Honoré Champion, « Lumière Classique », 1999.
—— *Port-Royal et la littérature II. Le siècle de saint Augustin, La Rochefoucaud, Mme de Lafayette, Sacy, Racine*, Paris, Honoré Champion, « Lumière Classique », 2000.
フィリップ・セリエ「十七世紀フランス文化における聖アウグスティヌス」山上浩嗣訳、『関西学院大学社会学部紀要』89 号、2001 年 3 月、65-77 頁.
SHIOKAWA (Tetsuya), *Pascal et les miracles*, Paris, Nizet, 1977 (日本語版：塩川徹也『パスカル 奇蹟と表徴』岩波書店、1985 年).
—— *Entre foi et raison : l'autorité. Études pascaliennes*, Paris, Honoré Champion, « Lumière Classique », 2012.
—— « Le péché originel dans l'apologie pascalienne : stragégie et enjeux », in *Chroniques de Port-Royal*, n° 63, 2013, pp. 243-253.
—— « Amour et justice dans les *Pensées* : de l'observation moraliste à l'exhortation spirituelle », in *XVIIe siècle*, n° 261, oct. 2013, pp. 637-644.
塩川徹也『虹と秘跡—パスカル〈見えないもの〉の認識』岩波書店、1993 年.
——『パスカル「パンセ」を読む』岩波書店、2001 年.
——『パスカル考』岩波書店、2003 年.
——『発見術としての学問—モンテーニュ、デカルト、パスカル』岩波書店、2010 年.
ルチャーノ・ステルペローネ『医学の歴史』小川熙訳、福田眞人監修、原書房、2009 年.

SUSINI（Laurent）, *L'Écriture de Pascal. La lumière et le feu. La « vraie éloquence » à l'œuvre dans les* Pensées, Paris, Honoré Champion, « Lumière Classique », 2008.

TAVENEAUX（René）, *Jansénisme et politique*, Paris, Armand Colin, « Collection U », 1965

THIROUIN（Laurent）, *Le Hasard et les règles. Le modèle du jeu dans la pensée de Pascal*, Paris, Vrin, « Bibliothèque d'histoire de la philosophie », 1991.

—— « Transition de la connaissance de l'homme à Dieu : examen d'une liasse des *Pensées* », in *Le Rayonnement de Port-Royal,* mélanges en l'honneur de Philippe Sellier, textes réunis par D. Descotes, A. McKenna et L. Thirouin, Paris, Honoré Champion, « Colloques, congrès et conférences sur le Classicisme », 2001, pp. 351-368.

—— « La santé du malheur. Santé et maladie dans la *Prière pour demander à Dieu le bon usage des maladies* », in *Pascal, auteur spirituel*, textes réunis par D. Descotes, Paris, Honoré Champion, « Colloques, congrès et conférences sur le Classicisme », 2006, pp. 275-298.

—— « Se divertir, se convertir », in *Pascal, auteur spirituel*, textes réunis par D. Descotes, Paris, Honoré Champion, « Colloques, congrès et conférences sur le Classicisme », 2006, pp. 299-322.

—— « Le pari au départ de l'apologie », in *Chroniques de Port-Royal*, n° 63, 2013, pp. 67-82.

VILLEY（Pierre）, *Les Sources et l'évolution des* Essais *de Montaigne*, Paris, Hachette, 1908.

YAMAJO（Hirotsugu）, *Pascal et la vie terrestre. Épistémologie, ontologie et axiologie du « corps » dans son apologétique*, *Memoirs of the Graduate School of Letters, Osaka University*, vol. LII-II, mars 2012.

山上浩嗣「デカルトの動物機械論と『パンセ』」、『仏文研究』27 号、京都大学フランス語学フランス文学研究会、1996 年 9 月、69-87 頁.

——「パスカルにおける「習慣」の問題」、『フランス哲学・思想研究』12 号、日仏哲学会、2007 年、16-27 頁.

（論文集）

L'Accès aux Pensées *de Pascal*, actes du colloque scientifique et pédagogique de Clermont-Ferrand, réunis et publiés par Th. Goyet, Paris, Klincksieck, 1993.

Équinoxe. Revue internationale d'études françaises, n° 6, numéro consacré à Pascal, Kyoto-Genève, Rinsen Books-Slatkine, été 1990.

L'État classique. 1652-1715. Regards sur la pensée politique de la France dans le second XVIIe siècle, textes réunis par H. Méchoulan et J. Cornette, Paris, Vrin, « Histoire des idées et des doctrines », 1996.

Les Méthodes chez Pascal, actes du colloque tenu à Clermont-Ferrand 10-13 juin 1976, Paris, PUF, 1979.

La Morale des moralistes, J. Dagen（éd.）, Paris, Honoré Champion, « Moralia », 1999.

Pascal, *XVIIe siècle*, n° 177, oct.-déc. 1992.

Pascal, *XVIIe siècle*, n° 261, oct. 2013.

Pascal, auteur spirituel, textes réunis par D. Descotes, Paris, Honoré Champion, « Colloques, congrès,

et conférences sur le Classicisme », 2006.

Pascal, Pensées, *Littératures classiques*, n° 20, supplément 1994.

Pascal philosophe, *Revue internationale de philosophie*, n° 199, mars 1997.

Le Rayonnement de Port-Royal, mélanges en l'honneur de Philippe Sellier, textes réunis par D. Descotes, A. McKenna et L. Thirouin, Paris, Honoré Champion, « Colloques, congrès, et conférences sur le Classicisme », 2001.

Relire l'apologie pascalienne, *Chroniques de Port-Royal*, n° 63, 2013.

Ⅳ. 辞書、事典

Dictionnaire culturel en langue française, sous la direction d'A. Rey, Paris, Le Robert, 2005, 4 vol.

Dictionnaire de Port-Royal, élaboré sous la direction de J. Lesaulnier et A. McKenna, avec la collaboration de F. Delforge *et al*., Paris, Honoré Champion, « Dictionnaires et références », 2004.

Dictionnaire du Grand Siècle, sous la direction de F. Bluche, nouvelle édition, Paris, Fayard, 2005.

FURETIÈRE (Antoine), *Dictionnaire universel*, La Haye et Rotterdam, Arnout et Reinier Leers, 1690 ; Genève, Slatkine Reprints, 1970, 3 vol.

—— *Dictionnaire universel,* corrigé et augmenté par Henri Basnage de Beauval et Jean-Baptiste Brutel de la Rivière, La Haye, Chez Pierre Husson *et al*., 1727, 4 vol.

HUGUET (Edmond), *Dictionnaire de la langue française du XVIe siècle*, Paris, 1925-1967 ; Genève, Slatkine Reprints, 2010, 7 vol.

LALANDE (André), *Le Vocabulaire technique et critique de la philosophie*, Paris, PUF, 1926 ; « Quadrige », 1991, 2 vol.